CONTRATO INCOMPLETO

O GEN | Grupo Editorial Nacional reúne as editoras Guanabara Koogan, Santos, Roca, AC Farmacêutica, Forense, Método, LTC, E.P.U., Forense Universitária e Atlas, que publicam nas áreas científica, técnica e profissional.

Essas empresas, respeitadas no mercado editorial, construíram catálogos inigualáveis, com obras que têm sido decisivas na formação acadêmica e no aperfeiçoamento de várias gerações de profissionais e de estudantes de Administração, Direito, Enfermagem, Engenharia, Fisioterapia, Medicina, Odontologia, Educação Física e muitas outras ciências, tendo se tornado sinônimo de seriedade e respeito.

Nossa missão é prover o melhor conteúdo científico e distribuí-lo de maneira flexível e conveniente, a preços justos, gerando benefícios e servindo a autores, docentes, livreiros, funcionários, colaboradores e acionistas.

Nosso comportamento ético incondicional e nossa responsabilidade social e ambiental são reforçados pela natureza educacional de nossa atividade, sem comprometer o crescimento contínuo e a rentabilidade do grupo.

Paula Greco Bandeira

CONTRATO
INCOMPLETO

© 2015 by Editora Atlas S.A.

Capa: Zenário A. de Oliveira
Composição: Luciano Bernardino de Assis

**Dados Internacionais de Catalogação na Publicação (CIP)
(Câmara Brasileira do Livro, SP, Brasil)**

Bandeira, Paula Greco /
Contrato incompleto – Paula Greco Bandeira
–– São Paulo : Atlas, 2015.

ISBN 978-85-97-00154-9
ISBN 978-85-97-00155-6 (PDF)

1. Contratos – Brasil   2. Contratos (Direito civil) – Brasil
3. Negociação   I. Título

15-05397
CDU-347.44(81)

Índice para catálogo sistemático:

1. Brasil : Contratos : Direito civil   347.44(81)

TODOS OS DIREITOS RESERVADOS – É proibida a reprodução total ou parcial, de qualquer forma ou por qualquer meio. A violação dos direitos de autor (Lei nº 9.610/98) é crime estabelecido pelo artigo 184 do Código Penal.

Depósito legal na Biblioteca Nacional conforme Lei nº 10.994, de 14 de dezembro de 2004.

Impresso no Brasil/*Printed in Brazil*

Editora Atlas S.A.
Rua Conselheiro Nébias, 1384
Campos Elísios
01203-904 São Paulo (SP)
Tel.: (011) 3357-9144
atlas.com.br

Ao Hugo, com amor

SUMÁRIO

Prefácio   xiii

INTRODUÇÃO   1
    O risco como componente inseparável da vida negocial   1
    O contrato como negócio jurídico de alocação de riscos negociais   10

1 CONTORNOS DO CONTRATO INCOMPLETO: ANÁLISE ESTRUTURAL DO INSTITUTO E SUAS CARACTERÍSTICAS DISTINTIVAS   19
    1.1 Surgimento do contrato incompleto   19
        1.1.1 O contrato na análise econômica do direito   20
            1.1.1.1 Esclarecimentos iniciais   21
            1.1.1.2 Três noções de economia fundamentais à aproximação da Economia ao Direito   24
            1.1.1.3 O Direito como garantidor da segurança jurídica indispensável à eficiência   28
            1.1.1.4 O papel do direito contratual na análise econômica do direito   30
         1.1.2 O contrato incompleto na análise econômica do direito   37
         1.1.3 Crítica à análise econômica do direito no direito civil brasileiro   42
    1.2 Conceito jurídico de contrato incompleto   49
    1.3 Modalidades de contratos incompletos   56
        1.3.1 Determinação por terceiro   57

1.3.2 Determinação unilateral   62

1.3.3 Determinação da lacuna por ambas as partes   67

    1.3.3.1 As cláusulas de *hardship*   71

    1.3.3.2 Outras cláusulas de renegociação   79

1.3.4 Determinação da lacuna por fatores externos   82

1.4 Previsão do contrato incompleto nos Princípios da *Unidroit* e nos Princípios de Direito Europeu dos Contratos   84

1.5 Distinção do contrato incompleto de figuras afins   98

1.5.1 Distinção entre contrato incompleto e contrato aleatório   98

1.5.2 Distinção entre contrato incompleto e contrato preliminar   101

1.5.3 Distinção entre contrato incompleto e formação progressiva dos contratos   106

1.5.4 Distinção entre contrato incompleto e os contratos de derivativos   110

1.5.5 Distinção entre contrato incompleto e as cláusulas de adequação automática   113

2 A FUNÇÃO DO CONTRATO INCOMPLETO COMO GESTÃO NEGATIVA DA ÁLEA NORMAL E SUA ADMISSIBILIDADE NO DIREITO BRASILEIRO   117

2.1 A importância do perfil funcional na discussão do contrato incompleto   117

2.2 O contrato incompleto sob a perspectiva funcional   129

2.2.1 A álea normal dos contratos   129

2.2.2 O traço distintivo da causa do contrato incompleto: gestão negativa da álea normal dos contratos   141

2.3 O contrato incompleto no direito brasileiro   145

2.3.1 O problema da determinabilidade do objeto   155

2.3.2 Validade e eficácia do contrato incompleto no direito brasileiro   162

3 EXECUÇÃO DO CONTRATO INCOMPLETO   171

3.1 Aplicação do princípio do equilíbrio contratual aos contratos incompletos   171

3.2 Forma de incidência da teoria da excessiva onerosidade aos contratos incompletos   179

    3.2.1 O papel da boa-fé objetiva na integração da lacuna: o dever de renegociação das partes diante da excessiva onerosidade   193

3.3 Problema da integração das lacunas na hipótese de inadimplemento contratual   203

    3.3.1 A execução específica do contrato incompleto e a atividade de integração do juiz   204

3.4 Limites impostos à autonomia privada na escolha pela incompletude   218

Conclusão   229

Referências   241

AGRADECIMENTOS

Este livro contou com o apoio e a participação de muitas pessoas especiais.

Ao Professor Gustavo Tepedino, meu orientador desde a graduação, passando pelo mestrado e, depois no doutorado, tenho dificuldade de encontrar palavras que expressem o meu agradecimento. Devo ao Professor Tepedino não apenas sólidos ensinamentos e o rigor técnico que me permitiram escrever este livro, como também o apoio profissional, o incentivo constante na vida acadêmica e a enriquecedora convivência diária, que me fazem aprender a cada dia mais e me dão a certeza de que fiz a escolha certa pelo nosso apaixonante Direito Civil.

Aos professores Luiz Edson Fachin, Claudio Luiz Bueno de Godoy, Heloisa Helena Barboza e Carlos Nelson Konder, que integraram a banca examinadora da minha tese de doutorado, da qual decorre esta obra, agradeço pelas críticas e sugestões fundamentais.

Agradeço aos meus colegas de escritório e aos funcionários do Gustavo Tepedino Advogados pelo harmonioso convívio e pela torcida.

A Diana Loureiro Paiva de Castro e a Anna Teresa Bonavita Trotta, agradeço pelas preciosas pesquisas.

A Aline de Miranda Valverde Terra, agradeço pela atenta leitura, críticas, sugestões e troca de ideias que se revelaram essenciais à conclusão deste trabalho.

A Patricia Tepedino, Ana Luiza Maia Nevares, Daniele Chaves Teixeira, Fernanda Nunes Barbosa, Karina Fritz, Renata Vilela e Rose Melo Vencelau Meireles, pela amizade, pelo carinho e pelas palavras de incentivo.

Aos meus pais, Muvahista Greco e Paulo Bandeira, e aos meus irmãos, Raphael Greco Bandeira, Pedro Bandeira e Maria Izabel Bandeira, agradeço por todo amor incondicional, dedicação e afeto, que me fazem seguir em frente.

Ao Hugo Portocarrero, agradeço não só pela revisão e formatação desta obra, como também pela paciência, pelo apoio e incentivo nos meus projetos, pelo companheirismo e por todos os gestos diários de amor, que me ensinaram que vale a pena correr riscos e fazer escolhas, trilhando os caminhos da geografia do amor.

PREFÁCIO

Na sociedade tecnológica, caracterizada pelo intenso frenesi do consumo e da velocidade das comunicações, o contrato como instrumento de troca se torna cada vez mais extenso e complexo na tentativa de redução de riscos. Tentativa vã, as mais das vezes, justamente em razão da majoração exponencial da álea suscitada pela transformação assustadoramente rápida e globalizada da economia. Neste cenário, as ferramentas tradicionais do direito privado para debelar os dois maiores riscos do sistema de crédito – o inadimplemento e a insolvência – revelam-se infrutíferas em face das vicissitudes que, imponderáveis em seus efeitos, deslocam a relação contratual para o desequilíbrio de sua lógica econômica, espécie de zona cinzenta entre a fisiologia e a patologia do cumprimento obrigacional. Esse fenômeno, típico da contemporaneidade, exige o repensar da dogmática dos contratos, vez que a higidez do negócio jurídico, zelosamente elaborado, torna-se um *minus* diante da lancinante preocupação para com o desenvolvimento futuro da relação dele decorrente, compreendida neste contexto como *gestão de riscos*.

A tal proposta reconstrutiva dedica-se, com esmero, densidade dogmática e elegância de estilo Paula Greco Bandeira na obra ora trazida a lume, expressão atualizada de sua tese de doutorado apresentada, de maneira brilhante, no Programa de Pós-Graduação da Faculdade de Direito da Universidade do Estado do Rio de Janeiro (UERJ), em que obteve nota máxima, distinção e louvor, perante banca examinadora por mim presidida e composta pelos ilustres professores Luiz Edson Fachin (UFPR), Claudio Luiz Bueno de Godoy (USP), Heloisa Helena Barboza (UERJ) e Carlos Nelson Konder (UERJ). Como privilegiado orientador do trabalho, pude testemunhar a pesquisa profunda empreendida pela autora, que incluiu profícuo período de pesquisa no prestigioso Istituto Universitario Europeo, em Florença, Itália. Com a mesma seriedade científica, Paula Bandeira associa à atividade docente a advocacia, o que lhe permite promover obsessiva e alvissareira conciliação entre os fundamentos teóricos e a realidade empresarial.

Já conhecida e reconhecida como professora e destacada autora da nova geração de civilistas, por conta de seu bem-sucedido livro dedicado aos *Contratos aleatórios no direito brasileiro*, publicado em 2010, em que define e sistematiza a álea jurídica e a dinâmica das espécies contratuais aleatórias, Paula Bandeira propõe neste seu *Contrato incompleto* a compreensão dessa modalidade de contratação como gestão negativa de riscos, mediante a qual as partes, cientes da impossibilidade de fazer frente às previsíveis alterações fáticas que incidirão sobre a execução dos contratos, estabelecem critérios para preservar o equilíbrio econômico e a própria função contratual.

Nesse itinerário, Paula Bandeira apresenta, já em sua substanciosa Introdução, as noções de risco econômico e jurídico, situando o contrato como mecanismo para a alocação, entre as partes, dos riscos do negócio. Em seguida, no Capítulo 1, volta-se para minucioso exame da análise econômica do direito, indicando sua relevância na compreensão do fenômeno, quando demonstra, de maneira crítica, os inconvenientes da perspectiva fundada exclusivamente na otimização da eficiência econômica. Em tal moldura, são analisados o surgimento, o conceito, os traços distintivos em relação a outras figuras afins e as modalidades de contratos incompletos, passando-se em revista as previsões normativas engendradas nos Princípios da *Unidroit* e nos Princípios de Direito Europeu dos Contratos.

Com fundamento em tal panorama descritivo, o Capítulo 2 volta-se para a compreensão funcional do contrato completo, construído pela autora como gestão negativa da álea normal dos contratos, traçando-se então seus contornos principiológicos à luz do ordenamento brasileiro. A formidável importância técnica da construção dogmática do Contrato Incompleto se concretiza, finalmente, no Capítulo 3, em que são estabelecidos os instrumentos de preservação do equilíbrio contratual, a relevância do princípio da boa-fé objetiva, os limites e possibilidades da autonomia privada e da magistratura com vistas à conservação dos negócios.

Da agradabilíssima leitura da obra, evidencia-se sua pungente atualidade, seja do ponto de vista da aplicação prática, na vida dos negócios, seja por propor critérios balizadores da autonomia privada na autogestão da deliberada incompletude que se projeta na execução contratual. Paula Bandeira demonstra, ainda, do ponto de vista metodológico, a insuficiência da análise exclusivamente econômica na gestão de riscos negociais e, especialmente, a falácia de teorias interpretativas que não levam em conta a unidade do ordenamento na legalidade constitucional. Invoca, nessa vertente, os princípios constitucionais como premissas indispensáveis para a valoração do merecimento de tutela das incompletudes, situando-as como manifestação legítima e louvável da autonomia privada desde que (e somente se) capazes de concretizar, em suas palavras, "para além dos interesses dos contratantes, os valores constitucionais". O leitor certamente se sentirá estimulado, com a leitura das páginas que se seguem, à necessária releitura do direito contratual.

Petrópolis, abril de 2015

Gustavo Tepedino

INTRODUÇÃO

O risco como componente inseparável da vida negocial

*"É a tomada de risco que
faz o nosso mundo girar."*[1]

No século XIX, conhecido como o *Mundo da Segurança*,[2] assistiu-se à transição do feudalismo para o capitalismo industrial de mercado, o que marcou o movimento, na célebre expressão de Sir Henry Maine, *"from Status to Contract"* (Do *Status* ao Contrato).[3] Tal fenômeno expressou a noção de mobilidade em dois sentidos. De um lado, a melhoria das comunicações facilitou a realização de viagens e o incremento do comércio, de modo que se tornou mais rápida a acumulação de riquezas, a prescindir de derramamentos de sangue típicos da época feudal. Por outro lado, cada vez maiores setores da população puderam ter acesso a essas riquezas, de sorte que permanecer no estrato social de origem para o resto da vida deixou de ser uma certeza.

---

[1] Tim Kaye, Law and risk: an introduction. In: Gordon R. Woodman; Diethelm Klippel (Org.), *Risk and the law*, New York: Routledge-Cavendish, 2009, p. 10; tradução livre.

[2] A expressão foi cunhada por Stefan Zweig, *O mundo que eu vi*, Rio de Janeiro: Record, 1999, p. 15-45.

[3] Henry Sumner Maine, *Ancient law*, London: John Murray, 1912, p. 182.

Pode-se afirmar, nesse contexto histórico, que o direito dos contratos, que almejou disciplinar as trocas comerciais, facilitou a ascensão dos indivíduos no meio social, aniquilando o *status* social como fundamento da sociedade.[4] Daí a justificativa para a alusão à passagem "Do *Status* ao Contrato".

Tal cenário de intensificação das trocas e aumento das riquezas inevitavelmente acarretou, na sociedade moderna, o surgimento de novos riscos. Como se observou: "Na modernidade avançada, a produção social de riqueza é acompanhada sistematicamente pela produção social de riscos."[5] Sob outra perspectiva, na modernidade, o movimento do *status* ao contrato trouxe subjacente a ideia do deslocamento da sociedade do eixo da certeza para o do risco.

Aludido fenômeno passou ao largo da ciência jurídica, embora tenha consistido em objeto de análise de diversos estudiosos de outros ramos do conhecimento, notadamente sociólogos,[6] filósofos[7] e economistas, que começaram a designá-lo como *Sociedade de Risco*.[8]

A despeito dos esparsos estudos jurídicos acerca do tema,[9] o risco revela-se componente inseparável de diversas situações fáticas reguladas pelo direito, notadamente o direito dos contratos. A intensificação dos riscos na vida privada, especialmente nas mais diversas contratações levadas a cabo

---

[4] Tim Kaye, *Law and risk*: an introduction, cit., p. 3.

[5] Ulrich Beck, *Risk society*: towards a new modernity. Tradução de M. Ritter. London: Sage, 1992, p. 19; tradução livre.

[6] Exemplificativamente, sobre a problematização do risco na sociedade contemporânea, e seus impactos, especialmente na saúde humana e no meio ambiente, v. Mary Douglas; Aaron Wildavsky, *Risco e cultura*: um ensaio sobre a seleção de riscos tecnológicos e ambientais. Tradução de Cristiana Serra. Rio de Janeiro: Elsevier, 2012, *passim*.

[7] Giorgio Agamben, em seu ensaio sobre a contemporaneidade, define o contemporâneo como o obscuro. A obscuridade associa-se à incerteza que caracteriza a Sociedade de Risco. Cf. em *O que é o contemporâneo?* e outros ensaios, Chapecó, Santa Catarina: Argos, 2009, p. 62-63.

[8] A expressão é de autoria de Ulrich Beck, *Risk society*: towards a new modernity, cit., *passim*, o qual defende uma ruptura dentro da modernidade, que marca a passagem da sociedade industrial clássica para a sociedade (industrial) do risco, tão profunda quanto aquela ruptura exercida pela sociedade industrial sobre a organização feudal.

[9] A respeito do risco na ciência jurídica, v., por todos, Antonio Barone, Il diritto del rischio. In: Maria Marino (Org.), *Diritto degli enti locali e delle regioni*, 2. ed., Milano: Giuffrè, 2006, *passim*.

pelos particulares, demarca, no século XXI, aquela que se poderia denominar a *Era do Risco,* na qual como argutamente observado por Gustavo Tepedino:

> "complexas, atípicas e arriscadas operações, cujos efeitos extrapolam a economia interna das partes, são submetidas à disciplina contratual sem que o direito disponha de uma dogmática estabilizada acerca da álea – alocada, nem sempre de forma simétrica, aos contratantes – e de suas consequências jurídicas, sociais e econômicas".[10]

No âmbito contratual, com efeito, as relações do contrato com o tempo implicam inevitavelmente o estudo do risco, compreendido como elemento de incerteza associado ao porvir. Por outras palavras, o contrato objetiva disciplinar, na medida do possível, os riscos que afetam a sua execução no decorrer do tempo. Daí a importância do exame do risco e de suas repercussões no direito contratual.

O termo *risco* comporta diversas acepções, embora o fator de *incerteza* afigure-se elemento essencial do conceito.[11] Tal incerteza, ao assumir o significado de possibilidade de variação econômica positiva ou negativa do patrimônio de um sujeito, denomina-se *risco econômico*.[12]

Ao risco econômico, que pode se configurar, do ponto de vista técnico, como álea normal ou álea extraordinária, relacionando-se comumente aos contratos comutativos, se contrapõe o *risco jurídico* (*rectius,* álea jurídica), que qualifica os contratos aleatórios. Ou seja: o risco econômico, associado, de modo habitual, à álea normal dos contratos comutativos, não se confunde com o risco jurídico ou a álea jurídica, que qualifica os contratos como aleatórios.[13]

---

[10] Prefácio. In: Paula Greco Bandeira, *Contratos aleatórios no direito brasileiro*, Rio de Janeiro: Renovar, 2010.

[11] Alexandre Kiss, Droit et risque. In: *Archives de philosophie du droit: droit et science*, Paris: Sirey, 1991, t. 36, p. 49.

[12] Giovanni Di Giandomenico, I contratti speciali: i contratti aleatori. In: Mario Bessone (Org.), *Trattato di diritto privato*, Torino: G. Gianppichelli Editore, 2005, v. 14, p. 35.

[13] Os contratos aleatórios foram objeto de trabalho específico: Paula Greco Bandeira, *Contratos aleatórios no direito brasileiro*, cit., *passim*.

O risco econômico, de fato, refere-se ao *risco contratual*, traduzindo-se no perigo inerente à oscilação de valor de específica operação econômica, que repercute no valor das prestações. No intuito de delimitar o sentido da expressão risco contratual, a doutrina empreendeu consideráveis esforços, sendo possível identificar múltiplas definições. Edwin W. Patterson sustentou já em 1924, de modo simples e eficaz, que o risco contratual se compõe de diversos fatores: (i) o evento; (ii) a causa; (iii) o dano; e (iv) a incidência sobre os contratantes.[14]

Guido Alpa, em conhecido trabalho sobre o tema, afirma que o risco contratual compreende genericamente (i) o risco de inadimplemento, quando uma das prestações não é adimplida por culpa do devedor, por fato de terceiro, por fato do príncipe ou por caso fortuito; e (ii) o risco de diminuição da satisfação econômica do negócio, pela preexistência ou superveniência de circunstâncias previstas e previsíveis (álea normal) ou não previstas e imprevisíveis (álea extraordinária) que não comportam inadimplemento em sentido técnico, mas desordenam a economia originária do negócio. Tais riscos, embora conceitualmente distintos em abstrato, encontram-se entrelaçados *in concreto*.[15]

Em sede legislativa, o Código Civil Brasileiro emprega o termo *risco* em poucos dispositivos, a exemplo do art. 449, que cuida da evicção, e estabelece que "não obstante a cláusula que exclui a garantia contra a evicção, se esta se der, tem direito o evicto a receber o preço que pagou pela coisa evicta, se não soube do risco da evicção, ou, dele informado, não o assumiu"; do art. 492, o qual dispõe que "até o momento da tradição, os riscos da coisa correm por conta do vendedor, e os do preço por conta do comprador", consagrando o princípio *res perit domino*; do art. 611, de acordo com o qual "quando o empreiteiro fornece os materiais, correm por sua conta os riscos até o momento da entrega da obra, a contento de quem a encomendou, se este não estiver em mora de receber. Mas se estiver, por sua conta correrão os riscos"; ou, ainda, do parágrafo único do art. 927,[16] que, em sede de responsabilidade civil, consagra a cláusula geral de responsabilidade objetiva, atribuindo àquele que

---

[14] Edwin W. Patterson, The apportionment of business risk through legal devices. In: *Columbia Law Review*, New York: [s.n.], 1924, v. 24, p. 336.

[15] Guido Alpa, Rischio. In: *Enciclopedia del diritto*, Milano: Giuffrè, 1989, v. 40, p. 1146.

[16] "Art. 927. [...] Parágrafo único. Haverá obrigação de reparar o dano, independentemente de culpa, nos casos especificados em lei, ou quando a atividade normalmente desenvolvida pelo autor do dano implicar, por sua natureza, risco para os direitos de outrem."

exerce determinada atividade de risco com habitualidade a responsabilidade, independentemente de culpa, pelos danos dela decorrentes.[17]

Como se vê, o legislador utiliza o termo *risco* como simples fórmula linguística sem lhe atribuir significado preciso, de tal sorte que não se mostra possível enunciar princípio geral em matéria de risco.[18]

Sob a perspectiva da economia, o risco econômico, tomado de empréstimo pela ciência jurídica como sinônimo de risco contratual, corresponde basicamente a dois tipos de incerteza: (i) a primária ou do evento; e (ii) a secundária ou de mercado. A incerteza primária diz com eventos futuros, em si considerados, desconhecidos ou inaptos a serem conhecidos no presente, como, por exemplo, o preço do produto agrícola a ser cultivado pelo agricultor, o tempo para a sua colheita, a imposição de eventual embargo para sua exportação etc. Na definição de Ugo Mattei:

> "A primeira, chamada incerteza primária ou do evento, existe na medida em que alguns eventos futuros, cruciais para as decisões econômicas a serem tomadas hoje, são desconhecidos ou não conhecíveis. Por exemplo, as decisões de um agricultor acerca do quê e de quanto semear nesta primavera dependem, em grande medida, do preço futuro de vários produtos agrícolas, do tempo durante a estação de crescimento, da eventualidade da introdução de um embargo sobre a exportação de certos produtos e assim por diante; todos os eventos que se colocam no futuro e que são, no momento, desconhecidos. Claramente, quem decide – na hipótese, o nosso agricultor – tem (ou poderia ter) algumas informações sobre as várias possibilidades destes eventos futuros: por exemplo, a história das situações climáticas na sua zona."[19]

---

[17] Sobre a incidência dessa cláusula geral, cf. Maria Celina Bodin de Moraes, *Na medida da pessoa humana*: estudos de direito civil-constitucional, Rio de Janeiro: Renovar, 2010, p. 381 e ss.

[18] Da mesma forma no direito italiano conforme observado por Guido Alpa, Rischio. In: *Enciclopedia del diritto*, v. 40, cit., p. 1145.

[19] Ugo Mattei et al., *Il mercato delle regole*: analisi economica del diritto civile, Bologna: Società Editrice il Mulino, 1999, p. 66; tradução livre.

De outra parte, a incerteza secundária relaciona-se à assimetria informativa, isto é, à detenção de informações sobre determinados eventos por apenas certas pessoas. Essa assimetria pode decorrer, exemplificativamente, da incerteza sobre os preços que serão praticados ou sobre a qualidade dos produtos.

Aludidas incertezas configuram os riscos econômicos que, no âmbito contratual, poderão atingir as prestações convencionadas, alterando a equação econômica do contrato, e, por essa razão, deverão ser geridos pelas partes no concreto negócio.[20]

A despeito das variadas definições, pode-se afirmar que o risco contratual (ou risco econômico), em sentido lato, consiste na "consequência econômica de um evento incerto".[21] Essa incerteza refere-se a qualquer espécie de negócio, mesmo os de execução instantânea, e pode ser objetiva ou subjetiva. Do ponto de vista subjetivo, a incerteza constitui-se pelo temor e previsão pessoais dos contratantes. Sob o aspecto objetivo, a incerteza refere-se à superveniência de eventos objetivos (previsíveis ou imprevisíveis) ou à presença de circunstâncias ignoradas pelas partes e preexistentes ao negócio, mas manifestadas sucessivamente ou levadas em consideração apenas posteriormente,[22] que atingem as prestações contratuais e alteram o equilíbrio do contrato.

Deste modo, compreendido como consequência econômica de um evento incerto, o risco contratual corresponde ao risco econômico, o qual, sendo previsível, se identifica com a álea normal. Se, por outro lado, o risco econômico afigura-se imprevisível, verifica-se a álea extraordinária, que ensejará a aplicação da teoria da excessiva onerosidade, desde que configurados os seus demais pressupostos de incidência. Não obstante a generalidade do conceito de risco e a insuficiente regulamentação da matéria, constata-se que, de modo geral, os riscos se encontram intimamente relacionados aos contratos, os quais buscam disciplinar, no limite do possível, os seus efeitos, no tempo, sobre as prestações.

---

[20] Como se verá adiante, revela-se importante investigar como os riscos foram distribuídos entre as partes e, caso não tenham sido expressa ou implicitamente alocados, como se dará a distribuição das perdas.

[21] Vittorio Salandra, Dell'assicurazione. In: Antonio Scialoja; Giuseppe Branca (Org.), *Commentario del codice civile*: delle obbligazioni (art. 1861-1932), Bologna-Roma: Nicola Zanichelli, 1966, p. 236. Libro quarto.

[22] Guido Alpa, Rischio. In: *Enciclopedia del diritto*, v. 40, cit., p. 1.146-1.147.

Contratar é, em uma palavra, *arriscar-se*. Não há contrato sem risco. Vale dizer: ao contratar, as partes, precisamente em razão da incerteza quanto ao implemento do risco, desconhecem o resultado econômico final do negócio, isto é, não sabem se irão lucrar ou perder economicamente; se o negócio é bom ou ruim. A incerteza quanto às perdas e aos ganhos econômicos se mostra intrínseca aos contratos. Diz-se, por isso mesmo, que o risco se revela como componente inseparável da vida negocial.

Por se tratar de elemento inerente a toda e qualquer contratação, com repercussão para a sua inteira disciplina, o estudo do risco nos contratos mostra-se sedutor e necessariamente atual. Apesar da relevância do tema, a doutrina brasileira dedicou poucas linhas ao exame do risco em matéria contratual e a jurisprudência nacional tampouco a enfrentou com o rigor dogmático desejável.

Nessa direção, afiguram-se imprescindíveis o exame e a sistematização das possíveis formas de alocação de riscos nos contratos, com destaque para a gestão negativa desses riscos, por meio de contratos incompletos, objeto central deste livro. Pretende-se, portanto, (i) preliminarmente, proceder à ordenação dos modos de alocação de riscos nos contratos admissíveis à luz do direito brasileiro, no âmbito do estudo do contrato incompleto, o qual consiste, como se verá no decorrer desta obra, em *negócio jurídico que emprega a técnica de gestão negativa da álea normal dos contratos*; (ii) para, em seguida, estabelecer critérios, no direito brasileiro, de qualificação e interpretação dos negócios jurídicos incompletos firmados pelos particulares, em relações paritárias.

De fato, todo contrato pressupõe certa *alocação de riscos*, com a distribuição das perdas e ganhos econômicos decorrentes de determinado evento. E tal alocação de riscos, que poderá se configurar de diversas maneiras, como se verá adiante, há de ser prestigiada pelo intérprete e pelas partes, em observância aos princípios da obrigatoriedade dos pactos e do equilíbrio econômico dos contratos.

Convém observar, por oportuno, que a natureza do risco irá qualificar o contrato como *aleatório* ou *comutativo*, delimitando, assim, as duas grandes espécies de contratos que podem se configurar no direito brasileiro e em relação às quais o legislador estabeleceu especificidades. Vale dizer: o fator determinante para a qualificação do contrato como aleatório ou comutativo consistirá na presença ou ausência da álea jurídica.

O contrato aleatório, como sustentado em outra sede, se qualifica a partir da álea jurídica, compreendida como a incerteza de ambos os contratantes, existente no momento da celebração do negócio, quanto ao lucro ou prejuízo, em termos de atribuição patrimonial, que dele decorrerá, a depender da verificação de evento incerto e incontrolável, embora previsto pelas partes. O lucro ou prejuízo se afigura jurídico, traduzindo-se na execução de prestação, com a transferência de ativo do patrimônio de uma parte para o de outra em favor de quem a prestação é desempenhada, deflagrada pelo implemento do evento incerto.[23] A incerteza recai, em outras palavras, na existência da prestação (*an*) e/ou na sua consistência física (peso, número e medida – *quantum*) e será dirimida por ocasião da ocorrência do evento incerto, que disparará a execução da prestação. A álea jurídica integra a causa dos contratos aleatórios. Tal não quer significar, contudo, que os contratos aleatórios não sofram a incidência de riscos econômicos. Existe, portanto, também determinada álea normal relacionada aos contratos aleatórios.[24] Deste modo, nos contratos aleatórios, a álea jurídica e a álea normal ou econômica consistem em objeto de alocação pelas partes.

Os contratos comutativos, por sua vez, são assim qualificados em razão da ausência da álea jurídica e se relacionam, portanto, exclusivamente com a álea econômica ou o *risco econômico*, tecnicamente denominado álea normal do contrato. A álea normal, como se verá no Capítulo 2, item 2.2.1, consiste, em linhas gerais, na oscilação previsível de valor das prestações, já determinadas no contrato, causada pela flutuação normal do mercado. A álea normal, por determinar a variação de valor econômico das prestações, incide sobre o resultado econômico final do contrato para cada um dos contratantes, ou seja, influencia na partilha dos lucros e prejuízos econômicos. A álea normal consubstancia-se em risco externo ao negócio e, por isso mesmo, não integra a sua causa, mas com ela se relaciona, na medida em que exprime o risco econômico previsível que as partes assumem, implicitamente, ao elegerem certo tipo negocial. À guisa de exemplo, no contrato de empreitada a preço global, mostra-se previsível a oscilação do valor da matéria-prima e da mão de obra, a qual traduz a álea normal desse contrato. As partes, ao celebrarem contrato de empreitada integral, sabem que o risco do negócio

---

[23] Paula Greco Bandeira, *Contratos aleatórios no direito brasileiro*, cit., p. 45.

[24] No sentido do texto, v. Vincenzo Ferrari, Il problema dell'alea contrattuale. In: *Quaderni del Dipartimento di Organizzazione Aziendale e Amministrazione Pubblica*. Università degli Studi della Calabria: Facoltà di Economia, Napoli: Edizioni Scientifiche Italiane, 2001, p. 36.

consiste na oscilação de valor desses elementos que caracterizam as prestações do contrato. Nos contratos comutativos, assim sendo, as partes gerem somente os riscos econômicos previsíveis ou a álea normal.

O risco econômico, por outro lado, poderá se revelar imprevisível e extraordinário (álea extraordinária), e, por isso mesmo, não terá sido objeto de alocação pelos contratantes. Nesse caso, aplicar-se-á a teoria da excessiva onerosidade, com vistas à revisão ou resolução do contrato. O risco econômico extraordinário, normalmente, incidirá sobre os contratos comutativos, embora possa também recair sobre os contratos aleatórios, desde que aludido risco não se refira à álea jurídica assumida pelos contratantes.[25]

O risco se mostra presente, portanto, em qualquer espécie negocial, seja aleatória (álea jurídica e álea normal), seja comutativa (álea normal), sendo objeto de gestão pelos contratantes. Daí a indagação recorrente, na linguagem vulgar, diante de determinado contrato, de *qual é o risco do negócio* assumido pelos contratantes.

As repercussões do risco sobre os contratos encontram-se, em alguma medida, disciplinadas pelo legislador, que se preocupou, de um lado, em reservar regras próprias aos contratos aleatórios, afastando-os, por exemplo, da incidência das normas atinentes aos vícios redibitórios e à evicção (arts. 441[26] e 447,[27] Código Civil);[28] e, de outro lado, nos contratos comu-

---

[25] Sobre o ponto, seja consentido remeter a Paula Greco Bandeira, *Contratos aleatórios no direito brasileiro*, cit., p. 131 e ss. Nessa direção, cf., ainda, enunciado nº 440 da V Jornada de Direito Civil: "É possível a revisão ou resolução por excessiva onerosidade em contratos aleatórios, desde que o evento superveniente, extraordinário e imprevisível não se relacione à álea assumida no contrato" (Paula Greco Bandeira, Enunciado 440. In: Ruy Rosado de Aguiar Júnior (Org.), *V Jornada de Direito Civil*, Brasília: CJF, 2012, 388 p. Disponível em: <http://www.cjf.jus.br/CEJ-Coedi/jornadas-cej/enunciados-aprovados-da-i-iii-iv-e-v-jornada-de-direito-civil/jornadas-cej/v-jornada-direito-civil/VJornadadireitocivil2012.pdf. Acesso em: 23 jul. 2014, p. 159).

[26] "Art. 441. A coisa recebida em virtude de contrato comutativo pode ser enjeitada por vícios ou defeitos ocultos, que a tornem imprópria ao uso a que é destinada, ou lhe diminuam o valor."

[27] "Art. 447. Nos contratos onerosos, o alienante responde pela evicção. Subsiste esta garantia ainda que a aquisição se tenha realizado em hasta pública." Embora o legislador não faça referência expressa aos contratos comutativos, a doutrina tradicional restringe a evicção a essa espécie contratual. V., por todos, Silvio Rodrigues, Direito civil, 30. ed., São Paulo: Saraiva, 2006, v. 3, p. 34.

[28] Tal restrição, contudo, há de ser vista de forma crítica, estabelecendo-se com precisão qual a álea jurídica assumida pelas partes. Caso, no contrato aleatório, a álea recaia sobre a

tativos, em estabelecer os efeitos da oscilação da álea normal, como no contrato de empreitada, no qual se estipulou, no art. 620[29] do Código Civil, que a diminuição do preço do material ou da mão de obra no contrato de empreitada a preço global em até um décimo insere-se na álea normal deste tipo contratual, impossibilitando o pedido de revisão do ajuste pelo dono da obra. Além disso, o próprio tipo negocial em abstrato previsto na lei já estabelece certa repartição de riscos, inerente à sua causa, levada em consideração na sua escolha pelas partes.

Para além das esparsas previsões legislativas, em matéria de risco negocial, avulta em importância a repartição de riscos efetuada pela autonomia privada no concreto regulamento de interesses. As partes, ao contratarem, repita-se ainda uma vez, efetuam certa alocação de riscos que há de ser observada no decorrer da inteira execução contratual, como corolário do princípio da obrigatoriedade dos pactos e do equilíbrio econômico dos contratos, que desponta como princípio autônomo em matéria contratual. Aludida distribuição dos riscos poderá se revestir de diversas formas, indicadas a seguir.

O contrato como negócio jurídico de alocação de riscos negociais

> *"Não há dúvida de que seja particularmente compreendida a exigência de definir, ao mesmo tempo, o âmbito objetivo da investigação atual em matéria de risco negocial e as técnicas jurídicas para a sua gestão."*[30]

---

qualidade da coisa, afastam-se as regras do vício redibitório, não já da evicção. Por outro lado, se a álea se referir à existência da coisa, não incide a disciplina da evicção, mas se mostra possível a aplicação das regras atinentes ao vício redibitório. Sobre o tema, seja consentido remeter a Paula Greco Bandeira, *Contratos aleatórios no direito brasileiro*, cit., p. 192-199.

[29] "Art. 620. Se ocorrer diminuição no preço do material ou da mão de obra superior a um décimo do preço global convencionado, poderá este ser revisto, a pedido do dono da obra, para que se lhe assegure a diferença apurada."

[30] Francesco Macario, Rischio contrattuale e rapporti di durata nel nuovo diritto dei contratti. In: *Rivista di diritto civile*, Padova: CEDAM, ano 48, primeira parte, p. 66, 2002; tradução livre.

Como instrumento de alocação dos riscos econômicos das operações negociais, o contrato assume a conotação, na expressão de Enzo Roppo, de *veste jurídica da operação econômica*.[31] Vale dizer: ao efetuar a distribuição dos riscos das operações econômicas, o contrato atribui roupagem jurídica aos negócios engendrados pela autonomia privada, estabelecendo as regras jurídicas que irão viger entre os contratantes. Em definitivo, o contrato consubstancia o conjunto de regras jurídicas que disciplinam a atividade negocial, distribuindo entre os contratantes os ganhos e as perdas econômicas decorrentes do negócio.

Diga-se, por outro lado, que, do ponto de vista da análise econômica do direito, a palavra *contrato* assumirá a acepção de instrumento com típica vocação para a *eficiência*, estimulando os recursos a gravitarem em torno de seus usos mais profícuos. A troca operada pelo contrato, nessa perspectiva, importa necessariamente situação mais vantajosa para ambos os contratantes em referência à sua posição inicial.

A análise econômica do direito, que será estudada no Capítulo 1 deste livro, assume a premissa de que as normas de direito contratual se destinam a auxiliar no alcance da eficiência perseguida pelo contrato. A eficiência econômica, com a utilização racional dos recursos e sua maximização, consistiria no objetivo primordial do direito, aí incluindo, em posição de destaque, o direito contratual. Após traçar os principais alicerces teóricos da análise econômica do direito, analisa-se o contrato incompleto, objeto central deste trabalho, à luz dessa corrente de pensamento. Objetivar-se-á demonstrar, na sequência, que a eficiência, embora consista em critério relevante – empregado, em determinadas circunstâncias, pelo legislador e pelo intérprete –, não constitui o único valor presente no sistema jurídico, o qual, sendo aberto, se encontra informado por diversos outros valores e princípios constitucionais.

Em seguida, partindo-se da premissa de que o contrato consiste em *negócio jurídico de alocação de riscos negociais*, propõe-se, ainda no Capítulo 1, o conceito jurídico de contrato incompleto, compreendido, como se verá, como *negócio jurídico que emprega a técnica de gestão negativa da álea normal*, investigando-se, assim, os seus principais contornos e suas características distintivas de figuras afins.

---

[31] Vincenzo Roppo, Il contratto. In: Giovanni Iudica; Paolo Zatti (Org.), *Trattato di diritto privato*, Milano: Giuffrè, 2001, p. 73.

Convém esclarecer que o contrato incompleto, a que se dedica esta obra, restringe-se aos negócios incompletos firmados entre os particulares em relações paritárias, nas quais não se verifique a assimetria de informações. Estas relações jurídicas patrimoniais – que não atingem diretamente valores existenciais, tampouco têm como um de seus titulares parte vulnerável – carecem de exame quanto aos limites impostos, pelo ordenamento, à autonomia privada, especialmente na escolha da incompletude. Nestas hipóteses, em que se enfrentam situações jurídicas eminentemente patrimoniais, a autonomia privada encontrará maior capacidade de expansão, cabendo ao intérprete preservar a alocação de riscos estabelecida no contrato, sem se descurar, contudo, dos limites legais e axiológicos a que se subordina o negócio. Por conseguinte, as situações jurídicas existenciais ou as situações jurídicas patrimoniais em que um dos contratantes se apresente como parte vulnerável, as quais demandam maior intervenção estatal, sendo objeto de ampla proteção em leis especiais e de tratamento diferenciado por parte do magistrado na mitigação da alocação dos riscos, não serão aqui tratadas.

Como mencionado, os contratos repartem, entre os contratantes, os riscos negociais, que se identificam com os riscos econômicos, de natureza previsível, denominados tecnicamente álea normal dos contratos.

A álea normal, que será objeto de exame detalhado no Capítulo 2, item 2.2.1 deste livro, consiste, como já referido, em risco externo ao contrato, o qual, embora não integre a sua causa, com ela se relaciona, mantendo *relação de pertinência*, por representar o risco econômico previsível assumido pelos contratantes ao escolher determinado tipo ou arranjo contratual.

As partes, com efeito, distribuem os riscos econômicos previsíveis a partir das cláusulas contratuais. Diz-se, nessa hipótese, que os contratantes procedem à *gestão positiva da álea normal*. Aludida alocação de riscos, que será identificada a partir da vontade declarada pelos contratantes, define o equilíbrio econômico do negócio. A vontade declarada poderá ser extraída de cláusulas contratuais expressas ou, implicitamente, de sua interpretação sistemática. Essa equação econômica, que fundamenta o sinalagma ou a correspectividade entre as prestações, há de ser respeitada no decorrer de toda a execução contratual,[32] em observância aos princípios da obrigatoriedade dos pactos e do equilíbrio dos contratos.

---

[32] A ideia de equilíbrio contratual aqui enunciada e que será adotada neste livro se aproxima da noção de sinalagma funcional a que a doutrina faz referência. A respeito do conceito

O conceito de risco contratual, portanto, relaciona-se diretamente com o de equilíbrio, de tal maneira que as partes estabelecem negocialmente a repartição dos riscos como forma de definir o equilíbrio do ajuste.[33] Efetua-se a repartição dos riscos antes de mais pela escolha do tipo contratual e pela definição da causa em concreto. Ao lado disso, há que se atentar para a qualidade das partes, no sentido do comportamento esperado de determinado contratante. À guisa de exemplo, considera-se justo imputar maior risco ao empresário do que ao indivíduo que não seja *expert* em determinado setor.[34] Destacam-se, ainda, as técnicas de alocação do risco, dentre as quais a cláusula de exclusão de responsabilidade e as que decorrem da própria interpretação do contrato.[35]

Nesse particular, há que se prestigiar a repartição dos riscos estabelecida pela concreta vontade negocial, com vistas a evitar que o intérprete refaça a valoração do risco já efetuada pela autonomia privada. Afasta-se, assim, a preocupação externada por Guido Alpa, segundo a qual "se o direito não deveria proteger os estúpidos e os superficiais, os imprudentes, os apressados ou os ingênuos, apesar disso muitas sentenças se preocupam em realizar uma justiça substancial que premia o azarado e tempera os lucros do esperto e do sortudo".[36]

Ao lado da gestão positiva da álea normal, os contratantes poderão optar por gerir negativamente os riscos econômicos previsíveis. Surge, então, a figura do contrato incompleto, o qual consiste, em linhas gerais, em *negócio jurídico que adota a técnica de gestão negativa da álea normal*.

Como se verá no decorrer deste trabalho, no contrato incompleto, as partes, deliberadamente, optam por deixar em branco determinados elementos da relação contratual, como forma de gestão do risco econômico superveniente, os quais serão determinados, em momento futuro, pela atuação de uma ou ambas as partes, de terceiro ou mediante fatores externos, segundo o procedimento contratualmente previsto para a integração da lacuna.

---

de sinalagma funcional, v. Massimo Bianca, *Diritto civile*: il contratto, Milano: Giuffrè, 1987, v. 3, p. 488.

[33] Mario Bessone, *Adempimento e rischio contrattuale*, Milano: Giuffrè, 1969, p. 2 e ss.

[34] Mario Bessone, *Adempimento e rischio contrattuale*, cit., p. 39.

[35] Guido Alpa, Rischio. In: *Enciclopedia del diritto*, v. 40, cit., p. 1.147.

[36] Guido Alpa, Rischio. In: *Enciclopedia del diritto*, v. 40, cit., p. 1.146; tradução livre.

Cuida-se de não alocação voluntária do risco econômico, em que as partes deixam em branco determinado elemento do negócio jurídico (lacuna voluntária), o qual seria diretamente afetado pelo implemento do risco. Após a concretização do risco, as partes distribuirão os ganhos e as perdas econômicas, por meio da integração das lacunas, segundo o procedimento previsto originariamente no contrato.

Deste modo, como se verá, existem, no ordenamento jurídico brasileiro, duas formas voluntárias de gerir a álea normal dos contratos: (i) a *gestão positiva*, por meio da alocação de riscos econômicos previsíveis segundo as cláusulas contratuais; e (ii) a *gestão negativa*, por meio do contrato incompleto, no qual, voluntariamente, as partes não alocam *ex ante* o risco econômico superveniente, de natureza previsível, cujas perdas e ganhos econômicos serão distribuídos posteriormente, diante da verificação de determinado evento, mediante o preenchimento da lacuna contratual, de acordo com os critérios definidos *ex ante*.

Nessa direção, o contrato incompleto, por permitir a gestão *ex post* dos riscos de superveniências, atende aos imperativos da segurança jurídica e da flexibilidade, podendo figurar, no caso concreto, como opção que melhor realiza o interesse das partes.

Por outro lado, os contratantes poderão simplesmente não distribuir os riscos econômicos no contrato, por fugirem de sua esfera de previsibilidade (*não alocação involuntária*), tratando-se, portanto, de riscos imprevisíveis. Nessa hipótese, verificados os demais pressupostos, aplicar-se-á a teoria da excessiva onerosidade prevista nos arts. 478 e ss. do Código Civil.

Note-se que inexiste risco previsível que não tenha sido gerido pelas partes. Por outras palavras, o risco previsível, que se insere na álea normal dos contratos, terá sido, necessariamente, gerido pelos contratantes, por meio de gestão positiva ou negativa, o que será identificado a partir do exame das cláusulas contratuais e da causa *in concreto*.

Repita-se, ainda uma vez, que o respeito à alocação de riscos efetuada pela autonomia privada pauta-se pelos princípios da obrigatoriedade dos pactos e do equilíbrio econômico dos contratos. Desse modo, uma vez geridos os riscos econômicos atinentes à determinada operação negocial, de forma positiva ou negativa, os contratantes devem obedecer a essa alocação de riscos no decorrer da inteira execução do contrato. A menos que se configure hipótese de excessiva onerosidade, lesão ou outro remédio de reequilíbrio contratual previsto em lei, as partes não poderão alterar supervenientemente a alocação de riscos estabelecida no contrato, tendo em conta a aplicação do princípio da obrigatoriedade dos pactos, em pleno vigor no ordenamento jurídico brasileiro. Pode-se afirmar, nessa esteira, que, no direito brasileiro, não existe princípio de proteção ao negócio lucrativo, que pudesse salvaguardar o contratante do mau negócio. A parte que geriu mal o risco deverá arcar com as consequências daí decorrentes, não podendo se eximir de cumprir o contrato, tampouco sendo-lhe autorizado requerer a revisão ou a resolução do negócio, exceto nas hipóteses permitidas por lei.

Nesse contexto, com vistas ao estabelecimento de critérios, no direito civil brasileiro, para a caracterização, qualificação e interpretação do contrato incompleto em relações paritárias, inserindo-o no âmbito do sistema como uma das formas de alocação de riscos negociais, dividiu-se o presente livro em três capítulos.

No Capítulo 1, como exposto, pretende-se estabelecer os principais contornos do contrato incompleto, efetuando-se a análise estrutural do instituto, com a indicação de suas características distintivas. Para tanto, dedicam-se as primeiras linhas ao surgimento do contrato incompleto na análise econômica do direito. Após explicar as principais diretrizes elaboradas por essa corrente de pensamento para a categoria do contrato, analisa-se especificamente a figura do contrato incompleto na análise econômica do direito, tecendo-se, em seguida, as críticas a essa abordagem teórica no direito civil brasileiro. Ainda nesse capítulo, propõe-se o conceito jurídico de contrato incompleto no ordenamento pátrio, indicando suas diferentes modalidades (determinação unilateral, por terceiro, por ambas as partes ou por fatores externos). Na sequência, depois de realizar o exame do contrato incompleto nos Princípios da *Unidroit* e nos Princípios de Direito Europeu dos Contratos, procede-se à distinção do contrato incompleto de figuras afins, quais sejam, o contrato aleatório, o contrato preliminar, a formação progressiva dos contratos, os contratos de derivativos e as cláusulas de adequação automática.

No Capítulo 2, em contraposição à análise estrutural do contrato incompleto, propugna-se pela sua perspectiva funcional. Nessa medida, empreende-se a análise jurídico-funcional dos contratos incompletos, perquirindo-se o traço distintivo da sua causa, isto é, os efeitos essenciais que permitem a qualificação do concreto regulamento negocial como incompleto e, por conseguinte, a identificação da disciplina jurídica aplicável. Objetiva-se, por outras palavras, do ponto de vista jurídico, examinar a função prático-social do contrato incompleto, estabelecendo a sua mínima unidade de efeitos essenciais, isto é, identificando "para que serve"[37] o instituto. Com o escopo de delimitar os efeitos essenciais que qualificam o concreto negócio como contrato incompleto, investiga-se o conceito de álea normal dos contratos para, subsequentemente, definir o traço distintivo da causa do contrato incompleto como a gestão negativa da álea normal dos contratos. Em seguida, insere-se o contrato incompleto no âmbito do sistema jurídico brasileiro, identificando as normas que autorizam a sua utilização, bem como as potencialidades funcionais de tais normas. Ainda no Capítulo 2, discute-se a problemática da determinabilidade do objeto do contrato incompleto e, ulteriormente, a validade e eficácia do regulamento contratual incompleto no direito brasileiro.

O Capítulo 3 destina-se ao estudo da execução do contrato incompleto. Nesse particular, pretende-se demonstrar que os contratos incompletos, justamente por representarem o esmorecimento voluntário da técnica regulamentar, exigem elevados padrões de cooperação entre os contratantes. Dito diversamente, em negócios incompletos, em que há gestão negativa da álea normal, à míngua de disciplina abrangente para todos os riscos contratuais previsíveis, as partes confiam na cooperação para o alcance do escopo comum. Exsurge, nesse cenário, o espírito de solidariedade constitucional (art. 3º, I e III,[38] C.R.). Por conseguinte, os contratantes deverão reunir esforços no sentido de colmatar as lacunas, respeitando a alocação de riscos pretendida. Em consequência, a incidência dos princípios da boa-fé objetiva, da função social e do equilíbrio contratual se revelará mais intensa nos contratos incompletos relativamente aos contratos em que ocorre a gestão positiva da álea normal.

Nessa esteira, defende-se a incidência do princípio do equilíbrio contratual aos contratos incompletos. Como se demonstrará, a alocação de riscos, seja positiva, seja negativa, define o equilíbrio contratual e traduz os

---

[37] Atribui-se a expressão à Pietro Perlingieri, *Perfis de direito civil*: introdução ao direito civil constitucional, 2. ed., Rio de Janeiro: Renovar, 2002, p. 94.

[38] "Art. 3º Constituem objetivos fundamentais da República Federativa do Brasil: I – construir uma sociedade livre, justa e solidária; [...] III – erradicar a pobreza e a marginalização e reduzir as desigualdades sociais e regionais."

termos pactuados pelos contratantes. Desse modo, o respeito a tal distribuição de riscos expressa, a um só tempo, a observância dos princípios do equilíbrio contratual e da obrigatoriedade dos pactos. Em consequência, os contratos incompletos sujeitam-se à incidência da teoria da excessiva onerosidade, desde que o evento superveniente, extraordinário e imprevisível, alheio aos contratantes, não atinja o elemento contratual deixado em branco. Além disso, sustenta-se a existência do dever imposto aos contratantes, pelo princípio da boa-fé objetiva, no sentido de negociar o contrato diante da configuração de excessiva onerosidade, ainda que não haja cláusula de *hardship* estabelecendo esse dever. Enfrentam-se, ainda, no plano da execução contratual, quais as consequências do inadimplemento do dever de integração da lacuna. Por outros termos, pretende-se examinar, nos regulamentos contratuais incompletos, a possibilidade de se requerer a execução específica na hipótese de violação do dever de determinação da lacuna por uma das partes, por ambos os contratantes ou por terceiro. Ou, ainda, caso não seja possível a execução específica da obrigação de preenchimento da lacuna pelo contratante faltoso, investiga-se se o juiz poderá integrar o contrato, em substituição da parte ou do terceiro, de modo a participar da elaboração da disciplina contratual; ou se a solução será a extinção do negócio, com o retorno das partes ao estado anterior à celebração do contrato. À guisa de conclusão, delineiam-se os limites impostos à autonomia privada na escolha da incompletude.

Em síntese, pretende-se construir, do ponto de vista dogmático e à luz da perspectiva funcional dos fatos jurídicos, critérios para a caracterização do contrato incompleto no direito brasileiro, estabelecendo o traço distintivo de sua causa e a disciplina jurídica que lhe é aplicável, a partir da metodologia civil-constitucional, firmando o regulamento contratual incompleto como negócio jurídico lícito e merecedor de tutela no atendimento aos interesses concretos dos particulares, a evidenciar os novos confins da autonomia privada na legalidade constitucional.

1

CONTORNOS DO CONTRATO INCOMPLETO: ANÁLISE ESTRUTURAL DO INSTITUTO E SUAS CARACTERÍSTICAS DISTINTIVAS

"A realidade não pode se reduzir somente aos aspectos econômicos."[39]

1.1 Surgimento do contrato incompleto

A primeira referência ao contrato incompleto é encontrada na literatura da análise econômica do direito,[40] embora a noção genérica de incompletude contratual não se afigure estranha ao sistema jurídico tradicional. O tema – enfrentado até hoje por diversos autores no âmbito do estudo do contrato sob o viés econômico – pretende contornar duas preocupações centrais: a racionalidade limitada dos contratantes e os custos de transação.

Do ponto de vista da análise econômica do direito, o contrato incompleto designa o fenômeno consoante o qual o contrato não tem a possibilidade de disciplinar todas as contingências que poderão afetá-lo no decorrer de sua execução, notadamente em virtude dos custos de transação e da racionalida-

---

[39] Pietro Perlingieri, *O direito civil na legalidade constitucional*. Tradução de Maria Cristina de Cicco, Rio de Janeiro: Renovar, 2008, p. 128.

[40] A corrente de pensamento dos estudiosos da análise econômica do direito denominada nova economia institucional acolheu, de modo explícito, a ideia de contrato incompleto. Essa área de pesquisa tem suas origens no campo da organização industrial, a partir dos estudos de Oliver Williamson na década de 1970. A constatação é de Giuseppe Bellantuono, *I contratti incompleti nel diritto e nell'economia*, Milano: CEDAM, 2000, p. 66.

de limitada das partes. Em consequência, a solução mais eficiente consiste em firmar contratos lacunosos, que estabeleçam apenas determinados aspectos da relação contratual, como forma de diminuir os custos de transação e superar a reduzida previsibilidade das partes contratantes, bem como sua capacidade limitada em processar grande volume de informação.

Em contraposição a essa linha de entendimento, neste trabalho pretende-se estabelecer critérios jurídicos para a caracterização do contrato incompleto, examinando-o sob a perspectiva funcional dos fatos jurídicos, adotada pela metodologia de direito civil-constitucional. O perfil funcional do contrato incompleto, como se verá, permite o estabelecimento de novos parâmetros interpretativos para o regulamento contratual incompleto, determinando-se a disciplina jurídica que lhe é aplicável, na qual se destacam os princípios da boa-fé objetiva, da função social e do equilíbrio econômico dos contratos. O contrato incompleto, por apresentar lacunas a serem determinadas *ex post* pelos contratantes, exige padrão de cooperação superior àquele verificado em outras espécies negociais, a denotar a importância da aplicação dos novos princípios contratuais e do princípio de solidariedade constitucional (art. 3º, I e III, C.R.) para disciplinar a sua execução.

Entretanto, para que bem se compreenda o conceito jurídico-funcional de contrato incompleto e os objetivos aqui propostos, revela-se fundamental o estudo do contrato incompleto na análise econômica do direito, investigando-se, inicialmente, os principais alicerces teóricos dessa corrente de pensamento aplicados ao contrato, para, em seguida, examinar especificamente o contrato incompleto com base no perfil econômico e estabelecer visão crítica à perspectiva econômica do direito. É ver-se.

1.1.1 O contrato na análise econômica do direito

> "Para mim, o aspecto mais interessante do movimento da análise econômica do direito foi a sua aspiração de situar o estudo do direito em bases científicas, com teoria coerente, hipóteses precisas deduzidas da teoria e testes empíricos para as hipóteses. Direito é uma instituição social de enorme importância e antiguidade e não vejo razão para que não seja submetido ao estudo científico. A economia é a mais avançada das ciências sociais e o sistema legal contém

> *diversos paralelos e sobreposições com os sistemas que os economistas estudaram com sucesso."*[41]

Antes de adentrar no estudo do contrato incompleto do ponto de vista da análise econômica do direito, impõe-se traçar as principais diretrizes dessa área do conhecimento, direcionando-as especificamente ao instituto do contrato, cujo papel é referido com mais detalhes no item 1.1.1.4, a seguir.

1.1.1.1 Esclarecimentos iniciais

A economia apresenta arsenal de métodos teóricos e empíricos disponibilizados ao operador do direito para enfrentar variadas questões jurídicas. Problemas ambientais, questões relativas à regulação antitruste, às corporações, controle de criminalidade, propriedade, contratos e responsabilidade civil são apenas algumas das matérias que interessam à economia e ao direito. Metodologicamente, a análise econômica do direito aplica os aparatos conceituais e os métodos empíricos da economia ao estudo do direito.[42]

A economia fornece a teoria científica que prevê os efeitos das sanções legais no comportamento dos indivíduos. Considera-se que as sanções funcionam como os preços, de modo que as pessoas respondem às sanções tal como reagem aos preços. Se, diante da alta de preços, os sujeitos consomem menos determinado produto, da mesma forma praticarão menos certa atividade que deflagre sanção tornada mais rigorosa. Pode-se afirmar, de maneira geral, que a economia oferece a teoria comportamental com o escopo de antever como as pessoas reagirão a mudanças nas leis.[43] Segundo a doutrina especializada, nesse estágio da história da ciência social, a economia consubstancia-se na parte mais útil da ciência comportamental para o direito.[44]

---

[41] Richard A. Posner, Prefácio. In: Michael Faure; Richard A. Posner; Roger Van Den Bergh (Org.), *Essays in law and economics*: corporations, accident prevention and compensation for losses, Antwerpen: MAKLU, 1989; tradução livre.

[42] Francesco Parisi, Scuole e metodologie dell'analisi economica del diritto. In: *Rivista critica del diritto privato*, Napoli: Casa Editrice Dott. Eugenio Jovene S.R.L., n. 3, ano 23, p. 378, set. 2005. Sobre o tema, no Brasil, v. Armando Castelar Pinheiro; Jairo Saddi, *Direito, economia e mercados*, Rio de Janeiro: Elsevier, 2005, *passim*.

[43] Robert Cooter; Thomas Ulen, *Law and economics*, 4. ed., New York: Pearson Addison Wesley, 2003, p. 3-4.

[44] Robert Cooter; Thomas Ulen, *Law and economics*, cit., p. 4.

Além disso, a economia apresenta profícuo *standard* normativo para a avaliação do direito e das políticas públicas. As leis consistem em instrumentos para atingir importantes objetivos sociais e o judiciário e o legislativo deveriam se valer da economia como método para a avaliação dos efeitos das leis na consecução desses valores sociais. Nessa esteira, a principal diretriz da economia traduz-se na *eficiência*.

Somada à eficiência, a economia prediz os efeitos das políticas públicas na distribuição de renda e riquezas. A economia, nesse sentido, compreende como as leis afetam a distribuição de renda e riquezas nas classes e grupos. Embora os economistas recomendem mudanças que aumentem a eficiência, evitam tomar partido nas disputas sobre distribuição, deixando-as a cargo do Executivo e dos eleitores.[45]

Tendo em conta que a economia consiste em disciplina técnica, com linguagem e institutos próprios, sua introdução nos bancos da Faculdade de Direito criou dificuldades aos alunos e professores que não dispunham do substrato teórico fundamental à compreensão de seus objetivos. A inteira compreensão da análise econômica do direito certamente dependeria de bacharelado em economia.

Por outro lado, embora a análise econômica do direito ofereça importante contribuição ao legislador e ao intérprete, que, por vezes, irão se valer do critério de eficiência, respectivamente, na elaboração das leis e na solução dos casos concretos, a eficiência não constitui valor único do sistema jurídico, sobretudo do ordenamento personalista e solidarista vigente na legalidade constitucional, cujo valor central consiste na dignidade da pessoa humana (art. 1º, III, C.R.).

O sistema jurídico afigura-se unitário, dinâmico, histórico-relativo[46] e aberto,[47] permeável, portanto, aos valores fundamentais da sociedade que se modificam no decorrer do tempo. A cada geração, diversos valores antagônicos e de mesma importância axiológica adquirem estatura constitucional

---

[45] Robert Cooter; Thomas Ulen, *Law and economics*, cit., p. 4.

[46] V., sobre o tema, António Manuel Hespanha, *Cultura jurídica europeia*, Mira-Sintra: Mem Martins: Publicações Europa-América, 2003, p. 18-20.

[47] Cf., no ponto, Claus-Wilhelm Canaris, *Pensamento sistemático e conceito de sistema na ciência do direito*, Lisboa: Fundação Calouste Gulbenkian, 2002, p.107-110. Na doutrina nacional, v. Luiz Edson Fachin, *Teoria crítica do direito civil*, Rio de Janeiro: Renovar, 2012, p. 281-283.

e hão de merecer tutela nas hipóteses concretas. Na feliz síntese de Pietro Perlingieri, o direito é cultura,[48] não se limitando à economia e ao mercado. Os padrões de eficiência propostos pela economia, desse modo, não esgotam a complexidade de valores do ordenamento, cuja unitariedade é assegurada pela Constituição da República.

Por tais razões, esta obra não pretende aprofundar a análise econômica do direito, investigando seus conceitos herméticos e fórmulas matemáticas, sobretudo considerando-se as diversas vertentes da análise econômica do direito, como a Escola (positiva) de Chicago,[49] a Escola (normativa) de Yale[50] e a Escola Funcional de Virgínia.[51,52] Tal não seria possível, tampouco

---

[48] Pietro Perlingieri, *Complessità e unitarietà dell'ordinamento giuridico vigente.* In: Rassegna di diritto civile, Napoli: Edizioni Scientifiche Italiane, v. 1, p. 192, 2005.

[49] A Escola de Chicago e a Escola de Yale têm por fundadores Ronald Coase e Guido Calabresi nos primeiros anos da década de 1960. Posteriormente, na década de 1970, a Escola de Chicago foi desenvolvida a partir dos estudos de Richard Posner. Aludida Escola adota como premissa a ideia de que as regras da Common Law consistem em resultado de um esforço em gerar regras e resultados eficientes. As regras da Common Law buscam, assim, alocar os recursos segundo o critério de eficiência de Pareto ou de Kaldor-Hicks. A eficiência consubstancia fator predominante que cria as regras, os procedimentos e as instituições da Common Law. Os estudiosos da Escola de Chicago, entretanto, reconhecem que a competência do economista na valoração de questões jurídicas é limitada. A economia, deste modo, desempenha papel fundamental na busca da eficiência, perseguida como finalidade precípua pelo sistema jurídico, apresentando limitações na produção de regras que concretizem mudanças sociais ou reformas jurídicas.

[50] A Escola de Yale, diversamente da Escola de Chicago, admite outras finalidades perseguidas pelo sistema jurídico para além da eficiência, especificamente a justiça e a equidade. Por isso mesmo, diversas questões de distribuição são encontradas na literatura desta Escola. Além disso, a Escola de Yale sustenta a intervenção legal como o método adequado para corrigir os fracassos do mercado. V., sobre o assunto, Francesco Parisi, *Scuole e metodologie dell'analisi economica del diritto,* cit., p. 386.

[51] A Escola de Virgínia, ainda em estágio inicial de estudos, desenvolve-se na intercessão entre direito, economia e *public choice.* A Escola de Virgínia, tal como a Escola de Yale, também não confia de forma generalizada na eficiência, se contrapondo, neste particular, à Escola de Chicago. Adota postura cética no que tange à eficiência das fontes legislativas e das regulamentações administrativas. Propugna, ainda, a análise dos incentivos subjacentes à regra jurídica ao invés de examinar diretamente os custos e benefícios das regras individualmente consideradas. Sobre o tema, v. Francesco Parisi, *Scuole e metodologie dell'analisi economica del diritto,* cit., p. 386-388.

[52] Sobre as diferentes perspectivas da análise econômica do direito, convém observar que as primeiras contribuições, identificadas na década de 1960, enfatizavam os efeitos das normas legais sobre o normal funcionamento do sistema econômico (isto é, consideravam o impacto de normas legais sobre o equilíbrio do mercado), ao passo que a geração seguinte de estu-

desejável, para os objetivos aqui propostos de estabelecer, no ordenamento jurídico brasileiro, critérios para a caracterização dos contratos incompletos e novos parâmetros para sua interpretação, a partir da perspectiva funcional dos fatos jurídicos.

Objetiva-se, neste capítulo, apenas delinear os principais aspectos da análise econômica do direito no âmbito contratual, com o escopo de permitir a melhor compreensão das ideias que inspiraram o surgimento do contrato incompleto na análise econômica do direito.

A compreensão do contrato incompleto na análise econômica do direito revela-se imprescindível para a elaboração dessa nova perspectiva crítica e jurídico-funcional do contrato incompleto que se almeja com este trabalho.

1.1.1.2 Três noções de economia fundamentais à aproximação da Economia ao Direito

A Economia parte da premissa de que os recursos são limitados relativamente às necessidades humanas. Essa ciência explora e testa as implicações de se assumir que o homem consiste em ser racional que deseja maximizar seus objetivos na vida e suas satisfações, a que se denomina interesse próprio (*self-interest*).[53]

Desta noção de ser humano como maximizador de seu interesse próprio, decorre o fato de que as pessoas respondem a incentivos, ou seja, as pessoas alteram os seus comportamentos com base em estímulos, com vistas a aumentar suas satisfações.

A partir dessa constatação, há de se delinear três conceitos econômicos fundamentais.

O *primeiro* deles consiste na relação inversa entre o preço cobrado e a quantidade demandada. Em geral, se o preço de um produto aumenta e to-

---

diosos, surgida nos anos 1970, utilizou a análise econômica com o objetivo de compreender melhor o sistema jurídico. Esta revolução intelectual teria ocorrido no momento adequado em que a academia jurídica estaria buscando instrumental que permitisse a valoração crítica do direito. A constatação é de Francesco Parisi, *Scuole e metodologie dell'analisi economica del diritto*, cit., p. 379 e 380.

[53] Note-se que ser racional não significa egoísta. A pessoa racional pode ser altruísta, mas irá tentar alcançar suas finalidades da melhor forma possível (Donald Wittman, *Economic foundations of law and organization*, Cambridge: Cambridge University Press, 2006, p. 9).

dos os outros preços permanecem os mesmos, a quantidade demandada do produto cujo preço aumentou e, portanto, a sua produção, irá diminuir.[54] Exemplificativamente, se o preço do filé-mignon aumenta um real por quilo e os preços das outras carnes permanecem inalterados, o filé-mignon irá custar mais ao consumidor, relativamente, do que antes. O consumidor, como ser racional que atua no interesse próprio, irá investigar a possibilidade de substituir o filé-mignon por outra carne que ele prefere menos, mas que é mais atrativa por ser mais barata. Os consumidores, assim, objetivam maximizar suas satisfações. Alguns consumidores, todavia, continuarão a comprar o filé-mignon, pois consideram que outros bens não seriam bons substitutos, ainda que mais baratos.

Os vendedores, por outro lado, buscarão cobrar o menor preço. Esse menor preço consiste no preço alternativo, isto é, o preço de custo do bem. Eis o *segundo* conceito básico da economia consoante o qual o custo é igual ao preço alternativo. Como corolário dessa noção, o custo é incorrido apenas quando a alguém é negado o uso do recurso. Por outras palavras, para o economista, o custo é o custo de oportunidade, isto é, o benefício renunciado mediante o emprego de um recurso de forma a negar o seu uso para outra pessoa.[55]

O *terceiro* conceito econômico fundamental, por fim, corresponde à tendência de os recursos gravitarem em torno de seus usos mais valorizados se a troca voluntária é permitida. Por meio de processo voluntário de trocas, os recursos são destinados aos usos nos quais o valor para o consumidor, medido pela sua disposição de pagar, é maior. Afirma-se, assim, que os recursos se encontram empregados de modo eficiente se são utilizados onde seu valor é maior ou se a sua realocação não importa aumento de seu valor. No exemplo de Posner, se o fabricante de cortadores de grama se dispõe a pagar mais pelo trabalho e material que os competidores que utilizam esses mesmos recursos, significa que ele pensa que pode empregá-los para obter preço maior no produto acabado do que os seus concorrentes demandantes.[56] Pode-se dizer, desse modo, que esses recursos valem mais para o referido fabricante. Quando os recursos são utilizados onde seu valor é maior, afirma-se que os recursos estão sendo empregados de modo eficiente.

---

[54] Richard A. Posner, *Economic analysis of law*, cit., p. 2.

[55] Richard A. Posner, *Economic analysis of law*, cit., p. 3.

[56] Richard A. Posner, *Economic analysis of law*, cit., p. 4.

Do ponto de vista técnico, eficiência consiste em explorar os recursos econômicos de modo que as satisfações humanas, medidas pela disposição agregada do consumidor de pagar pelos bens e serviços, sejam maximizadas.[57] A disposição em pagar é medida pela distribuição de renda e riqueza existente na sociedade.

Note-se que a economia não determina como a sociedade deve ser gerida, mas consiste em ferramenta de análise do direito e das instituições legais, pretendendo servir como fonte de crítica e reforma. Nessa direção, a se considerar a limitação de recursos, a economia irá demonstrar qual conduta é a mais eficiente. Nas palavras de Posner:

> "A Teoria Econômica é destinada a prever o comportamento não de economistas, mas de homens de negócios, consumidores, e outros que geralmente conhecem pouco de economia. Tendo em vista que os juízes frequentemente são chamados a decidir casos em que fatores econômicos são inevitáveis, não é surpreendente que eles possam decidir repetidamente de acordo com uma percepção intuitiva de custos e eficiência."[58]

Sobre a eficiência propugnada pela análise econômica, revela-se importante o célebre conceito conhecido como ótimo ou eficiência de Pareto, criado por Vilfredo Pareto (1848-1923), segundo o qual não é possível situar certo sujeito em posição melhor sem causar a outro indivíduo situação de desvantagem (*Pareto optimality*).[59] Caso seja possível atribuir a certo indivíduo ou grupo de pessoas situação de vantagem sem prejudicar o bem-estar de outra pessoa, diz-se que há a melhoria de Pareto (*Pareto improvement*) e essa medida deve ser adotada.[60] A alocação ótima, assim, consiste naquela

---

[57] Richard A. Posner, *Economic analysis of law*, cit., p. 4.

[58] Richard A. Posner, *Economic analysis of law*, cit., p. 6; tradução livre.

[59] Sobre a eficiência de Pareto, v. B. Lockwood, Pareto efficiency. In: John Eatwell; Murray Milgate; Peter Newman (Org.), *The new palgrave*: a dictionary of economics, London: The Macmillan Press Limited, 1987, v. 3, p. 811.

[60] Donald Wittman, *Economic foundations of law and organization*, cit., p. 16.

em que se maximiza o bem-estar de um indivíduo enquanto que o bem estar dos outros sujeitos permanece constante.[61]

Outro critério de eficiência consiste naquele elaborado por Kaldor (1939), Hicks (1939) e Sciotovsky (1941), consoante o qual a alocação de recursos *A* deve ser preferida relativamente à alocação *B* se aqueles que obtêm uma vantagem do regime *A* têm um ganho suficientemente amplo de modo a compensar aqueles que sofreram uma desvantagem. O exame denomina-se teste de Kaldor-Hicks ou teste de compensação potencial. Em termos práticos, o critério de Kaldor-Hicks empreende a comparação entre os ganhos de certo grupo e as perdas de outro. Considera-se a troca eficiente se os vencedores ganham mais do que perdem os perdedores.[62]

Os critérios de Pareto e de Kaldor-Hicks afiguram-se utilitaristas, tendo em vista que objetivam maximizar o bem-estar social, a partir de alocação de recursos eficiente que eleve ao grau máximo as riquezas. Desenvolveram-se, ainda, na análise econômica do direito, outros paradigmas de bem-estar social, mais atentos ao bem-estar de membros mais frágeis no grupo social, embora não tenham logrado grande popularidade.[63]

A análise econômica do direito, desta feita, baseia-se na premissa de que os indivíduos buscam maximizar racionalmente as riquezas e, nessa medida, estuda o papel do Direito como meio para variar os preços relativos conexos a comportamentos alternativos dos sujeitos de direito. Segundo essa abordagem, a variação da regra de direito condicionará os comportamentos humanos, alterando a estrutura dos preços e, portanto, influenciando no problema da otimização de riquezas enfrentado pelos indivíduos. A maximização de riquezas, em definitivo, pode ser estimulada por regras jurídicas.[64] Na síntese de Francesco Parisi:

---

[61] O critério de Pareto foi alvo de críticas por alguns estudiosos da análise econômica do direito por duas razões principais: (i) a primeira, de que o critério depende do *status quo*, na medida em que diversos resultados são obtidos em relação à escolha de alocação inicial; e (ii) a segunda, de que há apenas valoração ordinal das preferências, vez que o critério de Pareto não contém qualquer mecanismo idôneo a induzir as partes a valorar as preferências cardinais, nas quais há intensidade das preferências. Sobre essas críticas, v. Francesco Parisi, *Scuole e metodologie dell'analisi economica del diritto*, cit., p. 390.

[62] Francesco Parisi, *Scuole e metodologie dell'analisi economica del diritto*, cit., p. 391.

[63] Francesco Parisi, *Scuole e metodologie dell'analisi economica del diritto*, cit., p. 392-393.

[64] Francesco Parisi, *Scuole e metodologie dell'analisi economica del diritto*, cit., p. 381.

> "A economia é um potente instrumento para a análise do direito. Se os homens são maximizadores racionais de sua utilidade, riqueza ou bem-estar, então esses responderão racionalmente a mudanças dos vínculos externos, como, por exemplo, aqueles criados pelas regras de direito. O assunto da racionalidade constitui o fundamento basilar para muita literatura econômica e jurídica."[65]

Nessa direção, sustenta-se que a maximização de riquezas consiste em paradigma subsidiário da justiça, ideia que encontrou resistência de juristas tradicionais nos primeiros anos de desenvolvimento da análise econômica do direito. Atualmente, indicam-se dois obstáculos à evolução do tema: (i) a necessidade de especificar um complexo inicial de titularidades ou direitos, como pré-requisito essencial para operacionalizar a maximização de riquezas; e (ii) as dificuldades teóricas em definir o exato papel da eficiência como ingrediente da justiça, em confronto com outras finalidades do direito e outros escopos sociais.[66]

1.1.1.3 O Direito como garantidor da segurança jurídica indispensável à eficiência

A análise econômica do direito preocupa-se, em uma palavra, com *eficiência*.[67] Se, por um lado, o ordenamento jurídico volta-se à produção de normas jurídicas válidas, que emanem de autoridade competente, e, por isso mesmo, sejam dotadas de coercibilidade, de modo que a sua violação enseje o recurso ao Poder Judiciário para garantir o respeito à ordem estabelecida,[68] a economia, por sua vez, busca a eficiência em todo o seu fun-

---

[65] Francesco Parisi, *Scuole e metodologie dell'analisi economica del diritto*, cit., p. 384; tradução livre.

[66] Francesco Parisi, *Scuole e metodologie dell'analisi economica del diritto*, cit., p. 382.

[67] Embora se mostre controversa, na análise econômica do direito, a persecução da eficiência como único propósito da lei, admite-se majoritariamente a eficiência econômica como importante objetivo das leis ou relevante meio para atingir outros objetivos. Sobre o ponto, v. David Friedman, Law and economics. In: John Eatwell; Murray Milgate; Peter Newman (Org.), *The new palgrave*: a dictionary of economics, v. 3, cit., p. 145.

[68] Eis a essência das diversas vertentes do positivismo jurídico, bem desenvolvida por

cionamento, valendo-se da *segurança jurídica* assegurada pelo Direito, e, por vezes, afastando a norma jurídica com o escopo de maximizar as riquezas, de sorte a manusear os institutos jurídicos disponíveis a partir do critério de eficiência. O Direito, assim, deve atender aos objetivos estabelecidos pela economia.[69]

O contrato consiste no instituto jurídico primordial ao funcionamento do mercado. Mediante o contrato, as partes conferem juridicidade à sua vontade de executar determinada prestação, a qual se torna, por conseguinte, dotada de força obrigatória. As partes vinculam-se à promessa efetuada, que adquire força de lei, atribuindo-lhes o direito de recorrer ao Poder Judiciário na hipótese de inadimplemento da contraparte, para fazer cumprir a promessa.

Desse modo, a certeza de poder agir em juízo, caso não se verifique o cumprimento, confere à parte o incentivo a oferecer a sua prestação no tempo ajustado antes do recebimento do pagamento; ou, ainda, por exemplo, a certeza de excussão da garantia em juízo permite ao Banco oferecer crédito ao empreendedor sem riscos excessivos. Diz-se que o direito contratual promove a confiança, isto é, as partes podem confiar umas nas outras sob a escolta de eventual recurso ao Poder Judiciário.

Pode-se afirmar, portanto, que a segurança conferida pelo sistema jurídico, no sentido de garantir à parte o acesso ao Judiciário para satisfazer os direitos pactuados, permite o funcionamento do mercado, estimulando a celebração de contratos. Na feliz expressão de Luigi Alberto Franzoni, as partes operam *in the shadow of law* (na sombra da lei).[70]

Norberto Bobbio, *O positivismo jurídico*: lições de filosofia do direito, São Paulo: Ícone, 2006, p. 131-132. Após a Segunda Guerra Mundial, surge a corrente de pensamento do pós-positivismo, que atribui caráter normativo aos valores e princípios constitucionais, que passaram a disciplinar diretamente as relações jurídicas, inclusive as relações privadas. Tal fenômeno adquiriu, no Brasil, contornos específicos, designando-se Neoconstitucionalismo. Sobre o tema, v. Daniel Sarmento, O neoconstitucionalismo no Brasil: riscos e possibilidades. In: Daniel Sarmento, *Por um constitucionalismo inclusivo*: história constitucional brasileira, teoria da constituição e direitos fundamentais, Rio de Janeiro: Lumen Juris, 2010, p. 233-272; e Luís Roberto Barroso, *Curso de direito constitucional contemporâneo*, São Paulo: Saraiva, 2009, p. 229-394.

[69] Guido Calabresi, *The new economic analysis of law*: scholarship, sophistry or self-indulgence, cit., p. 86.

[70] Luigi Alberto Franzoni, *Introduzione all'economia del diritto*, Bologna: Mulino, 2003, p. 122.

A partir do papel desempenhado pelo Direito na orientação dos comportamentos individuais, espera-se que o Direito favoreça a realização de acordos eficientes, seja sob o aspecto do conteúdo, seja sob o ponto de vista da articulação temporal.[71]

1.1.1.4 O papel do direito contratual na análise econômica do direito

> *"A promessa invoca confiança nas minhas ações futuras não apenas na minha sinceridade presente."*[72]

Especialmente o direito contratual irá oferecer mecanismos destinados a garantir a higidez dos acordos, minimizando o colapso do processo de troca em que se baseia a economia. Eis a função básica do direito contratual na perpectiva da análise econômica do direito. Por outras palavras, o direito dos contratos tem como função primordial impedir os contratantes de se comportarem oportunisticamente em relação à sua contraparte, com vistas a estimular o tempo ótimo de desenvolvimento da atividade econômica e reduzir os custos de medidas autoprotetivas, que seriam adotadas caso o direito contratual não garantisse a exequibilidade dos acordos.[73]

O direito contratual, nessa direção, disponibilizaria instrumentos para assegurar o cumprimento dos contratos, como garantias e sanções por inadimplemento, que estimulariam o adimplemento voluntário do negócio, protegendo-se a parte que atua em boa-fé, isto é, na confiança de que as obrigações contratuais serão regulamente cumpridas. Sem aludida proteção, as trocas se revelariam mais arriscadas e, em consequência, mais custosas.

Tal papel se revela sobremaneira importante em relações de execução diferida ou continuada, nas quais muitas contingências podem obstar o processo de troca, que objetiva realocar os recursos para usos mais valiosos.

---

[71] Luigi Alberto Franzoni, *Introduzione all'economia del diritto*, cit., p. 123.

[72] Charles Fried, *Contract as promise*: a theory of contractual obligation, Cambridge Massachusetts; London England: Harvard University Press, 1981, p. 11; tradução livre.

[73] Richard A. Posner, *Economic analysis of law*, New York: Aspen Publishers, 7. ed., 2007, p. 94.

Nesse particular, o direito contratual terá como desafio, para além do oportunismo das partes, a previsibilidade limitada dos contratantes, que não se mostram capazes de antever todas as contingências que podem afetar a execução do contrato de longa duração.

Diga-se, entre parênteses, que os potenciais custos decorrentes de previsibilidade imperfeita podem ser reduzidos por meio de contratos de menor prazo; ou, ainda, mediante a celebração de contrato incompleto, objeto de exame mais detido no item 1.1.2 a seguir, no qual se acordam apenas alguns aspectos da relação, deixando-se os demais elementos pendentes de definição pelas partes em futura negociação ou, em caso de disputa, pela Corte ou árbitro. Nessa última hipótese, as partes escolhem esse particular método econômico de enfrentamento de contingências quando, embora estejam conscientes de que as contingências possam se materializar, estas se afiguram tão improváveis que os custos de redação de contrato completo excedem os benefícios. Assim, torna-se mais barato atribuir à Corte o poder de preencher a lacuna caso a contingência se materialize.[74] O árbitro, ao fixar o elemento deixado em branco, deverá levar em conta a intenção das partes, precisamente como estas teriam contratado caso a contingência tivesse se materializado à época da negociação. Na ausência de prova em contrário, há de se considerar a solução mais eficiente como aquela desejada pelas partes para fins de preenchimento da lacuna.

Observe-se que os mecanismos de estímulo ao adimplemento voluntário do negócio, oferecidos pelo direito contratual, não exaurem a sua função de promoção do uso eficiente dos recursos. O direito contratual também se revelará importante, na perspectiva da análise econômica do direito, ao estabelecer, no caso concreto, responsabilidades que tenham por escopo impedir a repetição da mesma conduta culposa em situações futuras. Preocupa-se a economia sobretudo com a repercussão daquela medida adotada *in concreto* em casos futuros, a qual servirá para desestimular certas condutas e, em consequência, reduzir os custos. Suponha-se que *A* prometa a *B* entregar mercadorias no dia 20. *B* pensa que será no dia 20 deste mês, mas *A* refere-se ao dia 20 do mês seguinte. Imagine-se que exista um costume nesse mercado de que a data de entrega sem especificação do mês refere-se ao mês corrente, regra essa desconhecida por *A* por ser novo *player* nesse mercado. A imposição de responsabilidade a *A* por não entregar a mercadoria no dia

---

[74] Richard A. Posner, *Economic analysis of law*, 7. ed., cit., 96.

20 deste mês terá o efeito salutar de estimular aos novos participantes o estudo adequado das regras desse mercado.[75]

Por outro lado, segundo a economia, a atribuição de culpa a uma das partes pelo inadimplemento do contrato dependerá de se verificar a quem seria menos custoso o cumprimento do dever contratual. Àquele que teria menos custos para adimplir o dever contratual imputa-se a culpa pelo inadimplemento. Cuida-se de distribuição de riscos não efetuada expressamente pelo contrato, atribuindo-se, segundo o ponto de vista da eficiência econômica, o risco de inadimplemento à parte que poderia evitá-lo a menor custo. Exemplo típico consiste na alocação de responsabilidade pelo dever de inspecionar a mercadoria e, portanto, de verificar o seu defeito, em contratos de compra e venda. Se, por exemplo, o vendedor de lã entrega ao alfaiate lã defeituosa, cujo defeito era desconhecido do vendedor, e ambas as partes não cumprem o dever de inspecionar a mercadoria, a responsabilidade pelo dever de inspecionar será do alfaiate caso seja mais barato para ele o cumprimento desse dever e, portanto, sua ação de responsabilidade por inadimplemento contratual contra o vendedor será julgada improcedente.[76] Em contratos de consumo, do mesmo modo, se o consumidor habitualmente adquire certa mercadoria, de natureza simples, considera-se que os custos para obter a informação quanto ao produto são menores para o consumidor do que para o vendedor, de modo que se imputa ao consumidor a responsabilidade em examinar a coisa e verificar sua qualidade.[77]

Como se vê, em todas as hipóteses referidas, a economia indica a solução a partir do critério de eficiência, ao qual, segundo defende a análise econômica do direito, devem se curvar as regras jurídicas.

No que se refere aos contratos de longa duração, que se sujeitam à verificação de superveniências, a eficiência propugnada pela economia objetiva, basicamente, a solução que maximize o saldo à disposição das partes. Tal solução seria eleita pelas partes caso, no momento de estipulação do contrato, conhecessem o fato superveniente que atingiu as suas prestações. Em termos de eficiência, o modo como o saldo é partilhado entre as partes se

---

[75] Eis o exemplo de Richard A. Posner, *Economic analysis of law*, cit., p. 43.

[76] Richard A. Posner, *Economic analysis of law*, cit., p. 44.

[77] Richard A. Posner, *Economic analysis of law*, cit., p. 51.

mostra irrelevante. Ou seja, a eficiência requer a maximização da soma dos ganhos dos contratantes.

Além disso, o critério de eficiência irá determinar se, no decorrer da execução do contrato, a parte deverá adimplir seus deveres contratuais ou se, ao revés, poderá se eximir do cumprimento de suas obrigações. Em determinados casos, o adimplemento não representa a solução eficiente e, por isso, deve ser afastado do ponto de vista da análise econômica do direito. Cuida-se das hipóteses em que os ganhos decorrentes da quebra contratual excedem os lucros esperados com a execução do contrato; ou, ainda, superam os lucros esperados pela contraparte com o adimplemento contratual e os danos decorrentes do inadimplemento se limitam à perda do lucro esperado.

Dito diversamente, o custo da execução do contrato corresponde ao lucro da parte infratora com o inadimplemento. Se esse custo é maior do que o seu lucro decorrente do adimplemento, a execução do contrato significará perda para o infrator. Se essa perda é maior do que o ganho da vítima com o adimplemento, inadimplir maximizará os recursos e, por isso mesmo, deve ser incentivado.[78] O inadimplemento, em síntese, é cometido para evitar uma perda maior.[79] A economia estimula, nesses casos, o inadimplemento, a que se denomina quebra eficiente (*efficient breach*).

A título exemplificativo, em contratos de fornecimento, se, após a conclusão do contrato, no curso de sua execução, o fornecedor descobre que os custos de produção aumentaram consideravelmente, de modo a superar os danos que decorreriam de seu inadimplemento, o inadimplemento será considerado a solução eficiente.

O adimplemento consistirá em solução eficiente apenas se os custos de execução da prestação se revelarem inferiores aos denominados danos de expectativa, ou seja, ao somatório dos danos emergentes e lucros cessantes que adviriam à contraparte na hipótese de inadimplemento. Em outros termos, a solução eficiente preconiza a execução se e apenas se os benefícios dela decorrentes superem os custos.

Caso os custos de execução se afigurem superiores aos danos de expectativa, a solução eficiente consistirá em conceder à parte a possibilidade de

---

[78] Donald Wittman, *Economic foundations of law and organization*, cit., p. 203.

[79] Richard A. Posner, *Economic analysis of law*, cit., p. 57.

não adimplir a prestação e ressarcir a contraparte do inadimplemento. O ressarcimento eficiente corresponderá àquele que imputa à parte inadimplente os custos do inadimplemento, precisamente os danos de expectativa.

Convém sublinhar que, mesmo que o sistema jurídico determine a execução específica da prestação na hipótese de inadimplemento, tal solução, de acordo com a análise econômica do direito, deve ser afastada se se revelar ineficiente, ou seja, se os custos da execução específica da prestação forem superiores à soma dos danos emergentes e lucros cessantes sofridos pela parte em razão do inadimplemento (*rectius*, danos de expectativa).

Ao propósito, Posner sustenta que, em muitos casos, se afigura antieconômico determinar a execução específica do contrato inadimplido, pois resultaria em perda de recursos. Vale dizer, a troca, se realizada após o descumprimento contratual, não acarretaria aumento de valor dos recursos empregados, como pretende a economia. A solução, desse modo, seria o inadimplemento acompanhado do ressarcimento dos danos sofridos pela vítima por força da violação contratual.[80]

Ao lado do papel do direito contratual de incentivar condutas eficientes em situações de troca, pode-se indicar duas outras funções econômicas do direito dos contratos. A primeira consiste em reduzir a complexidade e, portanto, os custos de transação, mediante o fornecimento de conjunto de cláusulas que devem ser negociadas expressamente pelas partes na ausência de previsão legal específica.

E, em segundo lugar, o direito contratual serviria para conceder informação quanto a contingências que poderiam atingir a relação, de modo a auxiliar as partes no planejamento da troca.[81] Nesse particular, como já observado, nenhum contrato prevê todas as possíveis contingências, tendo em vista a racionalidade limitada dos contratantes e os custos de transação que, especialmente em contratos de longa duração, se afigurariam extremamente elevados.

Diante disso, o direito contratual oferece múltiplos e variados arranjos negociais[82] por meio dos quais se efetuará a troca, com vistas a reduzir os

---

[80] Richard A. Posner, *Economic analysis of law*, cit., pp. 55-56.

[81] Richard A. Posner, *Economic analysis of law*, cit., p. 44.

[82] Note-se que a existência do risco natural, compreendido como a contribuição da natureza para a variação do valor do produto, concorre para essa variedade de contratos.

custos de transação e superar a previsibilidade limitada das partes quanto à materialização das contingências. A variedade de contratos, de fato, se justifica pelos diferentes custos de transação a eles associados.[83] De outra parte, diversos arranjos contratuais importarão diferente distribuição de renda entre os contratantes. Sob a premissa de aversão ao risco, o indivíduo irá evitar o risco se o custo de fazê-lo for inferior ao ganho com o risco evitado. O sujeito poderá se esquivar do risco ao buscar informações sobre o futuro, escolher opções de menor risco ao investir ou escolher contratos nos quais o risco esteja diluído entre outros indivíduos, como o contrato de seguro.

Pode-se afirmar, nessa direção, que o direito contratual destina-se a minimizar os custos (i) das partes na elaboração dos contratos; (ii) dos juízes ao interferir nos negócios integrando suas lacunas; e (iii) de comportamentos ineficientes decorrentes de contratos mal escritos ou lacunosos. Em suma, o direito contratual orienta as partes a adotar o comportamento eficiente nas circunstâncias do caso concreto,[84] reduzindo os custos de transação.

Os custos de transação consistem nos custos de se alcançar e executar um acordo ou troca de direitos.[85] Pode-se indicar como fatores que favorecem o aumento dos custos de transação (i) os custos decorrentes de monopólio bilateral[86] com muitos participantes de ambos os lados, cenário em que não há competição, de modo a incitar os contratantes a barganharem na busca do melhor negócio possível; e (ii) os custos de monitorar e executar o contrato, assim como o custo incorrido quando uma ou ambas as partes recusam o acordo.[87]

Ao propósito dos custos de transação, Ronald Coase, responsável por cunhar conceitos fundamentais na análise econômica do direito, elaborou o

---

[83] Steven N. S. Cheung, Transaction costs, risk aversion, and the choice of contractual arrangements. In: Gerrit De Geest; Roger Van Den Bergh (Org.), *Comparative law and economics*, Cheltenham: Edward Elgar Publishing Limited, 2004, v. 2, p. 323-325.

[84] Donald Wittman, *Economic foundations of law and organization*, cit., p. 194.

[85] Cf. a definição de Steven N.S. Cheung, Economic organization and transaction costs. In: John Eatwell; Murray Milgate; Peter Newman (Org.), *The new palgrave*: a dictionary of economics, London: The Macmillan Press Limited, 1987, v. 2, p. 56-57.

[86] Monopólio bilateral se configura na hipótese em que cada parte detém aquilo que a outra parte deseja e não existem condições comerciais que estabeleçam qual deve ser a taxa de troca. Ou seja, não há substituto do produto no mercado, inexistindo competição.

[87] Donald Wittman, *Economic foundations of law and organization*, cit., p. 34.

teorema, conhecido por Teorema de Coase, segundo o qual se os custos de transação são iguais a zero e se negócios mutuamente benéficos são levados a cabo quando os custos de transação afiguram-se baixos, então, seja qual for a atribuição inicial de direitos: (i) o resultado será eficiente; e (ii) o resultado será o mesmo quando mudanças na distribuição de riquezas não afetem padrões de consumo.[88] A troca somente se operará no mercado se os custos de transação forem inferiores ao benefício líquido decorrente do contrato.[89]

Em outras palavras, quando os custos de transação são iguais a zero, a alocação final será a mesma, independentemente da atribuição inicial de direitos. Ou seja, na ausência de custos de transação, não importa a titularidade inicial dos direitos, já que os indivíduos irão contratar de qualquer maneira, com vistas à alocação ótima dos recursos. O mercado determina a troca, pouco importando a titularidade dos direitos. A alocação final, assim, maximiza as riquezas, vez que o bem é atribuído à pessoa que pagaria o maior valor por ele. Em singelo exemplo, se eu possuo um bilhete de boxe na primeira fila, mas eu não gosto do esporte, tenho a seguinte alternativa: (i) posso vender à Tício, que é fã de boxe e me pagará o maior valor possível; (ii) posso doar para Tício; ou (iii) doar para Mévio. Em todas as hipóteses, qualquer que seja a atribuição inicial de direitos, Tício ficará com o bilhete (idêntica alocação final), pois mesmo na opção (iii) Mévio provavelmente venderá o bilhete para Tício, disposto a pagar qualquer valor pelo ingresso (maximização das riquezas).[90]

A lógica do Teorema de Coase consiste no fato de que, se não há custos de transação, parte-se da premissa de que todos os ganhos mutuamente benéficos serão obtidos e o resultado será a melhoria de Pareto.[91] Neste contexto, a escolha do regime legal, com a atribuição de responsabilidades,

---

[88] A discussão acerca do Teorema de Coase revela-se extensa na literatura da economia. V. sobre o ponto, Ronald Harry Coase, *The firm, the market and the law*, Chicago: The University of Chicago Press, 1988, p. 157 e ss. e Donald Wittman, *Economic foundations of law and organization*, cit., p. 34.

[89] Francesco Parisi, Coase theorem and transaction cost economics in law. In: *The Elgar companion to law and economics*, Cheltenham: Edward Elgar Publishing Limited, 1999, p. 23.

[90] Donald Wittman, *Economic foundations of law and organization*, cit., p. 38.

[91] Ao propósito, Francesco Parisi afirma que Coase parte da premissa de que, no livre mercado, os bens se movem em direção à alocação ótima de acordo com o critério da eficiência de Pareto (*Coase theorem and transaction cost economics in law*, cit., p. 13).

afigura-se irrelevante, pois a atribuição inicial de direitos não tem qualquer efeito na alocação final.

Ao revés, quando os custos de transação se revelam muito elevados, a escolha do regime legal (*v.g.* qual parte é responsável pelo dano) mostra-se sobremaneira importante, tendo em vista que as partes não serão capazes de negociar acerca da atribuição inicial de direitos.[92] A alocação inicial de direitos será provavelmente idêntica à alocação final. A atribuição de responsabilidades será levada a cabo a partir de análise de custo e benefício, que determinará o resultado ótimo e as regras que incentivarão a obtenção desse resultado.[93]

A análise de custo e benefício parte do pressuposto de que agente e vítima poderiam ter evitado o dano. A questão reside em saber qual pessoa poderia ter evitado o dano no menor custo e se esse custo de prevenção é menor do que o dano verificado.[94] Essa pessoa, que teria capacidade de impedir o dano no menor custo e em valor inferior aos danos causados e não o fez, há de ser responsabilizada. Eis a solução eficiente, que deverá ser indicada pela lei.

Diante do exposto, pode-se afirmar, à luz da análise econômica do direito, que o direito contratual desempenha diversas funções econômicas, notadamente a de (i) estimular o adimplemento voluntário do negócio, com a garantia de sua exequibilidade mediante o recurso ao Poder Judiciário; (ii) impedir o oportunismo das partes; (iii) contornar a previsibilidade limitada dos contratantes, por meio de diferentes técnicas contratuais; (iv) definir as responsabilidades mediante o critério de eficiência; (v) determinar a conveniência ou inadequação do cumprimento dos deveres contratuais com base na eficiência; e (vi) reduzir os custos de transação.

1.1.2 O contrato incompleto na análise econômica do direito

A solução eficiente poderá ser ajustada pelas partes no momento da estipulação do contrato, a partir da celebração do denominado *contrato incom-*

---

[92] Christian Müller e Manfred Tietzel, Property rights and their partitioning. In: Jürgen G. Backhaus (Org.), *The Elgar companion to law and economics*, Cheltenham: Edward Elgar Publishing Limited, 1999, p. 41.

[93] David Friedman, *Law and economics*, cit., p. 145.

[94] Donald Wittman, *Economic foundations of law and organization*, cit., p. 56 e ss.

pleto. Ou seja, as partes preveem negócio de longa duração lacunoso, sem disciplinar todas as possíveis superveniências que poderão atingi-lo, como forma de diminuir os custos de transação e obter resultado mais eficiente.

Em outras palavras, os contratantes racionalmente optam por não regulamentar *ex ante*[95] todas as contingências (isto é, riscos), com o escopo de reduzir os custos de transação, embora, normalmente, indiquem o procedimento a ser adotado na hipótese de ocorrer determinada superveniência *ex post*, permitindo, assim, extrair do contrato a máxima eficiência. Tal se verifica sobretudo em projetos de investimentos complexos, que impossibilitam aos contratantes definir antecipadamente todos os elementos da relação jurídica, seja pela racionalidade limitada das partes em prever todas as contingências que possam afetar o contrato, seja pelo elevado custo de transação incorrido na elaboração de contrato completo.[96]

A racionalidade limitada dos contratantes, com efeito, relaciona-se à impossibilidade de as partes anteverem todas as contingências que possam se verificar supervenientemente à celebração do contrato e, em consequência, de especificarem todas as soluções concebíveis referentes aos possíveis "estados do mundo". Por "estado do mundo", compreende-se o conjunto de eventos exógenos, ou seja, fora do controle das partes, capazes de influenciar os incentivos dos contratantes e, em definitivo, o resultado e a execução contratual. Referido "estado do mundo" caracteriza-se pela incerteza quanto à sua dinâmica e ao seu valor.[97] Em casos de assimetria informativa, todavia, uma parte poderá dispor de maiores informações do que a outra relativamente ao "estado do mundo".

---

[95] A terminologia *ex ante* e *ex post* foi introduzida na teoria macroeconômica e se origina do reconhecimento da diferença entre mudanças previsíveis e imprevisíveis, decorrendo apenas desta última ganhos e perdas. A análise econômica pode se dividir em análise (i) *ex ante*, que explica como as expectativas determinam uma magnitude econômica; e (ii) *ex ante/ex post*, esclarecendo a possível divergência entre o valor esperado e o realizado dessa variável. V., sobre o ponto, Otto Steiger, Ex ante and ex post. In: John Eatwell; Murray Milgate; Peter Newman (Org.), *The new palgrave*: a dictionary of economics, v. 2, cit., p. 200.

[96] Acerca dos obstáculos para a redação de contrato completo, v. Giuseppe Bellantuono: Contratti incompleti e norme sociali. In: *Rivista critica del diritto privato*, Napoli: Casa Editrice Dott. Eugenio Jovene S.R.L., nº 2-3, ano 19, p. 261-262, jun./set. 2001, 2001.

[97] Sobre o conceito de "estado do mundo", v. Giuseppe Clerico, Incompletezza del contratto e responsabilità delle parti. In: *Rivista critica del diritto privato*, Napoli: Casa Editrice Dott. Eugenio Jovene S.R.L., nº 3, ano 23, p. 593, nota 1, set. 2005.

Giuseppe Bellantuono recorda, ao propósito, possíveis contingências, não presumidas pelas partes, que poderiam afetar o negócio, a justificar a escolha em celebrar contrato incompleto:

> "As variações dos custos de produção, as condições da demanda ou as inovações tecnológicas podem influenciar a execução do programa contratual. Vincular as obrigações de cada contratante a qualquer um desses eventos poderia garantir o alinhamento do contrato às mudanças do ambiente econômico."[98]

O contrato incompleto, nessa perspectiva, não regulamentaria os efeitos que possíveis contingências, caso materializadas, poderiam gerar imediatamente no negócio, permitindo a abertura do regulamento contratual, que, mercê das mudanças do ambiente econômico, se submeteria à posterior definição dos elementos faltantes.[99]

A incompletude do contrato garantiria, portanto, maior flexibilidade contratual, proporcionando aos contratantes maior maleabilidade para se adaptar às mudanças dos "estados do mundo". Tal flexibilidade seria desejável em contextos de incerteza, no qual as partes definiriam apenas algumas variáveis, especialmente aquelas em relação às quais subsistissem interesse e objetivo absolutamente opostos, como, por exemplo, o preço.

Imagine-se a hipótese em que certo empreendedor precise levantar fundos para financiar um projeto de investimento. Decisões futuras acerca desse projeto devem ser tomadas, mas não podem ser perfeitamente determinadas no contrato inicial. Além disso, empreendedor e investidor podem possuir objetivos conflitantes relativamente ao desenvolvimento do projeto.[100] Nesse caso, o contrato incompleto, ao definir apenas determi-

---

[98] Giuseppe Bellantuono, *Contratti incompleti e norme sociali*, cit., p. 261; tradução livre.

[99] O contrato incompleto se contrapõe, portanto, ao contrato completo, celebrado em condições ideais que caracterizam o mercado de concorrência pura e perfeita. No contrato completo, as partes concordam sobre a solução e o resultado dos (infinitos) "estados do mundo". V., nesse sentido, Giuseppe Clerico, *Incompletezza del contratto e responsabilità delle parti*, cit., p. 593.

[100] Eis o exemplo de Philippe Aghion e Patrick Bolton, An incomplete contracts approach to financial contracting. In: Patrick Bolton (Org.), *The economics of contracts*, Cheltenham: Edward Elgar Publishing Limited, 2008. v. 2, p. 410-411.

nados aspectos da relação, permite a deflagração do projeto, postergando para momento futuro a definição dos elementos faltantes, de modo a reduzir os custos de transação.

Como já referido, para além de contornar o problema da racionalidade limitada dos contratantes, o contrato incompleto reduz os custos de transação. Entende-se por custos de transação notadamente os custos (i) de cada parte de antecipar várias eventualidades que podem ocorrer no contrato de longa duração; (ii) de decidir e atingir acordo sobre como lidar com essas eventualidades; (iii) de redigir um contrato de modo claro e sem ambiguidades, a fim de torná-lo exequível; e (iv) de execução, estabelecidos em lei.[101]

Desse modo, sempre que o custo efetivo da negociação de cláusula específica – que distribua entre as partes o risco de determinado evento ocorrer – se revelar superior aos custos esperados de intervenção necessária ao preenchimento da lacuna, mostra-se preferível deixar a lacuna no contrato.[102] Cuida-se de lacuna voluntária, desejada pelos contratantes, tendo em conta que os riscos remotos de determinado evento se implementar não justificam os custos de negociação e redação de cláusula que aloque esses riscos entre as partes. Considera-se, portanto, eficiente o contrato que apresenta lacunas relativas aos riscos remotos.

Outras razões justificam o contrato incompleto para a análise econômica do direito. Pode-se indicar, ao lado da redução dos custos de transação, (i) a vagueza da linguagem, que não é suficientemente rica para descrever todos os possíveis acontecimentos; (ii) o esquecimento, pois as partes, involuntariamente, omitem eventualidades importantes no momento da celebração do contrato; e (iii) a assimetria de informações.[103]

Afirma-se, assim, que as partes preferem não incluir no contrato várias contingências do que prever inúmeras eventualidades improváveis, sob o

---

[101] Oliver Hart, Incomplete contract. In: John Eatwell; Murray Milgate; Peter Newman (Org.), *The new palgrave*: a dictionary of economics, v. 2, cit., p. 753.

[102] Ugo Mattei et al., *Il mercato delle regole: analisi economica del diritto civile*, cit., p. 224. Os custos esperados de preenchimento da lacuna são obtidos a partir da multiplicação da probabilidade de o evento ocorrer (materialização da perda) pelo custo de alocação dessa perda.

[103] Luigi Alberto Franzoni, *Introduzione all'economia del diritto*, cit., p. 128.

ponto de vista de que é melhor "esperar para ver o que acontece".[104] Verificada a superveniência, as partes objetivarão numerosas vezes renegociar o contrato, que apresentará, frequentemente, de modo inevitável, cláusulas vagas ou ambíguas.

Ao não prever as obrigações das partes de modo exaustivo, o contrato incompleto apresentará lacunas, para cujo preenchimento se afigurarão relevantes o costume e a reputação das partes no mercado. Além disso, torna-se importante a alocação dos direitos de decisão ou direitos de controle, isto é, determinar a quem compete tomar a decisão caso se verifique a superveniência. No caso em que seja dispendioso regular precisamente como usar determinado ativo em diversos cenários, mostra-se mais eficiente atribuir a uma das partes o controle do ativo, permitindo-lhe fazer o que julgar conveniente, sujeito a limitações.[105]

Do ponto de vista da análise econômica do direito, portanto, o contrato incompleto não apresenta lacunas em sentido técnico, mas limita-se a não prever as obrigações e direitos contratuais específicos para todas as possíveis circunstâncias que possam se verificar ("estados do mundo"). Vale dizer: configura-se lacuna, para a análise econômica do direito, quando o contrato é silente acerca de determinado risco, que incide sobre as obrigações assumidas pelas partes.[106] Diversamente da lacuna em sentido jurídico, que se configura pela ausência de especificação de determinado elemento da relação contratual, que é deixado em branco, a incompletude em sentido econômico prescinde da verificação de lacuna em sentido técnico, considerando relevante o descolamento entre o negócio celebrado pelas partes e as circunstâncias efetivamente verificadas.[107] A título exemplificativo, determinado contrato de fornecimento será considerado incompleto caso não preveja os direitos e obrigações das partes na hipótese de aumento excessivo dos custos de produção.[108] Nessa perspectiva, os contratos, em sua maioria, afiguram-se incompletos.

---

[104] Oliver Hart, *Incomplete contract*, cit., p. 753.

[105] Oliver Hart, *Incomplete contract*, cit., p. 758.

[106] Ugo Mattei, *Il mercato delle regole: analisi economica del diritto civile*, cit., p. 223.

[107] Giuseppe Bellantuono, *Contratti incompleti e norme sociali*, cit., p. 262.

[108] Luigi Alberto Franzoni, *Introduzione all'economia del diritto*, cit., p. 127.

Vale notar que o estudo do contrato incompleto, mesmo do ponto de vista da economia, se apresenta em estágio inicial, embora o instituto tenha significativa relevância prática.[109]

1.1.3 Crítica à análise econômica do direito no direito civil brasileiro

A análise econômica do direito, como se depreende do exposto, inaugura novo sistema de responsabilidades, na esfera contratual e extracontratual, pautado pelo critério de eficiência. Como visto, no âmbito contratual, a responsabilidade é atribuída ao contratante a quem se revela menos custoso o cumprimento de determinado dever. Por outro lado, caso o adimplemento do dever contratual deflagre custos maiores do que os prejuízos decorrentes da violação do contrato, estimula-se o inadimplemento (quebra eficiente), acompanhado do ressarcimento dos danos causados à vítima, por representar a solução mais eficiente, que maximiza as riquezas. De igual modo, no âmbito extracontratual, a imputação da responsabilidade baseia-se na análise de custo e benefício, considerando-se como responsável aquele que poderia evitar o dano no menor custo e em valor inferior aos danos verificados.

Entretanto, o critério de eficiência que orienta o arcabouço teórico da análise econômica do direito, posto que relevante em determinadas hipóteses, não consiste no único valor do ordenamento jurídico brasileiro, como antes assinalado. Embora o legislador e o intérprete, em certas situações, recorram ao critério de eficiência, outros valores e princípios constitucionais, introduzidos ao sistema aberto e mutáveis a cada momento histórico, hão de ser promovidos pela iniciativa privada.

Pode-se indicar como hipótese em que o legislador provavelmente admite que se leve em conta o critério de eficiência aquela prevista no art. 413 do Código Civil, em que se impõe ao juiz o dever de reduzir a cláusula penal, tendo em vista a natureza e finalidade do negócio, no âmbito das quais são verificados os investimentos efetuados pela parte inadimplente. Caso a parte faltosa tenha efetuado significativos investimentos, que favoreçam a contraparte, a cláusula penal há de ser reduzida, em homenagem ao critério de eficiência. Outra situação encontra-se disciplinada nos arts. 473, parágrafo

---

[109] Esta foi a constatação de Oliver Hart, no final da década de 1980 (*Incomplete contract*, cit., p. 758).

único, e 720, do Código Civil, em que se suspendem os efeitos da resilição unilateral do contrato até que sejam amortizados os vultosos investimentos efetuados pela outra parte que foi surpreendida pela extinção unilateral do negócio. Mencione-se, ainda, a liquidação de danos perpetrada pelo magistrado, a qual também poderá levar em conta o critério de eficiência.

A análise econômica do direito, portanto, a despeito de constituir relevante método de análise empregado pelo legislador ou intérprete em determinadas situações, não exaure a complexidade de valores integrantes do sistema jurídico, não tendo, desse modo, na legalidade constitucional, o condão de ditar os critérios interpretativos para a solução dos casos concretos. Em um ordenamento solidarista e personalista, diversos outros valores e princípios, de estatura constitucional, que não se confundem com a eficiência, incidirão na solução dos conflitos de interesses, os quais serão dirimidos a partir da técnica da ponderação. Além disso, a perspectiva funcional dos fatos jurídicos, que será desenvolvida mais adiante, adotada pela metodologia de direito civil-constitucional, determinará a preponderância das situações jurídicas existenciais, mediante a funcionalização das situações jurídicas patrimoniais às existenciais, que desfrutarão, por isso mesmo, de tutela jurídica diferenciada.

Nessa direção, o magistrado, ao julgar o caso que lhe é submetido, há de fazê-lo com base no inteiro ordenamento jurídico: unitário, sistemático e complexo. Recorrerá, assim, aos diversos valores e princípios, reconduzindo-os "da fragmentação da casuística à unidade axiológica indispensável à compreensão do ordenamento como sistema".[110] Como advertido por Gustavo Tepedino, no âmbito do sistema aberto, em que convive harmoniosamente uma miríade de valores e princípios, por vezes antagônicos:

> "cada regra deve ser interpretada e aplicada em conjunto com a totalidade do ordenamento, refletindo a integralidade das normas em vigor. A norma do caso concreto é definida pelas circunstâncias fáticas nas quais incide, sendo extraída do complexo de textos normativos em que se constitui o ordenamento. O objeto da interpretação são as disposições infracons-

---

[110] Gustavo Tepedino, Liberdades, tecnologia e teoria da interpretação. In: *Revista Forense*, São Paulo: Editora Forense. v. 419, 2014, p. 80.

tucionais integradas visceralmente às normas constitucionais, sendo certo que cada decisão abrange a totalidade do ordenamento, complexo e unitário. Cada decisão judicial, nessa perspectiva, é um ordenamento singular extraído da mesma tábua axiológica."[111]

Ao propósito, sublinhe-se que a autonomia privada encontrará maior capacidade de expansão no âmbito das situações patrimoniais, em que se verifique simetria de informações, tendo por fundamento o valor social da livre iniciativa (arts. 1º, IV; 170, *caput*, C.R.), a prevalecer a alocação de riscos estabelecida no contrato, que deverá ser privilegiada pelo intérprete. Em contrapartida, a autonomia privada sofrerá maior controle de atuação nas situações jurídicas existenciais ou nas situações patrimoniais em que uma das partes contratantes se apresente como parte vulnerável, nas quais prevalece a dignidade da pessoa humana (art. 1º, III, C.R.) como fundamento do ato de autonomia, determinando maior intervenção do legislador e do magistrado na defesa de valores fundamentais, de modo a mitigar a atuação dos particulares na distribuição de riscos. Como ensina Pietro Perlingieri a respeito da diversa valoração do ato de autonomia na hierarquia de valores do sistema, de acordo com o seu distinto fundamento:

> "A constatação de diverso fundamento (constitucional ou comunitário) da autonomia negocial é da máxima importância, ainda que não seja reconhecida adequadamente pela doutrina em seu significado pleno: a um fundamento diverso corresponde uma colocação diferente na hierarquia de valores. Quando a autonomia (o poder de pôr regras) atinge fortemente o valor da pessoa, a consideração do ordenamento não pode ser abstrata, não se pode formalisticamente igualar a manifestação de liberdade que toca profundamente a identidade do indivíduo e a liberdade de perseguir o maior lucro possível: a evidente diferença entre a venda de mercadorias – seja ou não especulação profissional – e o consentimento a um transplante corresponde a uma diversidade de valoração no interior

---

[111] Gustavo Tepedino, *Liberdades, tecnologia e teoria da interpretação*, cit., p. 82-83.

da hierarquia dos valores postos pela Constituição, onde a prevalência do valor da pessoa impõe a interpretação de cada ato ou atividade dos sujeitos à luz desse princípio fundamental. O fundamento dos atos de autonomia, portanto, não deve ser atribuído unicamente à liberdade de iniciativa econômica garantida pelo art. 41 Const., mas deve ser relacionado diretamente ao art. 2 quando a negociação concernir a situações jurídicas não patrimoniais."[112]

A corroborar a proteção de outros valores diversos da eficiência, o sistema jurídico brasileiro, na esteira dos ordenamentos de família romano-germânica, afastando-se do critério de eficiência defendido pela análise econômica do direito, de um lado, prestigia o sistema de responsabilidades definido pelos contratantes, no livre exercício de sua autonomia privada; e, de outro lado, preocupa-se com a reparação integral de todos os danos sofridos pela vítima,[113] em proteção ao princípio da dignidade da pessoa humana (art. 1º, III, C.R.). Por tais razões, o intérprete, na definição das responsabilidades, deverá se pautar na complexidade de valores do ordenamento jurídico, não se restringindo ao exame dos custos do inadimplemento ou da evitação do dano, isto é, a critérios econômicos.

Nessa direção, no âmbito contratual, em situações patrimoniais em que haja simetria de informações, há de se respeitar a alocação de riscos estabelecida pelas partes no momento da contratação, vez que a autonomia privada já define, no instrumento contratual, a qual parte incumbe a satisfação de determinado dever, que há de ser regularmente executado, sob pena de responsabilização.

Vige, no direito contratual brasileiro, o clássico princípio do *pacta sunt servanda*, segundo o qual os deveres contratuais legitimamente pactuados devem ser cumpridos, adquirindo força de lei entre as partes. Nessa medida, se o contrato distribuiu os riscos e delimitou os deveres das partes, estes hão de ser cumpridos pelos seus respectivos titulares. Caso contrário, a parte inadimplente se sujeita às responsabilidades contratuais. Não há, no direito

---

[112] Pietro Perlingieri, *O direito civil na legalidade constitucional*, cit., p. 348-349.

[113] Sobre o tema, cf. Maria Celina Bodin de Moraes, *Na medida da pessoa humana*: estudos de direito civil-constitucional, cit., p. 339-340.

brasileiro, o princípio que se pudesse denominar de proteção ao bom negócio ou ao negócio lucrativo. Contratar é essencialmente se arriscar. Todo contrato se caracteriza pelo risco, ao qual se mostra ínsita a ideia de perda, independentemente da apuração dos lucros e da maximização das riquezas. Do ponto de vista jurídico, portanto, a distribuição dos riscos efetuada pela autonomia privada deve ser respeitada e o contrato há de ser executado nos termos pactuados.

Desse modo, a responsabilidade da parte decorre da violação do dever pactuado no contrato, segundo a alocação dos riscos, não podendo sua imputação se pautar exclusivamente pelo critério da eficiência, em respeito ao exercício da autonomia privada nas situações patrimoniais.

A ideia de quebra eficiente, caso adotada *tout court*, estimularia a violação contratual sob o manto da eficiência, o que, a um só tempo, (i) representaria o desmoronamento do sistema contratual brasileiro, que se pauta na obrigatoriedade dos pactos; (ii) ruiria com a tão festejada regra da execução específica vigente no direito das obrigações e que promove a satisfação do interesse útil do credor; e (iii) abalaria a segurança jurídica, desestimulando novos negócios.

No momento da contratação, as partes, ao fixarem os deveres contratuais, estabelecem a alocação de riscos desejada, a qual fundamenta a equação econômica do contrato e o equilíbrio entre as prestações (*rectius,* sinalagma). A alteração dos termos contratados se justifica apenas em hipóteses excepcionais, nas quais se configure a onerosidade excessiva, com os pressupostos rigorosamente indicados nos arts. 478 e ss. do Código Civil, a autorizar a intervenção no contrato e a alteração de suas bases para o restabelecimento do equilíbrio inicial.[114] Deste modo, a maximização dos lucros perseguida pelo critério de eficiência da análise econômica do direito não tem o condão de autorizar o descumprimento de contratos legitimamente negociados pela autonomia privada. Apenas se configurada a teoria da imprevisão ou em outros casos excepcionais previstos pelo legislador, admite-se a alteração do pactuado, mediante revisão, ou a extinção do contrato.

---

[114] Há, ainda, outras hipóteses excepcionais de alteração do pactuado previstas pelo legislador, como a lesão (art. 157, Código Civil), vício do consentimento que macula a vontade originária, autorizando o juiz a rever o negócio ou a anulá-lo, caso a parte favorecida não concorde com a redução do proveito.

Em definitivo, afora a hipótese de onerosidade excessiva, que flexibiliza o princípio da obrigatoriedade dos pactos, autorizando a revisão ou extinção do negócio e servindo de fundamento para eventual descumprimento do contratante[115] e outros casos excepcionais disciplinados em lei, não há, no direito brasileiro, outra justificativa apta a afastar a alocação de riscos estabelecida entre as partes, em situações patrimoniais com simetria de informações entre os contratantes. O critério de eficiência, dessa feita, não pode determinar o cumprimento ou descumprimento do dever contratual em dissonância com o sistema de distribuição de riscos definido legitimamente pela autonomia privada.

A quebra eficiente colide, ainda, com a regra do direito obrigacional brasileiro que autoriza ao credor, na hipótese de descumprimento contratual, sempre que possível, requerer a execução específica da obrigação inadimplida (art. 475, Código Civil; arts. 461 e 461-A[116], Código de Processo Civil). Em reconhecida e conclamada evolução, o direito obrigacional hodierno alterou o sistema anterior, o qual oferecia ao credor, em regra, diante do inadimplemento do devedor, apenas a possibilidade de pleitear as perdas e danos sofridos.[117] Não se disponibilizavam ao credor, assim, na esteira do sistema jurídico francês,[118] instrumentos que lhe possibilitassem exigir o cumprimento específico da prestação inadimplida. Atualmente, sob o influxo do princípio da conservação dos contratos,[119] e, em atendimento ao critério do interesse útil do credor, sempre que o credor vislumbre utilidade na manutenção do vínculo contratual, poderá requerer a execução específica da obrigação inadimplida, oferecendo o direito processual contemporâneo

---

[115] Neste particular, discute-se, em doutrina, se o devedor em mora poderia invocar a excessiva onerosidade para justificar o inadimplemento de sua obrigação. Sobre a matéria, v. item 3.2 deste livro.

[116] Dispositivos correspondentes, respectivamente, aos arts. 497 e 498 do Novo Código de Processo Civil.

[117] A regra das perdas e danos encontrava-se disciplinada no art. 1.056 do Código Civil de 1916.

[118] Consoante dispõe o art. 1.142 do Código Civil francês: "Toda obrigação de fazer ou de não fazer se resolve em perdas e danos em caso de inexecução por parte do devedor" (tradução livre).

[119] Sobre o princípio da conservação negócios jurídicos, v. Antônio Junqueira de Azevedo, *Negócio jurídico*: existência, validade e eficácia, 4. ed., São Paulo: Saraiva, 2008, p. 66-67; e Francisco Amaral, *Direito civil*: introdução, Rio de Janeiro: Renovar, 2003, p. 544.

diversos mecanismos que assegurem o resultado almejado.[120] Como observado com perspicácia por Cândido Dinamarco: "os sistemas processuais modernos têm fortíssima tendência a preferir a execução também específica, superando o comodismo das conversões em dinheiro, muito ao gosto dos pandectistas franceses do século XIX".[121] Aludida regra da execução específica resta violada diante da doutrina da quebra eficiente, que estimula o inadimplemento nos casos em que os custos de execução se afigurem superiores aos danos acarretados à contraparte em razão do inadimplemento.

De mais a mais, o mesmo critério que, à luz da análise econômica do direito, estimula o adimplemento voluntário do negócio e a celebração de contratos, qual seja, a segurança jurídica – garantida pela possibilidade de fazer valer o acordo no Judiciário –, há de ser respeitado no decorrer da inteira execução contratual, garantindo-se que haverá cumprimento integral do pactuado. Desse modo, o critério de eficiência não pode autorizar a violação do contrato.

Assim sendo, no direito brasileiro, o critério da eficiência, *di per si*, não determina a responsabilidade do agente ou do contratante, existindo outros valores adotados pelo legislador ou pelas partes no concreto regulamento contratual, que serão considerados pelo intérprete na imputação do dever de reparar e no cálculo da indenização.

Tal conclusão se coaduna com a ideia de que o direito não se esgota em avaliações econômicas, mas representa a concretização de várias finalidades, como a justiça e a promoção de valores existenciais, a partir da produção de normas por representantes eleitos democraticamente. Cabe, aqui, recordar a lição sempre atual do Professor Pietro Perlingieri:

> "A '*economic analysis*', como teoria global do direito conforme a racionalidade do mercado, postula que todas as avaliações que no sistema se apresentam como fundamento dos negócios, podem esgotar-se no aspecto econômico e que todas as escolhas dos sujeitos econômicos são apresentáveis em função de uma utilidade social global. Ambos os postulados pa-

---

[120] A matéria será tratada no item 3.3.1 deste livro.

[121] *Instituições de direito processual civil*, 3. ed. São Paulo: Malheiros, 2009, v. 4, p. 514.

recem discutíveis. O jurista sabe que nem todas as avaliações do direito são traduzidas em avaliações econômicas: as soluções jurídicas são assumidas sobretudo com base no consentimento formulado em termos políticos. Com isso não se nega que possa ser útil o emprego de esquemas e critérios microeconômicos para 'escrutinar o direito' e para avaliar a congruidade de seus institutos. É, todavia, necessário ter consciência que se é verdade que a análise de custo-benefício contribui para realizar a eficiência, ela sozinha não consegue representar a especificação e a complexidade da ciência jurídica."[122]

1.2 Conceito jurídico de contrato incompleto

O contrato incompleto na análise econômica do direito, como se viu, constitui instrumento destinado a reduzir os custos de transação e a contornar a racionalidade limitada dos contratantes, permitindo que se alcance solução eficiente, mediante contratos lacunosos, que não disciplinam todas as possíveis contingências.

Repita-se ainda uma vez: do ponto de vista da análise econômica do direito, o contrato incompleto não apresenta lacunas em sentido técnico, mas se restringe a não disciplinar todos os riscos ou contingências que possam atingir suas prestações no decorrer de sua execução. Convém insistir: por diversas razões, notadamente a racionalidade limitada dos contratantes e a redução dos custos de transação, os estudiosos da análise econômica do direito fundamentam a escolha das partes em celebrar contratos incompletos.

Em contraposição à análise econômica do direito, este livro pretende estabelecer conceito jurídico de contrato incompleto, a partir da perspectiva funcional dos fatos jurídicos, que permite a identificação da função desempenhada pelo negócio jurídico incompleto na concreta relação contratual.

Do ponto de vista jurídico, compreende-se como incompleto o contrato que apresenta lacuna em sentido técnico, isto é, o negócio jurídico no qual

---

[122] Pietro Perlingieri, *Perfis de direito civil:* introdução ao direito civil constitucional, cit., p. 64.

um ou alguns de seus elementos se encontram "em branco",[123] sujeito à determinação futura, a partir de critérios fixados de antemão pelos contratantes.

Em termos técnicos, o contrato incompleto consiste em negócio jurídico mediante o qual os particulares deliberadamente deixam em aberto lacunas que serão preenchidas posteriormente por um terceiro, por uma ou ambas as partes, ou mediante fatores externos ao contrato. Em outras palavras, as partes, no exercício de sua autonomia privada, ao pretenderem firmar ajuste relativamente à complexa operação econômica, que envolva diversos fatores de risco e que perdure no tempo, celebram contrato dispondo apenas sobre alguns aspectos da relação jurídica, atribuindo ao arbítrio de terceiro, de uma ou de ambas as partes ou à verificação de fatores externos, a determinação dos demais elementos contratuais, em momento futuro. Na definição de Antonio Fici:

> "por contrato 'deliberadamente incompleto' compreende-se aquele contrato cujo conteúdo apresenta uma lacuna, porque as partes atribuíram a um terceiro, a uma delas ou a acordo de ambas a determinação sucessiva do elemento faltante."[124]

A incompletude contratual traduz mecanismo de *gestão negativa do risco econômico* de complexas operações econômicas, que se desenvolvem em contexto de *incerteza* e se protraem no *tempo*, sobre as quais a autonomia privada atua, com cada vez maior frequência, mediante a celebração dos mais inusitados contratos, como forma de atender aos interesses perseguidos com o concreto negócio. De fato, tais operações econômicas, por se prolongarem no tempo, se concretizarão a partir de contratos de execução continuada ou diferida, tornando mais difícil a gestão dos riscos de superveniência, a justificar a escolha das partes em concluir contratos incompletos.

---

[123] O conceito de lacuna contratual se inspira na noção de lacuna do direito, configurada "quando falta em um dado ordenamento jurídico uma regra, em razão da qual o juiz possa ser chamado para resolver uma determinada controvérsia. Um ordenamento jurídico que contenha lacunas se diz 'incompleto', onde o problema das lacunas é também notado com o nome de problema da completude (ou incompletude) do ordenamento jurídico" (Norberto Bobbio, Lacune del diritto. In: *Novissimo Digesto Italiano*, 3. ed., Torino: UTET, 1957, v. 9, p. 419; tradução livre).

[124] Antonio Fici, *Il contratto 'incompleto'*, Torino: G. Giappichelli Editore, 2005, p. 11.

Dito diversamente, o contrato incompleto traduz *negócio jurídico em que se adota a técnica de gestão negativa dos riscos econômicos*, vale dizer, da álea normal do contrato, vez que os contratantes, deliberadamente, deixam em branco determinados elementos da relação contratual, como forma de gerir os riscos de superveniência. Ao assim procederem, os contratantes não distribuem *ex ante* as perdas e os lucros econômicos decorrentes do implemento do risco superveniente, cuja alocação, portanto, será efetuada em momento futuro, por ocasião da verificação do risco, a partir da determinação da lacuna por uma ou ambas as partes, pelo terceiro ou mediante fatores externos, aplicando-se o procedimento fixado pelos contratantes na celebração do contrato.

A álea normal, típica dos contratos comutativos, como se verá no item 2.2.1, constitui o risco externo ao contrato, que traduz a variação econômica previsível da prestação (determinada ou determinável), impulsionada pela oscilação do mercado. Embora não integre a causa do negócio, a álea normal com ela se relaciona, por representar a variação do valor econômico da prestação que se afigura inerente à função de determinado contrato.

Celebrado normalmente no âmbito dos contratos comutativos, o contrato incompleto evidencia, repita-se, *mecanismo de gestão negativa da álea normal do contrato*. Diz-se negativa, pois os contratantes voluntariamente decidem não alocar *ex ante* o risco econômico superveniente que poderá atingir o contrato, postergando essa decisão para momento futuro, indicado pelas partes no negócio, a partir da determinação da lacuna, consoante os critérios estabelecidos originariamente. Contrapõe-se, assim, à gestão positiva do risco econômico, na qual as partes alocam *ex ante*, no momento da celebração do contrato, os ganhos e as perdas decorrentes de determinado evento (*rectius*, do implemento do risco econômico superveniente). Aludida alocação de riscos será depreendida do contrato a partir da vontade declarada das partes, que poderá ser expressa ou decorrer da interpretação sistemática das cláusulas contratuais.

Por outro lado, na hipótese em que as partes não gerem os riscos econômicos supervenientes, positiva ou negativamente, o implemento do risco econômico ulterior se caracterizará pela imprevisibilidade e extraordinariedade, e, caso as partes não tenham concorrido para a sua verificação, poderão se valer do remédio da resolução ou revisão contratual por onerosidade excessiva.

De fato, o risco econômico não alocado pelo contrato será necessariamente imprevisível e extraordinário. Afinal, *tertius non datur:* ou bem os contratantes vislumbraram o risco econômico superveniente e decidiram geri-lo de modo positivo, mediante a distribuição dos ganhos e das perdas nas cláusulas contratuais, ou de modo negativo, por intermédio de lacunas, cuja integração se dará por meio do procedimento previsto no contrato; ou bem os contratantes não anteviram o risco econômico superveniente, o qual, por isso mesmo, se revela imprevisível e extraordinário, a deflagrar os mecanismos legais previstos para a onerosidade excessiva. Neste contexto, o risco econômico mal gerido, que atribui mais perdas a uma das partes, não tem o condão de ensejar a resolução ou revisão do contrato. Por outras palavras, inexistindo lesão (vício de consentimento originário) ou outro vício de invalidade, o risco econômico alocado *ab initio*, de modo desequilibrado, entre os contratantes não autoriza a revisão ou resolução do contrato. Tampouco enseja a aplicação da teoria da excessiva onerosidade, tendo em conta que o desequilíbrio não decorre de evento superveniente, imprevisível e extraordinário, mas da vontade dos particulares, livremente manifestada. Daí afirmar-se que o direito brasileiro não protege o contratante contra o mau negócio, não socorrendo os particulares que geriram de maneira insatisfatória os riscos econômicos relacionados ao contrato.

O contrato incompleto desponta, assim, em cenário em que os tipos contratuais previstos pelo legislador, que neles efetua determinada distribuição de riscos, não raro se revelam insuficientes à disciplina dos interesses atingidos por complexas operações econômicas. Com efeito, o tipo contratual já estabelece em abstrato certa alocação de riscos econômicos, a qual, no mais das vezes, não atende aos anseios da autonomia privada em concreto.

Diante disso, os particulares poderão, no caso concreto, *alocar positivamente os riscos econômicos*, distribuindo, no momento da celebração do contrato, os ganhos e perdas relacionados a determinado evento superveniente, de acordo com as cláusulas contratuais, dando origem, muitas vezes, a contratos atípicos; ou, ainda, *alocar negativamente os riscos econômicos*, deixando determinados elementos da relação contratual em branco, de modo a permitir que a decisão acerca da alocação de riscos se opere em momento futuro, por ocasião da verificação de determinado evento previsto pelos contratantes.

O contrato incompleto surge, portanto, no direito contratual, como negócio jurídico que emprega peculiar mecanismo de alocação de riscos, especificamente a *gestão negativa dos riscos econômicos ou da álea normal dos contratos*, propiciando que, a partir da perspectiva funcional dos fatos jurídicos, que será enfrentada no Capítulo 2, se remodele o tradicional contrato aos fins almejados pelos particulares no exercício concreto de suas atividades econômicas.

No contrato incompleto, a incompletude intencional ou deliberada afigura-se, assim, estratégica, vez que tem por finalidade satisfazer precisos interesses das partes, as quais objetivam confiar a gestão dos riscos de uma operação econômica a particular técnica contratual.[125]

O contrato incompleto, insista-se, consente às partes não assumir uma posição *ex ante* acerca da alocação dos riscos de superveniência, permitindo que se remeta tal decisão a momento futuro. Ao mesmo tempo, o contrato deliberadamente incompleto pressupõe estratégia ativa das partes que delineiam *ex ante* o procedimento de decisão *ex post*.[126] Desse modo, as partes que celebram contrato incompleto se mostram adversas aos riscos de superveniência, os quais pretendem gerir em momento posterior, segundo procedimento prévia e consensualmente fixado.

Desse modo, em face da incerteza e da duração das complexas operações econômicas, que podem tornar os contratos que pretendem disciplina-las de modo exaustivo inadequados frente às novas circunstâncias, a autonomia privada opta por firmar contrato juridicamente incompleto, o qual permite sua exposição aos riscos de superveniência.

Em definitivo, em contextos de incerteza, as partes podem preferir concluir contrato incompleto, não já completo (com preço fixo, quantidade determinada etc.), remetendo o preenchimento das lacunas a momento posterior, no qual mudem as circunstâncias negociais ou se verifiquem fatos não conhecidos ao tempo da contratação. As partes, portanto, elegem, frente aos riscos de superveniência, resposta obrigatória, mas flexível, por se adaptar às novas circunstâncias. Embora o contrato não contemple detalhado plano de ação e de riscos, define, por exemplo, objetivos, regras gerais, modos de solução de conflitos, remetendo a terceiro, a uma ou ambas as partes, em sede de renegociação, ou, ainda, à verificação de fatores externos, a determinação dos elementos contratuais faltantes. As lacunas podem se referir ao

---

[125] Antonio Fici, *Il contrato 'incompleto'*, cit., p. 22.

[126] Antonio Fici, *Il contrato 'incompleto'*, cit., p. 75-76.

preço, à quantidade negociada, às circunstâncias de lugar ou de tempo, ao modo de adimplemento, dentre outros elementos cuja definição antecipada seja, no caso concreto, considerada de risco pelas partes.

A incompletude pode se manifestar na conclusão do contrato (incompletude inicial) ou apenas sucessivamente (incompletude sucessiva), a depender se a lacuna já se encontra presente ou surja em momento posterior à contratação, sujeita a termo ou condição. Neste último caso, a cláusula de reenvio à sucessiva determinação da lacuna realiza a reabertura do regulamento contratual originariamente (mas não definitivamente) completo.[127] A sucessiva atividade determinativa não é uma mera operação recognitiva ou de cálculo, mas uma valoração, mais ou menos livre, mais ou menos discricionária.[128]

Se, de um lado, a incompletude do contrato assegura aos contratantes a possibilidade de não alocarem previamente os riscos da superveniência, de outro lado, pode tornar incertas as prestações em seu *an* e *quantum*. No que se refere à existência da prestação, imagine-se a hipótese em que as partes não cheguem a um consenso relativamente à determinação da lacuna. Por outro lado, com relação ao *quantum*, a determinação unilateral ilimitada acarreta a incerteza quanto à medida da prestação. Poder-se-ia, assim, cogitar de certa componente aleatória do contrato incompleto.[129]

Registre-se, de outra parte, que a temática do contrato incompleto se insere no estudo da causa do contrato, assim compreendida como a síntese dos seus efeitos essenciais, justificando-se como escolha dos contratantes a partir da perspectiva funcional,[130] em atendimento aos interesses dos particulares em cada concreto regulamento contratual.

Sob o aspecto objetivo, o contrato incompleto não tem conteúdo inteiramente determinado, pois, consoante se disse, as partes manifestam sua vontade no sentido de se vincularem e delimitam apenas alguns aspectos da contratação, deixando em aberto para definição posterior outros elementos da relação contratual.

---

[127] Antonio Fici, *Il contrato 'incompleto'*, cit., p. 25.

[128] Antonio Fici, *Il contrato 'incompleto'*, cit., p. 168.

[129] Nesse sentido, v. Antonio Fici, *Il contrato 'incompleto'*, cit., p. 122.

[130] A perspectiva funcional do contrato incompleto será enfrentada no Capítulo 2.

Embora o objeto do contrato incompleto seja *ab initio* indeterminado, revela-se determinável *ex post,* mediante a atuação de terceiro, de uma ou ambas as partes, em consonância com os critérios prefixados, ou, ainda, a partir da verificação de fatores externos indicados pelas partes no contrato. Nessa direção, afigura-se essencial a delimitação do conceito de determinabilidade, com vistas a se assegurar a validade e a eficácia do contrato incompleto (art. 104, II,[131] Código Civil), como se examinará no Capítulo 2, item 2.3.1. Nas hipóteses em que o contrato, no caso concreto, exija a determinação *ex ante* de certos elementos, não será possível a pactuação do contrato incompleto. Nesse particular, há que se investigar os limites impostos à autonomia privada na celebração de contratos incompletos, a fim de se assegurar a validade e a eficácia deste negócio jurídico e permitir o controle de abusividade.

Anote-se, ainda, que há relação direta entre a completude do conteúdo contratual e os riscos de superveniência. Ou seja, quanto maior o grau de completude e detalhamento do contrato, maior é o risco de superveniência suportado pelos contratantes, ou seja, maior é a probabilidade de o equilíbrio contratual ser afetado pela verificação de determinado evento. O contrato deliberadamente incompleto, ao revés, não aloca *ex ante* os riscos, tendo em vista que as partes o concluem precisamente para evitar essa tomada de decisão.

Justamente por não alocar *ex ante* os riscos de superveniência entre as partes, deixando-se em branco elementos contratuais que serão definidos posteriormente, mediante repartição dos custos e benefícios das superveniências, afirma-se que aos contratos incompletos não se aplicam os remédios de reequilíbrio contratual, como a teoria da excessiva onerosidade. Entretanto, como se verá no Capítulo 3, o princípio do equilíbrio contratual se aplica também aos contratos incompletos, autorizando a incidência da teoria da excessiva onerosidade, desde que o evento superveniente, extraordinário e imprevisível, não se refira ao elemento deixado em branco pelos contratantes.

Aliás, os contratos incompletos, precisamente por representarem escolha das partes em não regulamentar de forma detalhada os riscos, exigem elevados padrões de cooperação entre os contratantes em sua execução e atraem a incidência reforçada dos novos princípios contratuais da boa-fé

---

[131] "Art. 104. A validade do negócio jurídico requer: [...] II – objeto lícito, possível, determinado ou determinável [...]."

objetiva, da função social e do equilíbrio contratual, bem como do princípio constitucional de solidariedade social.

De fato, como se verá no Capítulo 3, o contrato incompleto se inspira em uma lógica associativa, de cooperação e solidariedade entre as partes. A incompletude jurídica exige que os contratantes cooperem na solução de eventuais conflitos gerados pela implementação dos riscos supervenientes, com vistas ao alcance do escopo comum. Pode-se afirmar, portanto, existir relação inversa entre a determinação do objeto e o grau de fidúcia existente entre as partes: a maior determinação do objeto pode indicar menor confiança e vice-versa.[132] Nesse particular, o princípio da boa-fé objetiva desempenha papel primordial na integração das lacunas dos regulamentos contratuais incompletos, ao determinar que as partes têm o dever de cooperar no sentido de preencher os elementos em branco, seja na determinação unilateral, seja em sede de negociação ou renegociação.

Impõe-se, além disso, perquirir as consequências do inadimplemento do terceiro, de uma ou de ambas as partes no preenchimento das lacunas, verificando-se a possibilidade de execução específica, bem como os limites de atuação do Poder Judiciário na integração dos contratos incompletos, o que também será objeto de exame no Capítulo 3. Investigam-se, ao fim e ao cabo, os limites da autonomia privada na escolha da incompletude, a evidenciar os seus novos confins na legalidade constitucional.

1.3 Modalidades de contratos incompletos

Estabelecido o conceito jurídico de contrato incompleto, compreendido como *negócio jurídico que adota peculiar mecanismo de alocação de riscos*, especificamente de *gestão negativa dos riscos econômicos* ou *da álea normal dos contratos*, cabe investigar as possíveis modalidades de contrato incompleto. Tais modalidades irão se configurar de acordo com a forma de preenchimento da lacuna, que poderá ser integrada por terceiro, por uma ou ambas as partes ou, ainda, mediante a aplicação de fatores externos definidos no contrato. É o que se passa a analisar.

---

[132] Antonio Fici, *Il contrato 'incompleto'*, cit., p. 123. A doutrina se refere aos contratos per relationem, nos quais sobreleva a confiança entre os contratantes, como espécie de contrato incompleto. Sobre o tema, cf. Francesco Messineo, Contratto (dir. priv.). In: *Enciclopedia del diritto*, Milano: Giuffrè, 1958, v. 9, p. 842 e ss. No direito brasileiro, v. Antônio Junqueira de Azevedo, *Negócio jurídico*: existência, validade e eficácia, cit., p. 137.

1.3.1 Determinação por terceiro

No que se refere às modalidades de contrato incompleto, a primeira delas consiste na determinação da lacuna por terceiro, em que as partes atribuem a terceiro o dever de integrar o elemento lacunoso, consoante os critérios estabelecidos no regulamento negocial. A partir da aceitação do encargo por terceiro, inaugura-se relação contratual entre as partes e o terceiro, coligada à relação jurídica previamente estabelecida entre as partes, devendo o terceiro integrar o elemento contratual em branco consoante os critérios delimitados pelos contratantes.

No direito italiano, esse instituto se denomina *arbitraggio*,[133] e se encontra disciplinado no art. 1.349 do Código Civil italiano, inserido na Seção III sobre objeto do contrato, *in verbis*:

> "Art. 1349. Determinação do objeto
>
> Se a determinação da prestação deduzida no contrato é atribuída a um terceiro e não resulta que as partes quiseram se remeter ao seu mero arbítrio, o terceiro deve proceder com equidade. Se falta a determinação do terceiro ou se esta é manifestamente iníqua ou errônea, a determinação é feita pelo juiz (778,1287, 1473, 2264, 2603).
>
> A determinação remetida ao mero arbítrio de terceiro não pode ser impugnada exceto se for provada a sua má-fé. Se falta a determinação do terceiro e as partes não chegam a um acordo para substituí-lo, o contrato é nulo (1421 e seguintes).

---

[133] Parte da doutrina assinala que, na figura do *arbitraggio*, o negócio ainda se encontra em formação, precisamente por faltar determinado elemento, que será determinado pelo terceiro, o que afastaria a configuração do contrato incompleto, em que o vínculo contratual se afigura definitivo. V., sobre o ponto, Giorgio Cian e Alberto Trabucchi, *Dei contratti in generale*: dei requisiti del contratto. In: Giorgio Cian (Org.), *Commentario breve al codice civile*: complemento giurisprudenziale, Milano: Cedam, 2011, p. 1.548. Em contraposição a este entendimento, Tullio Ascarelli assevera que o terceiro integrará negócio jurídico já existente – concluído mas incompleto –, estabelecendo o elemento faltante com o mesmo valor e eficácia do conteúdo fixado pelas partes (Arbitri ed arbitratori. In: *Studi in tema di contratti*, Milano: Giuffrè, 1952, p. 211).

> Na determinação da prestação, o terceiro deve ter em conta também as condições gerais da produção em relação às quais o contrato eventualmente tenha referência."[134]

A figura do *arbitraggio* corresponde ao poder atribuído pelas partes contratantes a terceiro para colmatar a lacuna do regulamento negocial.[135] A atuação do terceiro, do ponto de vista estrutural, se apresenta como ato de autonomia com valor dispositivo para as partes e, sob o perfil funcional, concorre a formar o regulamento de interesses, ao lado das disposições já estabelecidas pelos contratantes e das normas impostas pela lei.[136] Trata-se, na perspectiva aqui adotada, de contrato incompleto na modalidade de determinação por terceiro.[137]

Na mesma direção, os Princípios de Direito Europeu dos Contratos e os Princípios da *Unidroit* preveem a possibilidade de as partes delegarem a terceiro o preenchimento de lacuna contratual, respectivamente:

> "Artigo 6:106: Determinação por terceira pessoa
>
> (1) Na hipótese em que o preço ou qualquer outro termo contratual deva ser determinado por terceiro, e este não possa ou não queira fazê-lo, presume-se que as partes tenham atribuído poderes à Corte para apontar outra pessoa que o faça.

---

[134] Tradução livre.

[135] V., sobre o arbitraggio, Roberto de Ruggiero, *Istituzioni di diritto civile*: diritti di obbligazione: diritto ereditario, Milano: Casa Editrice Giuseppe Principato, 1935, v. 3, p. 317; Franco Carresi, *Il contratto*, cit., p. 203; Francesco Messineo, Contratto (dir. priv.). In: *Enciclopedia del diritto*, v. 9, cit., p. 945-946; Nicola Stolf, *Diritto civile*: i contratti speciali, Torino: UTET, 1934, v. 4, p. 163-165; e Massimo Bianca, *Diritto civile*, cit., p. 327 e ss.

[136] Enrico Gabrielli, L'oggetto del contratto (artt. 1346-1349). In: Piero Schlesinger (Org.), *Il codice civile*, Milano: Giuffrè, 2001, p. 172. O mesmo autor esclarece a controvérsia existente no direito italiano acerca da extensão dos poderes atribuídos ao terceiro; ou seja, se a determinação do terceiro se limita à prestação deduzida no contrato, na literalidade do art. 1.349, ou se, ao revés, se afigura mais ampla, incluindo qualquer elemento acidental ou essencial do negócio ou mesmo o seu inteiro conteúdo (ibidem, p. 172-177).

[137] No mesmo sentido do texto, cf. Enrico Gabrielli, *L'oggetto del contratto* (artt. 1346-1349), cit., p. 179.

(2) Se o preço ou outro termo fixado por terceiro é grosseiramente irrazoável, este há de ser substituído por outro razoável.[138]

Artigo 2.1.14

(Contrato com termos deliberadamente deixados em aberto) (1) se as partes pretendem concluir contrato, o fato de intencionalmente deixarem certo termo para ser acordado em negociações posteriores ou para ser determinado por terceiro não impede que o contrato venha a existir. (2) A existência do contrato não é afetada pelo fato de que subsequentemente (a) as partes não cheguem a um acordo quanto ao termo; ou (b) o terceiro não determine o termo, desde que existam meios alternativos para a determinação do termo que seja razoável nas circunstâncias, tendo em vista a intenção das partes."[139]

O Código Civil Brasileiro, na esteira do art. 1.592[140] do Código Civil francês e do art. 1.473[141] do Código Civil italiano, trouxe, em seu art. 485, norma específica ao contrato de compra e venda dispondo sobre a possibilidade de as partes atribuírem a terceiro a determinação do preço. Na dicção do preceito legal:

"Art. 485. A fixação do preço pode ser deixada ao arbítrio de terceiro, que os contratantes logo designarem

---

[138] Tradução livre.

[139] Tradução livre.

[140] "Art. 1592. Pode-se, no entanto, ser deixada a arbitragem de um terceiro; se o terceiro não quer ou não pode fazer a estimativa, não existe absolutamente venda" (tradução livre). Ao propósito do dispositivo, v. Henri De Page, *Traité élémentaire de droit civil belge*, Bruxelles: Établissements Émile Bruylant, 1943, t. 4, p. 75 e ss.

[141] "Art. 1473. Determinação do preço confiada a um terceiro. As partes podem confiar a determinação do preço a um terceiro, eleito no contrato ou a ser eleito posteriormente. Se o terceiro não quer ou não pode aceitar o encargo, ou as partes não chegam a um acordo quanto à sua nomeação ou à sua substituição, a sua nomeação, a requerimento de uma das partes, é feita pelo presidente do tribunal do lugar onde foi concluído contrato (1349; arts. 82, 170 das disposições transitórias)," (tradução livre).

ou prometerem designar. Se o terceiro não aceitar a incumbência, ficará sem efeito o contrato, salvo quando acordarem os contratantes designar outra pessoa."

A norma contida no art. 485 do Código Civil autoriza, no direito brasileiro, a celebração de contrato de compra e venda incompleto,[142] no qual as partes não definem *ex ante* o preço do contrato, atribuindo a terceiro o dever de fazê-lo.[143] Consoante asseverado por Paulo Luiz Netto Lôbo:

"A designação de arbitrador pode ser conveniente para os contratantes, diante de circunstâncias que impeçam, no momento da celebração do contrato, de determinar o preço. É mais comum ocorrer em contratos de execução duradoura, cujas circunstâncias futuras impedem de se precisar no contrato o preço da coisa no tempo de seu pagamento. Não se trata de coisa futura, mas de preço futuro. Um dos modos de determiná-lo reside no arbitramento feito por quem as partes confiem, certamente pelas informações especializadas que lhe atribuem [...] O contrato quando for concluído existirá como ato, porque o sistema jurídico satisfaz-se com a determinabilidade, e se tiver ultrapassado o plano da validade (não for considerado nulo nem anulável) estará apto a produzir seus efeitos, assim que as condições fixadas, isto é, a aceitação pelo terceiro da função de arbitrador e a fixação do preço, se consumarem. De qualquer forma, há vinculação das partes contratantes, desde a conclusão, o que importa efeito mínimo. Não houve a fixação do preço, mas já se es-

---

[142] Em sentido contrário, Pontes de Miranda, *Tratado de direito privado*, São Paulo: Revista dos Tribunais, 1984, t. 39, p. 37.

[143] Sobre o dispositivo, v. Araken de Assis; Ronaldo Alves de Andrade; Francisco Glauber Pessoa Alves, Do direito das obrigações (arts. 421 a 578). In: Arruda Alvim; Thereza Alvim (Coord.), *Comentários ao código civil brasileiro*, Rio de Janeiro: Forense, 2007, v. 5, p. 751-752; Orlando Gomes, *Contratos*, 26. ed., Rio de Janeiro: Forense, 2007, p. 276; e Miguel Maria de Serpa Lopes, *Curso de direito civil*: fontes das obrigações: contratos, Rio de Janeiro: Livraria Freitas Bastos, 1964, v. 3, p. 290-291.

tabeleceu o critério da fixação. Não se pode pensar em eficácia retroativa, porque a fixação do preço não é condição suspensiva."[144]

Nesta hipótese de contrato de compra e venda incompleto na modalidade de determinação por terceiro, caso o terceiro, uma vez designado, não aceite a incumbência e as partes não designem outra pessoa, o contrato ficará sem efeito, retornando as partes contratantes ao *status quo ante*. Por outro lado, se o terceiro aceitar a tarefa e dela não se desincumbir ou desempenhá-la de modo imperfeito, o contrato se resolverá, com as perdas e danos cabíveis, caso não seja possível, a requerimento das partes, a execução específica pelo terceiro ou a integração da lacuna pelo juiz.[145]

Outras disposições do Código Civil sinalizam para a possibilidade de celebração de contrato incompleto no direito brasileiro, admitindo-o na modalidade de determinação por terceiro. No âmbito do contrato de mandato, o codificador autorizou, no parágrafo único do art. 658, a determinação, por arbitramento, da remuneração do mandatário em mandato oneroso, na omissão da lei e do contrato e na falta de usos do lugar:

> "Art. 658. O mandato presume-se gratuito quando não houver sido estipulada retribuição, exceto se o seu objeto corresponder ao daqueles que o mandatário trata por ofício ou profissão lucrativa.
>
> Parágrafo único. Se o mandato for oneroso, caberá ao mandatário a retribuição prevista em lei ou no contrato. Sendo estes omissos, será ela determinada pelos usos do lugar, ou, na falta destes, por arbitramento."

Norma semelhante encontra-se nos contratos de prestação de serviços, de depósito, de comissão e de corretagem, respectivamente:

---

[144] Paulo Luiz Netto Lôbo, Parte especial: das várias espécies de contratos. Da compra e venda. Da troca ou permuta. Do contrato estimatório. Da doação (Arts. 481 a 564). In: Antônio Junqueira de Azevedo (Coord.), *Comentários ao código civil*, São Paulo: Saraiva, 2003, v. 6, p. 40-41.

[145] A execução específica de contratos incompletos e a eventual integração da lacuna pelo magistrado serão examinadas no Capítulo 3.

"Art. 596. Não se tendo estipulado, nem chegado a acordo as partes, fixar-se-á por arbitramento a retribuição, segundo o costume do lugar, o tempo de serviço e sua qualidade.

Art. 628. O contrato de depósito é gratuito, exceto se houver convenção em contrário, se resultante de atividade negocial ou se o depositário o praticar por profissão.

Parágrafo único. Se o depósito for oneroso e a retribuição do depositário não constar de lei, nem resultar de ajuste, será determinada pelos usos do lugar, e, na falta destes, por arbitramento.

Art. 701. Não estipulada a remuneração devida ao comissário, será ela arbitrada segundo os usos correntes no lugar.

Art. 724. A remuneração do corretor, se não estiver fixada em lei, nem ajustada entre as partes, será arbitrada segundo a natureza do negócio e os usos locais."

O recurso a terceiro se justifica notadamente pela ausência de informações das partes acerca de fatos relevantes para fins de determinação do regulamento contratual ou, ainda, pela dificuldade de obterem consenso quanto a um ou mais pontos do contrato.[146] Permite-se, assim, que as partes se vinculem em caráter definitivo, a despeito da inexistência de acordo quanto ao elemento lacunoso, atribuindo-se ao terceiro o dever de determinação da lacuna, cuja atuação, contudo, como mencionado, deverá se pautar pelos critérios estabelecidos pelos contratantes.

1.3.2 Determinação unilateral

Outra modalidade de contrato incompleto se consubstancia no preenchimento da lacuna por uma das partes, denominada contrato incompleto por

---

[146] Antonio Fici, *Il contrato 'incompleto'*, cit., p. 47.

determinação unilateral. Confere-se a um dos contratantes o poder de determinar unilateralmente o conteúdo do contrato incompleto como forma de satisfazer plenamente os interesses das partes, sem se descuidar, contudo, do controle de abusividade e da proibição das cláusulas potestativas puras (art. 122[147], Código Civil).[148] Recorre-se frequentemente ao contrato incompleto com determinação unilateral com o objetivo de tutelar investimentos específicos efetuados por uma das partes, a qual não deseja se expor ao risco de comportamento desleal da contraparte.[149]

No direito italiano, o legislador dispôs sobre a determinação unilateral de contratos incompletos na disciplina geral das obrigações, especificamente nas obrigações alternativas (art. 1.286, §1º,[150] Código Civil), bem como nas normas relativas aos contratos típicos.

No âmbito dos contratos típicos, Antonio Fici enumera como exemplo de contrato incompleto com determinação unilateral aquele em que se desenvolva uma atividade no interesse de outro, como a gestão de um patrimônio, e se atribua ao gestor ou ao beneficiado pela gestão a determinação do regulamento contratual. No que se refere ao gestor, é possível que a sua competência lhe imponha o dever de assumir algumas decisões no interesse do cliente, como no caso do contrato de mandato, em relação ao qual o art. 1.711[151] do Código Civil italiano autoriza ao mandatário se afastar das ins-

---

[147] "Art. 122. São lícitas, em geral, todas as condições não contrárias à lei, à ordem pública ou aos bons costumes; entre as condições defesas se incluem as que privarem de todo efeito o negócio jurídico, ou o sujeitarem ao puro arbítrio de uma das partes."

[148] V., ao propósito do direito italiano, Francesco Galgano, Vendita (dir. priv.). In: *Enciclopedia del diritto*, Milano: Giuffrè, 1993, v. 46, p. 490.

[149] Antonio Fici, *Il contrato 'incompleto'*, cit., p. 56.

[150] "Art. 1.286. Faculdade de escolha. A escolha compete ao devedor, se não tiver sido atribuída ao credor ou a um terceiro (665). A escolha se torna irrevogável com a execução de uma das duas prestações, ou com a declaração de escolha, comunicada a outra parte, ou a ambas, se a escolha é feita por um terceiro (666). Se a escolha deve ser feita por mais pessoas, o juiz pode lhes fixar um prazo. Se a escolha não é feita no prazo estabelecido, essa será feita pelo juiz (art. 81 das disposições transitórias)." (tradução livre).

[151] "Art. 1.711. Limites do mandato. [...] O mandatário pode se afastar das instruções recebidas quando circunstâncias ignoradas pelo mandante que não possam lhe ser comunicadas a tempo façam razoavelmente crer que o mesmo mandante teria dado a sua aprovação." (tradução livre).

truções do mandante em presença de determinadas circunstâncias.[152] Nessa hipótese, a decisão unilateral configura a própria prestação a que se obriga o mandatário, assumindo relevância causal.

Outro exemplo citado pelo autor consiste no contrato de fornecimento em que a parte que compra o bem não sabe, no momento da conclusão do contrato, a quantidade que deseja adquirir. Assim, o contrato de duração que lhe atribua o direito de decidir futuramente a quantidade a receber traduz a solução mais adequada, em consonância com a permissão contida no art. 1.560, parágrafo segundo,[153] do Código Civil italiano. Além disso, nos contratos de mútuo a longo prazo, em situações de mercado concorrencial, os bancos e financiadores podem atrair as partes adversas ao risco, como os adquirentes do primeiro imóvel residencial, a celebrar contrato que lhes atribua, após certo prazo, a escolha entre taxas fixas ou variáveis. Ainda, nos contratos de distribuição, em que se busca tutelar a reputação comercial do produtor frente à atuação do distribuidor, pode-se atribuir ao produtor o poder unilateral de determinação do conteúdo contratual (*v.g.* modalidades de fornecimento de bens ou serviços; quantidade e qualidade de serviços acessórios a serem fornecidos etc.), de modo a proteger os seus investimentos.[154]

No direito brasileiro, o legislador não previu regra geral destinada a regular contratos deliberadamente incompletos. Todavia, existem normas no ordenamento jurídico nacional que evidenciam a possibilidade de celebração de contratos lacunosos, como a já comentada norma do art. 485 do Código Civil. Além desse dispositivo, o Código Civil, na parte geral das obrigações, previu, no art. 252, na esteira do direito italiano, as obrigações alternativas, as quais traduzem contrato incompleto, uma vez que a prestação que será adimplida pelo devedor encontra-se em branco, sujeita à determinação futura, de acordo com os critérios contratuais, a partir da escolha, a ser efetuada pelo credor, pelo devedor ou por terceiro. Caso a escolha seja realizada pelo credor ou pelo devedor, configurar-se-á contrato incompleto na modalidade de determinação unilateral. Por outro lado, estar-se-á diante de contrato in-

---

[152] Antonio Fici, *Il contratto 'incompleto'*, cit., p. 55.

[153] "Art. 1.560. Importância do fornecimento. [...] Se as partes tiverem estabelecido apenas o limite máximo e aquele mínimo para o integral fornecimento ou para as prestações singulares, compete àquele que tem direito ao fornecimento estabelecer, dentro dos limites acima mencionados, a quantidade devida." (tradução livre).

[154] Antonio Fici, *Il contratto 'incompleto'*, cit., p. 56-57.

completo na modalidade de determinação por terceiro quando a escolha da prestação que será desempenhada pelo devedor couber a terceiro. O art. 252 do Código Civil dispõe textualmente:

> "Art. 252. Nas obrigações alternativas, a escolha cabe ao devedor, se outra coisa não se estipulou.
>
> § 1º. Não pode o devedor obrigar o credor a receber parte em uma prestação e parte em outra.
>
> § 2º. Quando a obrigação for de prestações periódicas, a faculdade de opção poderá ser exercida em cada período.
>
> § 3º. No caso de pluralidade de optantes, não havendo acordo unânime entre eles, decidirá o juiz, findo o prazo por este assinado para a deliberação.
>
> § 4º. Se o título deferir a opção a terceiro, e este não quiser, ou não puder exercê-la, caberá ao juiz a escolha se não houver acordo entre as partes."

Aludida norma, como se vê, admite a determinação unilateral, pelo credor ou devedor (art. 252, *caput*), ou por terceiro (§ 4º), de contrato incompleto, caso se esteja diante de obrigação alternativa. Com efeito, na obrigação alternativa, o seu objeto afigura-se indeterminado, sendo composto de várias prestações, de modo que apenas no momento da escolha, seja pelo credor, seja pelo devedor, seja por terceiro, haverá a determinação do objeto.[155] Até que se opere a escolha por uma das partes, isto é, a concentração da prestação, pode-se admitir haver, portanto, lacuna no objeto contratual, a denotar a incompletude do contrato.

No contrato de comissão, de outra parte, autoriza-se ao comissário proceder ao seu alvedrio caso não haja instruções do comitente, desde que

---

[155] V., sobre o tema, Ricardo Lira, *A obrigação alternativa e a obrigação acompanhada de prestação facultativa*: dúvidas e soluções em face do código civil brasileiro. 1970. 121f. Tese (Livre-Docência em Direito Civil) – Faculdade de Direito, Universidade do Estado do Rio de Janeiro, Rio de Janeiro, 1970, esp. p. 17-18.

de seus atos resulte vantagem ao comitente ou o comissário tenha agido segundo os usos na celebração do negócio, o qual não admitia a demora em sua realização:

> "Art. 695. O comissário é obrigado a agir de conformidade com as ordens e instruções do comitente, devendo, na falta destas, não podendo pedi-las a tempo, proceder segundo os usos em casos semelhantes.
>
> Parágrafo único. Ter-se-ão por justificados os atos do comissário, se deles houver resultado vantagem para o comitente, e ainda no caso em que, não admitindo demora a realização do negócio, o comissário agiu de acordo com os usos."

O art. 699 do Código Civil permite também que o comissário determine unilateralmente a ampliação do prazo para pagamento, na conformidade dos usos do lugar em que se realiza o negócio, se não houver instruções diversas do comitente:

> "Art. 699. Presume-se o comissário autorizado a conceder dilação do prazo para pagamento, na conformidade dos usos do lugar onde se realizar o negócio, se não houver instruções diversas do comitente."

Tais dispositivos manifestam a possibilidade, no direito brasileiro, de celebração de contratos incompletos cuja lacuna será determinada, em momento futuro, por uma das partes. Admite-se, em uma palavra, o contrato incompleto na modalidade de determinação unilateral.

Por outro lado, o art. 489[156] do Código Civil não tem o condão de esmorecer a admissibilidade de contratos incompletos unilaterais no direito brasileiro. A norma, a rigor, impede que haja abuso na determinação unilateral do preço, em que uma das partes definiria o preço no seu exclusivo interesse, a prescindir de qualquer critério ou parâmetro previamente acordado. Vedam-

---

[156] "Art. 489. Nulo é o contrato de compra e venda, quando se deixa ao arbítrio exclusivo de uma das partes a fixação do preço."

-se, assim, as cláusulas potestativas puras, que sujeitariam o preço ao puro arbítrio de uma das partes.[157]

A despeito da escassa regulamentação da matéria, a autonomia privada, como se verá adiante, poderá firmar numerosos contratos incompletos – típicos ou atípicos – que contenham lacunas acerca de determinado elemento da relação contratual, que será integrado por uma das partes, de acordo com o procedimento estabelecido no contrato, com o escopo de *gerir negativamente os riscos econômicos*, em atendimento aos seus interesses *in concreto*.

1.3.3 Determinação da lacuna por ambas as partes

A terceira modalidade de contrato incompleto corresponde à determinação consensual das lacunas por ambas as partes. Aludido preenchimento da lacuna poderá ser efetuado mediante negociação, se a lacuna for originária, ou, ainda, por renegociação, na hipótese em que todos os elementos do negócio se encontram definidos *ab initio*, mas, em razão de evento superveniente, extraordinário e imprevisível, que gere desequilíbrio no contrato, exsurge lacuna superveniente, que deverá ser determinada pelas partes em sede de renegociação, vez que os elementos contratuais não mais subsistirão no novo cenário contratual, a configurar a lacuna.

Na hipótese de lacuna originária, as partes se comprometem, no momento da celebração do contrato, a negociar, no futuro, diante da verificação de determinado evento, o elemento contratual *ab initio* lacunoso, segundo os critérios estabelecidos no ajuste.

À guisa de exemplo, suponha-se Acordo de Investimento, no qual uma das partes se comprometa a adquirir a totalidade das ações de certa companhia titularizadas pela outra parte. Aludida aquisição dar-se-á em três etapas. Na primeira etapa, ocorrida na Data de Fechamento da operação, a Compradora se obriga a pagar preço certo, tornando-se titular de 20% do total de ações de emissão da Companhia detidas pelo Vendedor, em operação societária descrita pelas Partes. Na segunda etapa da transação, realizada após o terceiro ani-

---

[157] Na síntese de Caio Mário da Silva Pereira: "Considera-se, portanto, nula a venda subordinada às cláusulas quantum velis, quanti aequum putaveris, quanti aestimaveris (degni), isto é, quanto queiras, quanto julgares justo, quanto estimais, por traduzirem todas elas um arbítrio inadmissível." (*Instituições de direito civil*, Rio de Janeiro: Forense, 2003, v. 3, p. 183). V., no direito italiano, Francesco Degni, *Lezioni di diritto civile*: la compra vendita, Milano: Cedam, 1930, p. 78.

versário da Data de Fechamento, as Partes ajustam que a Compradora deverá se tornar titular de ações ordinárias representativas, à época da aquisição, de 50% (cinquenta por cento) do total de ações de emissão da Companhia, por meio de operação a ser definida de comum acordo entre as partes, no prazo de 15 (quinze) dias, a contar da opção de pagamento efetuada pela Compradora, nos termos do contrato. Na terceira etapa, a se realizar após o quinto aniversário da Data de Fechamento, a Compradora compromete-se a adquirir a totalidade da participação remanescente do Vendedor na Companhia. Os preços da segunda e terceira etapas serão calculados com base nos respectivos resultados de avaliações da Companhia, efetuadas por auditores independentes. Confira-se, exemplificativamente, texto de cláusula contratual:

> "1. **Estrutura da Transação**. A Transação será implementada em três etapas.
>
> 1.1. Na primeira etapa, a Compradora deverá subscrever e integralizar as Ações Ordinárias representativas de 20% do total de ações de emissão da companhia detidas pelo Vendedor, pelo preço certo e ajustado de __.
>
> 1.2. Na segunda etapa, a Compradora deverá tornar-se titular de Ações Ordinárias representativas, à época de tal aquisição, de 50% do total de ações de emissão da Companhia então detidas pelo Vendedor, por meio de operação a ser definida de comum acordo entre as partes.
>
> 1.3. Na terceira etapa, a Compradora deverá tornar-se titular de Ações Ordinárias representativas, à época da aquisição, do total de ações de emissão da Companhia então detidas pelo Vendedor.
>
> 1.4. A estrutura de aquisição aplicável a segunda e terceira etapas será definida de comum acordo entre as Partes no prazo de 15 (quinze) dias da data em que a Compradora fizer a opção pela forma de pagamento naquela etapa, conforme as cláusulas __. Caso as Partes não cheguem a um acordo nesse prazo, prevalece-

rá uma estrutura de aquisição similar àquela adotada para a aquisição, pela Compradora, das ações ordinárias na primeira etapa.

2. **Segunda e terceira etapas**. Na segunda etapa da Transação, a se realizar após o terceiro aniversário da Data de Fechamento, a Compradora compromete-se a adquirir e o Vendedor compromete-se a alienar 50% (cinquenta por cento) da Participação Remanescente na Companhia. Na terceira e última etapa da Transação, a se realizar após o quinto aniversário da Data de Fechamento, a Compradora compromete-se a adquirir e o Vendedor compromete-se a alienar a totalidade da Participação Remanescente na Companhia. Os preços da segunda e terceira etapas serão calculados com base nos respectivos resultados de avaliações da Companhia.

2.1. O valor a ser atribuído à Parcela Remanescente será determinado através de avaliação econômico-financeira da Companhia, a ser realizada após o terceiro e quinto aniversários da Data de Fechamento, com base (i) nos balanços patrimoniais consolidados da Companhia, preparados e auditados por auditores independentes desta, datados respectivamente de 30 de setembro de 2010 e 30 de setembro de 2012, e (ii) na metodologia de fluxo de caixa descontado de longo prazo, incluindo o valor terminal (Avaliação da Companhia). As Avaliações da Companhia deverão ser realizadas por um Banco de Investimentos independente escolhido a partir da seguinte lista: JP Morgan, Itaú BBA, Credit Suisse, Goldman Sachs e UBS (Banco de Investimentos). Cada um dos Bancos de Investimentos contratados terá até 30 (trinta) dias contados do respectivo recebimento dos balanços patrimoniais consolidados da Companhia para concluir as Avaliações da Companhia e notificar as Partes dos respectivos resultados."

Como se vê no exemplo, na segunda e terceira etapas, a aquisição das ações ordinárias correspondentes, à época da aquisição, a 50% (cinquenta por cento) do total de ações de emissão da Companhia e às ações remanescentes, respectivamente, deverá se concretizar por meio de operação societária a ser definida consensualmente pelos contratantes, por meio de negociação (item 1.4), a denotar contrato incompleto na modalidade de determinação por ambas as partes. A lacuna aqui se revela originária, tendo em conta que as Partes, no momento da celebração do Acordo de Investimento, já se encontram vinculadas relativamente à compra e venda de ações, mas deixam em branco as condições de concretização dessa operação de transferência de ações, as quais deverão ser por elas negociadas no prazo contratual. Caso as Partes não cheguem a um acordo, prevalecerá a estrutura de aquisição similar à adotada para a aquisição na primeira etapa.

Vale notar que o contrato se afigura incompleto também no que tange ao valor da segunda e terceira parcelas do preço, as quais serão determinadas por terceiro, o Banco de Investimentos escolhido pelas Partes, dentre aqueles que figuram em lista preestabelecida, que irá efetuar o cálculo do valor das referidas parcelas, de acordo com os critérios contratuais, especificamente os balanços auditados da Companhia em datas específicas e a metodologia de fluxo de caixa descontado de longo prazo, a configurar, neste particular, contrato incompleto na modalidade de determinação por terceiro.

Por outro lado, no caso de contrato incompleto com determinação, por ambas as partes, de lacuna superveniente, as partes se obrigam a renegociar os termos do acordo originário diante de evento superveniente, extraordinário e imprevisível que altere as circunstâncias negociais, atingindo o equilíbrio do contrato. Trata-se de lacuna superveniente, vez que os elementos contratuais negociados não mais subsistem no novo contexto contratual, a evidenciar a necessidade subsequente de integrar o contrato.

Aludido acordo de determinação coincide, sob o perfil estrutural e funcional, com os acordos de renegociação. A cláusula que remete à renegociação futura os elementos contratuais faltantes se denomina comumente cláusula de renegociação ou de *hardship*.[158]

---

[158] Sobre o tema, na doutrina brasileira, cf. Judith Martins-Costa, a qual situa a obrigação de renegociar no quadro mais amplo dos contratos evolutivos (A cláusula de hardship e a obrigação de renegociar nos contratos de longa duração. In: *Revista de arbitragem e mediação*, São Paulo: Revista dos Tribunais, no 25, p. 17-19, abr./jun. 2010).

Diante da incerteza que caracteriza certas relações, as partes inserem no regulamento contratual cláusula que admite a renegociação do contrato nas hipóteses em que se verifiquem certos acontecimentos, em regra imprevisíveis ou fora de seu controle, que atinjam gravemente o equilíbrio entre as prestações e, portanto, a equação econômica do negócio, estabelecendo, ainda, critérios que orientem a renegociação. As partes poderão, também, estabelecer o dever de renegociação diante de determinados eventos previsíveis, que considerem aptos a ensejar a revisão do contrato no caso concreto.

Nesse caso, mostra-se possível conceder à parte prejudicada o poder de suspender a execução da prestação com vistas à sua renegociação e, ainda, prever a determinação da lacuna por terceiro caso não haja consenso entre as partes. Diz-se, aqui, que a incompletude do contrato consiste em elemento que determina a continuidade da negociação, uma negociação *in itinere*.[159]

1.3.3.1 As cláusulas de *hardship*

As cláusulas de *hardship* consistem em previsões apostas nos contratos, ordinariamente internacionais, que determinam a renegociação, pelos contratantes, dos termos contratuais originários, em razão da configuração do que se convencionou denominar *hardship*, com vistas à manutenção do negócio em novas bases.

Hardship corresponde basicamente à alteração fundamental do equilíbrio do contrato por força de circunstâncias supervenientes à sua celebração, em regra de caráter imprevisível, que fogem ao controle das partes e, por isso mesmo, não se inserem na alocação de riscos efetuada pelos contratantes. Diante do *hardship,* as partes irão renegociar o contrato pessoalmente ou atribuirão a terceiro a tarefa de resolver a controvérsia, adaptando o contrato à nova realidade, de modo a restaurar a correspectividade original. Ou, ainda, estipularão cláusula que estabeleça multietapas de solução de controvérsias (*multi-tiered dispute resolution system*), segundo a qual, configurado o *hardship,* surge o dever das partes de renegociar o contrato, e, caso a renegociação reste frustrada, poderão as partes recorrer à arbitragem.[160]

---

[159] Antonio Fici, Il contrato 'incompleto', cit., p. 123.

[160] Sobre o tema, v. José Emilio Nunes Pinto, O mecanismo multietapas de solução de controvérsias. [S.l.: s.n., 20--]. 2p. Disponível em: <http://www.ambito-juridico.com.br/site/index.php?n_link=revista_artigos_leitura&artigo_id=4510>. Acesso em: 29 mar. 2014.

As cláusulas de *hardship*, ao atribuírem aos contratantes o dever de renegociar o contrato, traduzem modalidade de contrato incompleto por determinação de ambas as partes, na medida em que impõem aos contratantes a renegociação dos termos contratuais diante da configuração do *hardship*, guiada pelos critérios prefixados no contrato, a permitir a definição de novas cláusulas contratuais no novo cenário em que se insere o negócio.

A lacuna, aqui, decorre não de ausência originária de determinado elemento da relação contratual, deixado em branco pelos contratantes por ocasião da celebração do negócio, mas de lacuna superveniente, que surge diante do evento subsequente, normalmente imprevisível, extraordinário e alheio aos contratantes, que atinge as prestações do contrato. Pode-se considerar que os elementos do contrato, definidos sob determinadas circunstâncias que não mais subsistem em face do evento superveniente, se encontram ausentes nesta nova configuração, isto é, correspondem a lacunas, que deverão ser preenchidas em novos moldes pelos contratantes.

O evento superveniente, extraordinário e imprevisível, com efeito, opera a abertura do regulamento contratual (incompletude sucessiva), impondo às partes a renegociação do contrato, com o propósito de alocar os riscos econômicos decorrentes desse evento, cuja natureza imprevisível impedia a gestão das superveniências no regulamento contratual originário. Como assinala Judith Martins-Costa:

> "Tendo as partes estipulado tais cláusulas, e ocorrendo evento nelas previsto, abre-se, *ipso facto*, a obrigatoriedade da renegociação do contrato para reaproximar-se o sinalagma funcional ou dinâmico – isto é, o que acompanha a vida do contrato, no curso de sua execução – ao sinalagma genético, a saber, aquele que marca o momento da conclusão do ajuste."[161]

Por outras palavras, surgida a lacuna superveniente, caberá aos contratantes gerir os riscos econômicos previsíveis (álea normal) nesse novo cenário contratual, inaugurado a partir da verificação do evento superveniente e imprevisível. Ou seja: ocorrido o evento imprevisível, os riscos econômicos que dele resultam, agora conhecidos pelas partes nesse contexto e, portanto,

---

[161] *A cláusula de hardship e a obrigação de renegociar nos contratos de longa duração*, cit., p. 23.

previsíveis, hão de ser geridos pelos contratantes, mediante renegociação das cláusulas contratuais.

Diversos sistemas legais incorporaram o fenômeno do *hardship* com diferentes nomenclaturas como *frustration of purpose, imprévision, eccessiva onerosità sopravvenuta*, dentre outras. No Brasil, o *hardship* corresponde à figura da onerosidade excessiva, disciplinada nos arts. 478 e ss. do Código Civil.[162] Entretanto, as partes poderão, no exercício de sua autonomia privada, definir o evento que consideram, no concreto regulamento de interesses, como capaz de configurar o *hardship*, incluindo eventos previsíveis. O conteúdo da cláusula de *hardship* não se afigura, portanto, na expressão de Gerardo Marasco, *standard*, de modo que os pressupostos para a configuração do *hardship* e o consequente procedimento de revisão contratual variam segundo a imaginação e a capacidade das partes e os interesses em jogo.[163]

A onerosidade excessiva, no sistema jurídico brasileiro, se verifica, em linhas gerais, mediante a ocorrência de evento superveniente, extraordinário, imprevisível e não imputável a qualquer das partes, que atinja objetivamente as prestações[164] de contrato de longa duração, ocasionando excessiva onerosidade a um dos contratantes e extrema vantagem à outra parte.

Configurada a excessiva onerosidade, o art. 478[165] do Código Civil determina que o devedor poderá requerer a resolução do contrato, cujos efeitos

---

[162] No direito brasileiro, Judith Martins-Costa defende que o fundamento da cláusula de hardship consiste na autonomia privada, a qual pode definir, no concreto regulamento contratual, aquilo que compreende como hardship, incluindo também eventos previsíveis como capazes de desencadear a aplicação da cláusula (*A cláusula de hardship e a obrigação de renegociar nos contratos de longa duração*, cit., p. 20-22).

[163] La rinegoziazione del contratto: strumenti legali e convenzionali a tutela dell'equilibrio negoziale. In: Francesco Galgano (Org.), *Le monografie di contratto e impresa*, Padova: CEDAM, 2006, p. 66.

[164] A alteração das condições subjetivas do devedor, portanto, não se mostram aptas a desencadear a aplicação da teoria da imprevisão. Sobre o ponto, v. Aldo Boselli, Eccessiva onerosità. In: *Novissimo digesto italiano*, Torino: UTET, 1957, v. 6, p. 333; e Vincenzo Roppo, *Il contratto*, cit., p. 1021.

[165] "Art. 478. Nos contratos de execução continuada ou diferida, se a prestação de uma das partes se tornar excessivamente onerosa, com extrema vantagem para a outra, em virtude de acontecimentos extraordinários e imprevisíveis, poderá o devedor pedir a resolução do contrato. Os efeitos da sentença que a decretar retroagirão à data da citação."

retroagirão, por sentença, à data da citação. Em seguida, o art. 479[166] do Código Civil estabelece que a resolução poderá ser evitada se o réu ou credor se oferecer a modificar equitativamente as condições do contrato. Esse dispositivo autoriza a revisão contratual a requerimento do réu, mesmo que o autor tenha formulado apenas o pedido de resolução, em homenagem ao princípio da conservação dos negócios jurídicos. Cuida-se de direito potestativo do réu de propor a modificação do contrato, que pode ser exercido a qualquer tempo, desde a contestação até que seja definitivamente julgada a causa, com base no art. 462[167] do Código de Processo Civil. Entretanto, o juiz, ao rever equitativamente as cláusulas contratuais, deverá ouvir a parte autora, em respeito aos princípios do contraditório e da ampla defesa.[168]

Embora o art. 478 não se refira textualmente à possibilidade de o devedor pleitear a revisão do contrato, há de se admitir aludido pleito, por um conjunto de razões, enfrentadas, em maiores detalhes, no item 3.2 deste livro. Sinteticamente, aplica-se o princípio da conservação dos negócios jurídicos, que orienta o direito contratual brasileiro e se manifesta em diversos dispositivos legais, como na hipótese de preservação do negócio dissimulado se válido for na substância e na forma (art. 167, *caput,* Código Civil), ou, ainda, no caso de conversão do negócio jurídico nulo em outro válido (art. 170, Código Civil), em que o negócio há de ser preservado sempre que possível, privilegiando a manutenção do contrato em detrimento da sua resolução.[169]

---

[166] "Art. 479. A resolução poderá ser evitada, oferecendo-se o réu a modificar equitativamente as condições do contrato."

[167] "Art. 462. Se, depois da propositura da ação, algum fato constitutivo, modificativo ou extintivo do direito influir no julgamento da lide, caberá ao juiz tomá-lo em consideração, de ofício ou a requerimento da parte, no momento de proferir a sentença." Esse dispositivo corresponde ao art. 493 do Novo Código de Processo Civil.

[168] Nesse sentido, confira-se o Enunciado 367 formulado na IV Jornada de Direito Civil, promovida pelo Centro de Estudos Judiciários – CEJ do Conselho da Justiça Federal (CJF): "Art. 479. Em observância ao princípio da conservação do contrato, nas ações que tenham por objeto a resolução do pacto por excessiva onerosidade, pode o juiz modificá-lo equitativamente, desde que ouvida a parte autora, respeitada a sua vontade e observado o contraditório." (Enunciado 367. In: Ruy Rosado de Aguiar Júnior (Org.), *Jornadas de direito civil I, II, III e IV*: enunciados aprovados, Brasília: CJF, 2012, 135 p. Disponível em: <http://www.cjf.jus.br/cjf/CEJ-Coedi/jornadas-cej/enunciados-aprovados-da-i-iii-iv-e-v-jornada-de-direito-civil/compilacaoenunciadosaprovados1-3-4jornadadircivilnum.pdf. Acesso em: 23 jul. 2014, p. 57).

[169] Nessa direção, v. o Enunciado 176 da III Jornada de Direito Civil: "Em atenção ao princípio da conservação dos negócios jurídicos, o art. 478 do Código Civil de 2002 deverá con-

Além disso, o art. 317 do Código Civil prevê que, se sobrevier desproporção manifesta entre o valor da prestação pecuniária estabelecida no contrato e o do momento de sua execução, em razão de motivos imprevisíveis, o juiz poderá corrigi-la, a pedido da parte, de modo a assegurar o valor real da prestação.[170] Aludido dispositivo, ao se referir à possibilidade de revisão da prestação por força de desequilíbrio objetivo, causado por evento imprevisível e superveniente à celebração do ajuste, amplia o alcance do art. 478, a autorizar, também na hipótese de excessiva onerosidade, o pedido de revisão do contrato pelo devedor.

Em reforço a esse entendimento, o art. 480[171] do Código Civil, ao disciplinar a excessiva onerosidade em contratos unilaterais, isto é, não sinalagmáticos, estabelece que o devedor poderá pleitear a revisão de sua prestação, reduzindo o seu valor ou alterando o modo de executá-la, a justificar a possibilidade de revisão do contrato por excessiva onerosidade a pedido do devedor também nos contratos bilaterais ou sinalagmáticos. Destaque-se, ainda, na disciplina do contrato de empreitada, o art. 620 do Código Civil, que autoriza, na empreitada a preço global, o pedido de revisão contratual formulado pelo dono da obra, caso haja a diminuição do preço da mão de obra ou dos materiais empregados pelo empreiteiro, em valor superior a um décimo do preço global convencionado.

Ao lado dessas normas que disciplinam os mecanismos de reequilíbrio contratual oferecidos às partes na hipótese de excessiva onerosidade, poderão os contratantes convencionar, no momento da conclusão do contrato, a cláusula de *hardship*, prevendo que, em caso de excessiva onerosidade, as partes se obrigam a renegociar as cláusulas contratuais diretamente atingidas. Poderão, ainda, as partes definir, no concreto regulamento contratual, o sentido do termo *hardship*, prevendo que, uma vez configurado o aludido

---

duzir, sempre que possível, à revisão judicial dos contratos e não à resolução contratual" (Enunciado 176. In: Ruy Rosado de Aguiar Júnior (Org.), *Jornadas de direito civil I, II, III e IV*: enunciados aprovados, cit., p. 38).

[170] A respeito do âmbito de incidência dessa norma, v. Judith Martins-Costa, Do direito das obrigações. Do adimplemento e da extinção das obrigações (Arts. 304 a 388). In: Sálvio de Figueiredo Teixeira (Coord.), Comentários ao novo código civil, Rio de Janeiro: Forense, 2006, v. 5, t. 1, p. 305-306.

[171] "Art. 480. Se no contrato as obrigações couberem a apenas uma das partes, poderá ela pleitear que a sua prestação seja reduzida, ou alterado o modo de executá-la, a fim de evitar a onerosidade excessiva."

evento, incidirá o dever de renegociação. Colhem-se, na doutrina, os seguintes exemplos de cláusula de *hardship*:

> "**Definição**. Para os fins desse Contrato, a situação de *hardship* é definida como (a) circunstâncias de caráter fundamental (b) além do controle de ambas as partes, (c) inteiramente não contemplada e (d) que tornam a regular execução excessivamente onerosa de modo a criar o *hardship* para a parte.
>
> A situação de *hardship* irá ocorrer se, durante a execução desse Contrato, sobrevierem circunstâncias econômicas, políticas ou técnicas não previstas pelas partes e além de seu controle, as quais tornam o seu cumprimento para uma das partes tão oneroso (embora não impossível) que a onerosidade excederia todas as disposições de inadimplemento antecipado feitas pelas partes no momento da assinatura do Contrato.
>
> **Consequências**. Se o *hardship* ocorrer, as partes devem iniciar negociações com vistas a alcançar solução mutuamente satisfatória para a situação.
>
> Se as partes falharem em alcançar um acordo dentro de __ dias a contar do início das negociações, cada parte terá o direito de iniciar o procedimento arbitral, de acordo com o artigo __, de modo a determinar a revisão apropriada dos termos do contrato.
>
> *Ou*
>
> Se as partes falharem em alcançar um acordo dentro de um mês a contar do recebimento da notificação de *hardship*, segundo essa solução cada parte terá o direito de extinguir o contrato, a partir de __ meses após a data em que a outra parte tiver recebido a notificação de *hardship*, por meio de notificação indicando à con-

traparte o seu desejo de extinguir o contrato dentro de ___ do final do referido período de um mês.

Os efeitos dessa extinção deverão se produzir da seguinte forma: ___

Ou

Se as partes falharem em alcançar um acordo, segundo essa solução o contrato permanecerá produzindo efeitos durante o seu termo.

Definição. Para os fins do contrato, a situação de *hardship* designa uma mutação das circunstâncias (econômicas, políticas ou técnicas), imprevisível no momento da conclusão do contrato, superveniente a este, e inevitável, a qual, subvertendo fundamentalmente o equilíbrio das prestações das partes, torna a execução das obrigações por uma das partes não impossível, mas onerosa, a tal ponto que não poderia estar compreendido em suas previsões. Constitui uma situação de Hardship notadamente as hipóteses seguintes: ___

Consequências. A parte lesada pela situação de *Hardship* tem a obrigação de notificar a outra parte, dentro do prazo de ___ a contar de sua ocorrência, acerca das suas circunstâncias e de suas consequências exatas.

As partes reunirão esforços imediatamente com o objetivo de determinar, em boa-fé e equitativamente, as adaptações necessárias para restabelecer o equilíbrio inicial entre as suas prestações respectivas, e tendo em conta os riscos assumidos por cada uma delas.

Durante a fase de negociações, na falta de um acordo entre as partes para suspender a execução do contrato, as partes são obrigadas a perseguir a execução do contrato, nos seus termos iniciais.

Se as negociações resultam em acordo, as partes concluirão o acordo por meio de um aditivo ao contrato.

Se, ao contrário, as partes não chegam a um acordo amigável no prazo de ___, a contar da data da notificação da situação de Hardship, cada uma das partes terá a possibilidade de indicar o árbitro designado conforme a cláusula de solução de conflitos, o qual terá por missão estabelecer a existência ou não de uma situação de Hardship e, em caso positivo, de determinar, se possível, a solução que permita o prosseguimento da relação contratual.

Cada uma das partes poderá igualmente indicar o árbitro se a parte não lesada pela situação de hardship se recusa a se submeter à sua obrigação de iniciar e perseguir as negociações de boa-fé e no espírito de colaboração.

O árbitro decidirá, se ele reconhecer a existência de uma situação de Hardship, se deve pôr fim ao contrato – caso em que determinará os efeitos relacionados a essa extinção – ou adaptá-lo com vistas a restabelecer o equilíbrio das prestações.

Ele disporá de três meses para cumprir sua missão.

As partes serão obrigadas a perseguir a execução do contrato durante o decorrer do procedimento arbitral.

Ou

Se, ao contrário, as negociações resultem fracassadas, cada uma das partes terá a possibilidade de pôr fim ao contrato, nas seguintes condições : ___ (com/sem indenização, mediante pré-aviso de ___, situação do contrato durante o pré-aviso, eventuais restituições, cláusulas sobreviventes à extinção do contrato, etc.)."[172]

A cláusula de *hardship* representa, portanto, mecanismo adicional, introduzido pela autonomia privada, que determina a renegociação do contrato em face do risco superveniente que perturbe o equilíbrio entre as suas prestações, com vistas ao seu restabelecimento e, por conseguinte, à manutenção do negócio. Por permitir a gestão do risco econômico decorrente do evento superveniente, não alocado originariamente pelas partes, remetendo a momento futuro sua repartição, a cláusula de *hardship* qualifica o contrato como incompleto.

1.3.3.2 Outras cláusulas de renegociação

A autonomia privada, com sua extraordinária criatividade, poderá elaborar outras cláusulas de renegociação, distintas da cláusula de *hardship*, que permitirão a abertura superveniente do regulamento contratual, atribuindo às partes, em conjunto, a gestão do risco econômico subsequente, por meio de ulterior negociação.

Cuida-se de outras hipóteses em que se configura o contrato incompleto, tendo em conta que as partes deliberadamente não alocam o risco econômico superveniente no momento da contratação, mas preferem retardar a sua distribuição para o futuro, por ocasião da verificação do evento superveniente, que deflagra o dever de renegociação dos contratantes.

Dentre tais cláusulas de renegociação, destaca-se a denominada cláusula do cliente mais favorecido, *most favored nations* ou, ainda, *clause du client le plus favorisé*, consoante a qual um dos contratantes se obriga a oferecer à contraparte condições mais favoráveis àquelas ajustadas, caso tais condições tenham sido contratadas com terceiros posteriormente em contratos análogos.

Ao pactuar com terceiro, em contrato similar, condições contratuais mais favoráveis do que aquelas acordadas em contratos anteriores, opera-se

---

[172] Didier Matray e Françoise Vidts, Les clauses d'adaptation de contrats. In: Henry Lesguillons (Org.), *Les grandes clauses des contrats internationaux*: 55º séminaire de la comission droit et vie des affaires, Bruxelles: Établissements Emille Bruylant S.A., 2005, p. 163-165; tradução livre.

a abertura desses ajustes pretéritos, impondo-se a renegociação do contrato por ambas as partes, com vistas a adequá-lo a essas novas condições.

A título ilustrativo, podem-se citar os contratos de fornecimento de gás, nos quais se estabeleçam determinadas condições comerciais de preço, fornecimento e penalidades contratuais. Caso o fornecedor firme com terceiro o mesmo tipo de contrato de fornecimento de gás em condições comerciais mais vantajosas, deverá oferecer essas mesmas condições ao adquirente cujo contrato já se encontrava em vigor, disparando-se processo de negociação entre os contratantes para definição de contrato em novas bases e, por conseguinte, com novas cláusulas contratuais. Formule-se, como exemplo da cláusula do cliente mais favorecido, a seguinte disposição contratual:

> **"Condições comerciais especiais oferecidas a terceiro.** A fornecedora de gás X se obriga a oferecer à compradora Y as mesmas condições comerciais mais favoráveis, que X venha oferecer a terceiro em novo contrato assinado posteriormente à celebração do presente contrato, relativas ao fornecimento de gás, incluindo preço, penalidade, modo de fornecimento, dentre outras, desde que Y assuma as mesmas obrigações contraídas pelo terceiro."

Outra cláusula de renegociação consiste na cláusula de primeira recusa (*clause de premier refus*), segundo a qual uma das partes se compromete a propor à contraparte, no futuro, a realização de determinada operação antes de concluí-la com terceiro. Caso o beneficiário recuse o negócio, o contratante estará livre para contratar com terceiro. Por outro lado, se a contraparte aceita a operação, inicia-se o processo de negociação do acordo, com a definição consensual das cláusulas contratuais.

Ressalte-se, ainda, a cláusula da oferta concorrente (*clause de l'offre concurrente*), a qual autoriza uma das partes, normalmente o comprador, a opor em face de seu contratante (em geral, o vendedor) oferta mais favorável de terceiro acerca do objeto do contrato em curso. Se o contratante aceita os termos da oferta concorrente, o contrato será renegociado e adaptado a essas novas condições. Caso contrário, a parte poderá resilir o contrato e firmar o ajuste com o terceiro. Colhe-se, em doutrina, o seguinte exemplo de cláusula de oferta concorrente:

> "Se, no curso da execução do contrato, o comprador notifica o vendedor do recebimento de uma oferta concorrente derivada de um fornecedor conhecido e sério, feita a preço inferior ao preço contratual, com todas as outras condições (notadamente quantidade, qualidade e regularidade) permanecendo iguais, o vendedor deverá, no prazo de 10 dias a contar da notificação pelo comprador, conhecer as condições da oferta concorrente. Na falta de acordo com o comprador, este estará liberado da obrigação de comprar do vendedor e o presente contrato será extinto no prazo de 10 dias acordado com o vendedor."[173]

Para fazer valer aludida cláusula, as partes deverão delimitar, com cautela, a noção de "oferta mais favorável", estabelecendo os critérios de comparação entre a oferta e o contrato em curso, como o objeto contratual, as garantias, as penalidades, formas de pagamento etc.

A cláusula de oferta concorrente propicia a abertura do regulamento contratual, a partir da aceitação, pelo contratante, da oferta concorrente dirigida por terceiro à sua contraparte. Dispara-se, então, a renegociação do contrato com o objetivo de colmatar as lacunas supervenientes, adaptando o contrato às condições oferecidas pelo terceiro.

Além das cláusulas citadas, conhecidas na prática contratual, outras cláusulas de renegociação poderão ser elaboradas pela autonomia privada em contratos sucessiva ou originariamente incompletos (incompletude inicial). A título de ilustração, invoque-se cláusula inserida em uma transação, na qual as partes concordem em aditar o objeto de contrato de seguro, ampliando o risco coberto, mediante a negociação futura de prêmio adicional, observando-se critérios técnicos e preços de mercado. A negociação se opera, nesse caso, no curso da execução do contrato de seguro – perfeito e acabado, em plena produção de efeitos –, guiada pelos critérios contratuais estabelecidos (critérios técnicos e preços de mercado), a partir dos quais as partes irão colmatar a lacuna contratual, definindo, por acordo, o valor do prêmio adicional.

---

[173] M. Fontaine e F. Dely, Droit des contrats internationaux. In: *Analyse et rédaction de clauses*, 2. ed., Bruxelles: Bruyant, 2003, p. 532; tradução livre.

1.3.4 Determinação da lacuna por fatores externos

Por fim, a quarta e última modalidade de contrato incompleto consiste na determinação da lacuna mediante a verificação de fatores externos especificados pelas partes no momento da conclusão do contrato.

Dito por outros termos, os contratantes deixam em branco determinado elemento da relação contratual, mas estabelecem critérios de preenchimento da lacuna consoante a ocorrência de certo fator externo ao contrato, como, por exemplo, a fixação do preço da *commodity* consoante determinado mercado específico ou segundo a cotação na bolsa de valores no preciso dia indicado pelas partes, dentre outros critérios.

O legislador brasileiro admitiu expressamente essa modalidade de contrato incompleto no âmbito do contrato de compra e venda, ao estabelecer, no art. 486 do Código Civil, a possibilidade de fixação do preço "à taxa de mercado ou de bolsa, em certo e determinado dia e lugar", e, ainda, no art. 487 do Código Civil, a faculdade das partes em definir o preço em "função de índices ou parâmetros, desde que suscetíveis de objetiva determinação".

Nesses casos, o preço não se afigura determinado *ab initio,* mas determinável, a partir de critérios estabelecidos pelos contratantes, como a taxa de mercado ou de bolsa ou índices e parâmetros objetivamente aferíveis. As partes deverão, nesses casos, indicar o dia e o local de cumprimento da obrigação, com vistas à obtenção da taxa de mercado ou de bolsa para a determinação do preço lacunoso. Normalmente, na Bolsa de Mercadorias e Futuros, o cálculo do preço na bolsa é efetuado a partir da média dos preços praticados em certo dia ou período para determinados produtos, ao passo que, na Bolsa de Valores, considera-se o preço ou valor da última transação efetuada na data ou no período considerado.[174]

Diga-se, entre parênteses, que a doutrina alude ao art. 487 como autorização legislativa para a correção do preço contratual mediante a aplicação de índices de correção monetária.[175] Nessa hipótese de correção do preço

---

[174] Otavio Luiz Rodrigues Junior, Compra e venda. Troca. Contrato estimatório (arts. 481 a 537). In: Álvaro Villaça Azevedo (Coord.), *Código civil comentado*, São Paulo: Atlas, 2008, v. 6, t. 1, p. 89.

[175] Álvaro Villaça Azevedo, Das várias espécies de contratos. Da compra e venda (arts. 481 a 532). In: Sálvio de Figueiredo Teixeira (Coord.), *Comentários ao novo código civil*, Rio de Janeiro: Forense, 2008, v. 7, p. 92.

contratual, contudo, não se estará diante de contrato incompleto, mas de cláusula de adequação automática, da qual a cláusula de escala móvel[176] é espécie. A cláusula de adequação automática permite o reajuste automático do preço, já determinado desde o início da contratação, de acordo com a verificação de determinado evento, e segundo os critérios estabelecidos pelas partes. Nas cláusulas de adequação automática, como se verá adiante (item 1.5.5), há gestão positiva dos riscos econômicos entre os contratantes, os quais, no momento da celebração do negócio, já distribuíram os ganhos e perdas decorrentes desses riscos supervenientes.

Pode-se ainda indicar, como espécie *sui generis* de contrato incompleto com determinação por fatores externos, o contrato de compra e venda no qual os contratantes deliberadamente deixam em aberto o preço do negócio, mas não especificam os critérios para sua determinação, os quais são indicados por lei. Nesse caso, consoante o disposto no art. 488 do Código Civil, entende-se que as partes pretenderam se sujeitar ao preço corrente nas vendas habituais do vendedor. E, na falta de acordo quanto ao preço, aplica-se o preço médio habitualmente praticado. Confira-se a previsão legislativa:

> "Art. 488. Convencionada a venda sem fixação de preço ou de critérios para a sua determinação, se não houver tabelamento oficial, entende-se que as partes se sujeitaram ao preço corrente nas vendas habituais do vendedor.
>
> Parágrafo único. Na falta de acordo, por ter havido diversidade de preço, prevalecerá o termo médio."

Nesse caso, avultam em importância os usos e práticas contratuais, que serão considerados como fatores externos a incidirem sobre o contrato, para fins de preenchimento da lacuna.

Como exemplo de contrato incompleto com determinação de lacuna por fator externo, mencionem-se contratos de compra e venda de energia elétri-

---

[176] A cláusula de escala móvel é definida por Arnoldo Wald "como sendo aquela que estabelece uma revisão, preconvencionada pelas partes, dos pagamentos que deverão ser feitos de acordo com as variações do preço de determinadas mercadorias ou serviços ou do índice geral do custo de vida ou dos salários" (*A cláusula de escala móvel*, Rio de Janeiro: Editora Nacional de Direito, 1959, p. 99 e 100).

ca, que disponham que o preço da compra da energia será aquele em cada momento aprovado e/ou homologado pela Agência Reguladora competente, a ANEEL, para fins de repasse do preço de compra de energia elétrica para as tarifas das distribuidoras. Veja-se a título exemplificativo:

> "X obriga-se a assegurar a compra da energia elétrica gerada pela Usina Y nos montantes e pelo valor em cada momento aprovado e/ou homologado pela ANEEL para fins de repasse do preço de compra de energia elétrica para as tarifas das distribuidoras."

Como se vê no exemplo, o preço da energia se encontra em branco, e será determinado a partir de fator externo, especificamente a aprovação pela ANEEL do montante e do valor da energia que pode ser repassado para as tarifas cobradas, pelas distribuidoras, aos consumidores. O valor do preço da energia sujeita-se à variação de mercado e ao controle da agência reguladora competente, sendo precisamente esses os riscos supervenientes geridos pelas partes de modo negativo, por meio do contrato incompleto.

A celebração de contrato incompleto com determinação da lacuna por fatores externos não se restringe, entretanto, aos contratos de compra e venda. Tampouco a lacuna se limita ao preço, podendo se referir a outro elemento da relação contratual, a ser integrado pelo fator externo.

De fato, a autonomia privada poderá firmar contrato incompleto com determinação da lacuna por fatores externos, cuja causa seja de outro tipo contratual diverso da compra e venda ou, ainda, atípica, em que os particulares objetivem gerir a álea normal do contrato, deixando em branco determinado elemento do negócio, que será determinado em momento futuro, mediante a verificação do fator externo indicado pelos contratantes.

1.4 Previsão do contrato incompleto nos Princípios da *Unidroit* e nos Princípios de Direito Europeu dos Contratos

O contrato incompleto encontra previsão nos Princípios da *Unidroit* e nos Princípios de Direito Europeu dos Contratos, a denotar moderna técnica contratual. Os Princípios da *Unidroit* constituem regras gerais para os contratos de comércio internacional, aplicáveis sempre na hipótese em que as partes os elegem para reger e disciplinar os contratos. Cuida-se de regras a-nacionais ou supranacionais, que não se identificam com o direito interno de qualquer país.[177]

Os Princípios da *Unidroit* podem incidir também nos casos em que: (i) as partes acordem que o contrato deva ser governado por princípios gerais de direito, pela *lex mercatoria* ou outra similar; (ii) os contratantes não elejam qualquer lei aplicável ao contrato; (iii) esses princípios auxiliem na interpretação ou complementação de instrumentos internacionais de uniformização da lei; (iv) colaborem na interpretação ou complementação do direito doméstico; ou (v) funcionem como modelo para legisladores nacionais e internacionais.[178] Os Princípios da *Unidroit* destinam-se, ainda, a servir de guia para redigir os contratos, oferecendo linguagem jurídica neutra para as partes contratantes.

Os contratos comerciais internacionais hão de ser compreendidos da forma mais ampla possível, de modo a incluir não apenas contratos de compra e venda de mercadorias ou prestação de serviços, mas também contratos de investimento, de concessão ou que envolvam outros tipos de operação econômica, excluindo, por outro lado, os contratos de consumo.[179]

Os contratos domésticos, por sua vez, poderão prever a incidência dos Princípios da *Unidroit*, mas se sujeitarão à lei doméstica aplicável, de caráter obrigatório. Nessa hipótese, os Princípios da *Unidroit* se aplicarão apenas naquilo em que não colidirem com a lei doméstica.

---

[177] Sobre os princípios da Unidroit, cf. o trabalho de Lauro Gama Jr., *Contratos internacionais à luz dos princípios da Unidroit 2004*: soft law, arbitragem e jurisdição, Rio de Janeiro: Renovar, 2006.

[178] Como se lê no preâmbulo dos Princípios da Unidroit: "Esses princípios estabelecem regras gerais para os contratos comerciais internacionais. Devem ser aplicados quando as partes tenham acordado que seu contrato seja por eles governado. Eles podem ser aplicados quando as partes tenham acordado que seu contrato seja governado por princípios gerais de direito, pela lex mercatoria ou similar. Eles podem ser aplicados quando as partes não tenham escolhido qualquer lei para governar seu contrato. Eles podem ser usados para interpretar ou complementar o direito doméstico. Eles podem servir como modelo para legisladores nacionais e internacionais." (International Institute for the Unification of Private Law (Italy), *Unidroit principles of international commercial contracts 2010*, Rome, 2011, p. 1; tradução livre).

[179] International Institute for the Unification of Private Law (Italy), *Unidroit principles of international commercial contracts 2010*, cit., p. 2.

Os Princípios da *Unidroit* contêm, no art. 2.1.14, a figura denominada *contract with terms deliberately left open* (contrato com termos deliberadamente deixados em aberto), que corresponde, precisamente, ao contrato incompleto, no qual os contratantes voluntariamente deixam lacunas para preenchimento posterior. Dispõe o art. 2.1.14:

> "Artigo 2.1.14
>
> (Contrato com termos deliberadamente deixados em aberto)
>
> (1) se as partes pretendem concluir contrato, o fato de intencionalmente deixarem certo termo para ser acordado em negociações posteriores ou para ser determinado por terceiro não impede que o contrato venha a existir.
>
> (2) A existência do contrato não é afetada pelo fato de que subsequentemente
>
> (a) as partes não cheguem a um acordo quanto ao termo; ou
>
> (b) o terceiro não determine o termo,
>
> desde que exista meio alternativo para a determinação do termo que seja razoável nas circunstâncias, tendo em vista a intenção das partes."[180]

Da leitura do preceito, verifica-se que os Princípios da *Unidroit* autorizam a celebração de contrato incompleto, em que os contratantes escolhem intencionalmente firmar negócio com certo termo contratual em branco, que será acordado futuramente pelas partes em negociações posteriores ou determinado por terceiro, sem que isso afete a existência do contrato. Desse modo, o contrato incompleto existe, é válido e eficaz, independentemente da existência de lacunas.

---

[180] Tradução livre.

A escolha do contrato incompleto, nos Princípios da *Unidroit*, se justifica pela vontade das partes, que, em geral em contratos de longa duração, se revelam incapazes de determinar certos elementos da relação contratual no momento da conclusão do negócio ou não desejam fazê-lo nessa ocasião, atribuindo a terceiro ou a elas próprias, em negociações futuras, a determinação do elemento faltante.

A identificação do contrato incompleto poderá decorrer de cláusula expressa ou das circunstâncias, a partir do grau de definitividade do acordo como um todo; do tipo do termo deixado em branco que, pela sua natureza, apenas poderia ser determinado em momento futuro; do fato de as partes já terem executado parcialmente o contrato, dentre outras situações. À guisa de exemplo, imagine-se a hipótese em que A, transportador marítimo, celebra com B, operador de terminal portuário, acordo com vistas a utilizar o terminal de contêineres operado por B. O contrato estabelece o volume mínimo de contêineres a serem carregados e descarregados anualmente e as taxas a serem pagas, ao passo que as taxas para contêineres adicionais são deixadas para determinação se e quando o volume mínimo for atingido. Dois meses após a celebração do contrato, A verifica que o concorrente de B está oferecendo melhores condições a terceiro e alega que o contrato com B não é vinculante, pois as taxas adicionais não foram definidas, recusando-se, assim, a cumprir o acordo. A é responsável pelo inadimplemento do contrato com B, pois o grau de detalhamento do contrato, bem como sua execução parcial, indicam a existência de acordo vinculante entre as partes,[181] mesmo que incompleto.

Segundo o art. 2.1.14, caso as partes não cheguem a acordo quanto ao termo a ser definido ou, ainda, o terceiro não obtenha êxito no preenchimento da lacuna, a existência do contrato não será afetada, desde que, à vista da intenção das partes, exista meio alternativo, que seja razoável nas circunstâncias, para a determinação do elemento contratual.

Na primeira hipótese, em que as partes não conseguem negociar o elemento contratual faltante, os Princípios da *Unidroit* remetem ao art. 5.1.2, que cuida das obrigações implícitas, as quais se contrapõem às obrigações expressas e são consideradas parte integrante do contrato independentemente de previsão específica (*"went without saying"*).

---

[181] International Institute for the Unification of Private Law (Italy), *Unidroit principles of international commercial contracts 2010*, cit., p. 57-58.

As obrigações implícitas, segundo o art. 5.1.2,[182] decorrem (i) da natureza e do propósito do contrato; (ii) das práticas estabelecidas entre as partes e dos usos; (iii) da boa-fé e do negócio justo; e (iv) da razoabilidade.

A título de ilustração, A fornece uma rede de computadores a B, mediante o pagamento de aluguel, e procede à sua instalação. O contrato nada dispõe acerca da obrigação de A de disponibilizar a B algumas informações básicas sobre a operação do sistema. Entretanto, aludida obrigação pode ser considerada uma obrigação implícita, tendo em conta que estas informações se revelam essenciais ao atingimento da finalidade do contrato. Vale dizer: o fornecimento de bens sofisticados pressupõe a disponibilização de informações mínimas para o seu manuseio.

Em outro exemplo de obrigação implícita, A e B iniciam a negociação de contrato de cooperação e concluem acordo referente a complexo estudo de viabilidade do negócio, que seria mais oneroso para A. Bem antes do estudo se completar, B decide que não irá fechar o contrato de cooperação. Embora essa situação não tivesse previsão no acordo, a boa-fé requer que B notifique A quanto à sua decisão, sem atraso.

Desse modo, objetiva-se solucionar o impasse entre as partes na negociação do elemento em branco, sempre que possível, mediante o recurso às obrigações implícitas. Por outro lado, na hipótese em que a lacuna deva ser determinada pelo terceiro e este não consiga fazê-lo, resta às partes indicar outra pessoa para se desincumbir dessa função. Caso, contudo, na primeira hipótese, a incidência das obrigações implícitas não seja suficiente à integração da lacuna ou, ainda, na segunda hipótese, a nova pessoa eleita não determine a lacuna e, em ambas as hipóteses, não exista meio alternativo ao preenchimento do elemento em branco, o contrato só então se extinguirá.

Para além da previsão contida no art. 2.1.14, os Princípios da *Unidroit* estabelecem, no art. 5.1.7, a possibilidade de celebração de contrato com o preço em branco, pendente de definição em momento futuro, a partir da determinação unilateral, da atuação de terceiro ou da aplicação de fatores ex-

---

[182] "Artigo 5.1.2 (obrigações implícitas). Obrigações implícitas decorrem (a) da natureza e propósito do contrato; (b) de práticas estabelecidas entre as partes e dos usos; (c) da boa-fé e de negócio justo; (d) da razoabilidade." (tradução livre).

ternos ao contrato, a admitir, também aqui, a figura do contrato incompleto. Na dicção do art. 5.1.7:

> "Artigo 5.1.7
>
> Determinação do preço
>
> (1) Quando o contrato não fixar ou prever a determinação do preço, considera-se que as partes, na ausência de indicação em sentido contrário, quiseram fazer referência ao preço normalmente cobrado no momento da conclusão do contrato para esse tipo de execução em circunstâncias semelhantes a do negócio referido ou, se esse preço não está disponível, a preço razoável.
>
> (2) Quando o preço tiver de ser determinado por uma das partes e essa determinação for manifestamente irrazoável, essa deve ser substituída por um preço razoável, não obstante qualquer termo contratual em contrário.
>
> (3) Quando o preço tiver de ser determinado por terceira pessoa, e essa pessoa não puder ou não quiser determiná-lo, o preço há de ser o preço razoável.
>
> (4) Quando o preço tiver de ser determinado a partir de fatores que não existem ou que pararam de existir ou de estarem acessíveis, o fator equivalente mais próximo será utilizado como substituto."[183]

Como se lê, a regra determina que, na hipótese de omissão das partes quanto ao preço a ser praticado e ao critério de sua determinação, aplicar-se-á o preço normalmente utilizado no mesmo tipo de negócio à época da conclusão do contrato, exceto se houver alguma indicação no acordo em sentido contrário.

---

[183] Tradução livre.

Por outro lado, se o contrato internacional se revelar extremamente específico, sem correspondência no mercado, incidirá o preço razoável, o qual se sujeitará à possível revisão pelas Cortes ou Tribunais Arbitrais.[184]

Além disso, se os contratantes deixarem o preço pendente de definição em momento futuro pela atuação de uma das partes, essa atuação unilateral se submeterá a controle de abusividade, a ser efetuado por juízes ou árbitros, substituindo-se o preço irrazoável por outro razoável nas circunstâncias do caso concreto.

Da mesma forma, caso o preço esteja sujeito à determinação de um terceiro, e este se recuse a determiná-lo ou não tenha competência para fazê-lo, aplicar-se-á, também aqui, o preço razoável no caso concreto.

O art. 5.1.7 prevê, ainda, a hipótese em que o preço é fixado a partir do emprego de fatores externos, como índices de mercado publicados, cotações de *commodities*, dentre outros. Caso o critério eleito deixe de existir ou não esteja acessível, utilizar-se-á o fator equivalente mais próximo.

A regra contida no art. 5.1.7, a qual se assemelha ao art. 55[185] da *Convention of International Sales of Goods – CISG* (Convenção de Viena), atribui ao contrato flexibilidade, por permitir que se adapte à mutação das circunstâncias que atingem os contratos de longa duração, atendendo às necessidades do comércio internacional.

Os Princípios da *Unidroit* disciplinam, ainda, o fenômeno do *hardship*, estabelecendo a possibilidade de as partes renegociarem os termos contratuais diante de sua ocorrência. O *hardship* encontra-se definido no art. 6.2.2, com o seguinte teor:

"Artigo 6.2.2.

(Definição de *hardship*)

---

[184] International Institute for the Unification of Private Law (Italy), *Unidroit principles of international commercial contracts 2010*, cit., p. 157.

[185] "Artigo 55. Se o contrato tiver sido validamente concluído sem que, expressa ou implicitamente, tenha sido nele fixado o preço, ou o modo de determiná-lo, entender-se-á, salvo disposição em contrário, que as partes tenham implicitamente se referido ao preço geralmente cobrado por tais mercadorias no momento da conclusão do contrato, vendidas em circunstâncias semelhantes no mesmo ramo de comércio."

> Existe *hardship* quando a ocorrência de eventos altera fundamentalmente o equilíbrio do contrato, seja porque aumentou o custo de execução da parte, seja porque diminuiu o valor da prestação que a parte recebe e
>
> (a) os eventos ocorrem ou se tornam conhecidos da parte prejudicada após a conclusão do contrato;
>
> (b) os eventos não poderiam ser razoavelmente levados em consideração pela parte prejudicada no momento da conclusão do contrato;
>
> (c) os eventos estão fora do controle da parte prejudicada; e
>
> (d) o risco dos eventos não foi assumido pela parte prejudicada."[186]

Nos Princípios da *Unidroit*, o *hardship* se configura diante da verificação de evento que (i) ocorra posteriormente à celebração do contrato ou se torne conhecido pelas partes após sua assinatura; (ii) seja imprevisível; (iii) se situe fora do controle da parte prejudicada; (iv) não se insira dentro dos riscos assumidos pela parte prejudicada; e (v) altere, de modo fundamental, o equilíbrio do contrato, causando, de maneira substancial, o aumento do custo de execução da prestação de uma das partes[187] ou a diminuição do valor da prestação a ser auferida pela contraparte.[188] O evento há de atingir objetivamente a prestação de contratos de longa duração antes que seja executada.

---

[186] Tradução livre.

[187] Tal aumento substancial no custo de execução da prestação pode ocorrer, por exemplo, em razão de aumento dramático no preço da matéria-prima necessária à fabricação da coisa ou à prestação do serviço, ou, ainda, da introdução de nova regulamentação de segurança, requerendo procedimentos de produção mais dispendiosos (International Institute for the Unification of Private Law (Italy), *Unidroit principles of international commercial contracts 2010*, cit., p. 214).

[188] Essa diminuição pode decorrer, exemplificativamente, de mudanças drásticas nas condições de mercado (*v.g.* inflação) ou da frustração do propósito para o qual a execução da prestação se dirige, como na hipótese em que se proíba a construção em pedaço de terra adquirida com o propósito de construir certa edificação (International Institute for the Unification of Private Law (Italy), *Unidroit principles of international commercial contracts 2010*, cit., p. 214).

Convém sublinhar que as partes, ao estipularem a cláusula de *hardship*, poderão elaborar previsões mais precisas, que adaptem o conteúdo desse artigo às especificidades da concreta transação.

Em caso de *hardship*, autoriza-se à parte prejudicada requerer, justificadamente e sem atraso indevido, a renegociação, com vistas a adaptar o contrato às novas circunstâncias, o que não irá eximi-la de cumprir a prestação, salvo em circunstâncias extraordinárias.

Caso os contratantes não obtenham êxito na renegociação, deverão recorrer à Corte, a qual poderá, se razoável, (i) extinguir o contrato, na data e nos termos a serem fixados; ou (ii) rever o negócio, com o escopo de restaurar seu equilíbrio. Essa revisão do contrato importará a justa distribuição das perdas entre as partes. Por outro lado, caso não se afigure razoável a extinção ou adaptação do contrato, a Corte determinará que as partes retomem as negociações com o intuito de alcançarem acordo; ou confirmará os termos do contrato tal como se encontram. Tais efeitos da cláusula de *hardship* encontram-se disciplinados no art. 6.2.3[189] dos Princípios da *Unidroit*.

Da mesma forma, os Princípios de Direito Europeu dos Contratos contêm previsões acerca do contrato incompleto, especialmente sobre a determinação do preço contratual, nos arts. 6:104 a 6:106.

O art. 6:104, ao cuidar da determinação do preço, estabelece que, caso as partes não tenham fixado o preço ou o seu modo de determinação, valerá o preço razoável:

> "Artigo 6:104. Determinação do preço. Quando o contrato não fixa o preço ou o modo de determiná-lo, se considera que as partes tenham convencionado o preço razoável."[190]

---

[189] "Artigo 6.2.3. (Efeitos do hardship). (1) Em caso de hardship a parte prejudicada está autorizada a requerer a renegociação. O pedido deve ser efetuado sem atraso indevido e deve indicar as razões nas quais se baseia. (2) O pedido de renegociação, por si só, não autoriza a parte prejudicada a negar a execução de sua prestação. (3) Na hipótese de falha em alcançar acordo dentro de tempo razoável, qualquer das partes poderá recorrer à Corte. (4) Se a Corte entender configurado o hardship, poderá, se razoável, (a) extinguir o contrato na data e nos termos a serem fixados, ou (b) adaptar o contrato com vistas a restaurar o seu equilíbrio." (tradução livre).

[190] Tradução livre.

Tal dispositivo consagra espécie *sui generis* de contrato incompleto na modalidade de determinação por fatores externos, no qual as partes estabelecem negócio vinculante, mas não preveem, deliberadamente, o preço, tampouco o modo de determiná-lo, de modo que o preço será fixado de acordo com o que se considera razoável ou normal para o tipo de contrato firmado. Diz-se *sui generis* justamente pelo fato de as partes não terem convencionado expressamente o modo de preenchimento da lacuna, a qual será integrada de acordo com o critério estabelecido pela norma, ou seja, a aplicação do preço razoável. O art. 1:302,[191] nesse particular, dispõe acerca do que se considera preço razoável.

Note-se que os usos e outras práticas levadas a cabo pelos contratantes deverão ser considerados na determinação do preço. Em alguns casos, esse contrato será utilizado para atender a situações de emergência. Pense-se no exemplo em que certo helicóptero que transporta medicamentos urgentes deva aterrissar em razão de problemas no motor. O transportador telefona para a assistência técnica do helicóptero e solicita um mecânico em caráter de urgência. Nada é dito quanto ao preço. Nesse caso, o contrato afigura-se válido e o preço será aquele razoável em contratos da mesma espécie. Aludido artigo terá aplicação apenas se as partes não tiverem chegado a um acordo quanto ao preço.[192]

Em seguida, o art. 6:105 dos Princípios de Direito Europeu dos Contratos admite a hipótese de determinação unilateral do preço e de outras cláusulas contratuais, nos seguintes termos:

> "Artigo 6:105. Determinação unilateral. Quando o preço ou outra cláusula do contrato deva ser determinada por uma das partes e a sua determinação seja manifestamente iníqua, não obstante qualquer previsão em contrário, serão adotados em substituição, respectivamente, o preço justo e uma cláusula alternativa."[193]

---

[191] "Artigo 1:302. Razoabilidade. Sob esses princípios, razoabilidade há de ser julgada pelo o quê as pessoas, agindo de boa-fé e na mesma situação das partes, considerariam razoável. Em particular, na decisão do que é razoável, a natureza e o propósito do contrato, os usos e práticas dos negócios e as profissões envolvidas devem ser levados em consideração" (tradução livre).

[192] Carlo Castronovo, *Principi di diritto europeo dei contratti*: parte I e II, Milano: Giuffrè, 2001, p. 344.

[193] Tradução livre.

O dispositivo permite a determinação, por uma das partes, do preço ou de parte do conteúdo contratual, a acolher o contrato incompleto na modalidade de determinação unilateral. O preceito estabelece, ainda, o controle de abusividade no preenchimento das lacunas contratuais. Caso o preço se afigure abusivo, o juiz poderá reduzi-lo equitativamente ou, na hipótese inversa, em que o preço seja fixado pelo devedor em valor insuficiente, poderá aumentá-lo até atingir montante razoável, de sorte a impor o preço justo. Da mesma forma, o juiz poderá efetuar o controle de abusividade de qualquer outra disposição contratual determinada por uma das partes, estabelecendo cláusula alternativa.

O art. 6:106, por sua vez, reconhece o contrato incompleto na modalidade de determinação por terceiro, regulando a hipótese em que o terceiro há de preencher a lacuna referente ao preço ou a outro elemento da relação contratual, de modo a estabelecer as consequências do não cumprimento desse encargo. Confira-se:

> "Artigo 6:106. Determinação por obra de terceiro.
>
> (1) Quando o preço ou outra cláusula do contrato deva ser determinada por terceiro, e este não possa ou não queira fazê-lo, se presume que as partes tenham desejado investir o juiz do poder de nomear uma outra pessoa que faça a determinação.
>
> (2) Se o preço ou outra cláusula determinada por terceiro é manifestamente iníqua, será adotado um preço justo ou outra cláusula razoável em substituição."[194]

A definição do preço ou de outra cláusula contratual por terceiro afigura-se recorrente em contratos internacionais. O expediente se revela útil nos casos em que o terceiro seja *expert* em determinada área do conhecimento ou disponha de melhores condições técnicas para colmatar a lacuna contratual.[195]

---

[194] Tradução livre.

[195] Catherine Prieto, Chapitre VI: contenu et effets. In: Catherine Prieto (Org.), *Regards croisés sur les principes du droit européen du contrat et sur le droit français*, Aix-En-Provence: Presses Universitaires D'Aix-Marseille – PUAM, 2003, p. 336-337.

O dispositivo ora em exame almeja preservar o contrato nas hipóteses em que o terceiro, uma vez nomeado, (i) não possa ou não queira se desincumbir de seu encargo; ou (ii) o faça de maneira iníqua. Na primeira hipótese, presume-se que as partes atribuíram ao juiz o poder de substituir o terceiro. Essa presunção admite prova em contrário. Se as partes tiverem convencionado que a obrigação de terceiro era infungível ou personalíssima, não será possível sua substituição. Nesse último caso, se o terceiro não cumpre sua obrigação de preencher a lacuna, o contrato se resolverá. Na segunda hipótese, se o preço ou outro elemento definido por terceiro se revelar injusto, investe-se o juiz do poder de ajustar o preço ou outra cláusula contratual em condições razoáveis. Considera-se que aqui a intervenção judicial apenas ocorrerá se a valoração de terceiro se afigurar grosseira.[196]

Os Princípios de Direito Europeu dos Contratos regulam, ainda, o *hardship*, no art. 6:111, em previsão semelhante aos arts. 6.2.2 e 6.2.3 dos Princípios da *Unidroit*, com o seguinte teor:

> "Artigo 6:111. Mudança das circunstâncias.
>
> (1) Cada parte é obrigada a cumprir suas obrigações mesmo que a prestação tenha se tornado mais onerosa, seja porque o custo aumentou, seja porque diminuiu o valor da prestação a qual tem direito.
>
> (2) Se, no entanto, a prestação se tornou excessivamente onerosa em razão de mudança das circunstâncias, as partes são obrigadas a iniciar tratativas para modificar ou resolver o contrato, no caso em que:
>
> (a) a mudança das circunstâncias se verifica depois da conclusão do contrato,
>
> (b) a mudança das circunstâncias não foi uma possibilidade razoavelmente suscetível de ser levada em consideração no momento da conclusão do contrato, e

---

[196] Carlo Castronovo, *Principi di diritto europeo dei contratti*: parte I e II, cit., p. 348-349.

(c) o risco de mudança das circunstâncias não seja um daqueles que, em relação ao contrato, a parte que o sofre possa ter estimado suportá-lo.

(3) Se as partes não conseguem chegar a um acordo em tempo razoável, o juiz pode

(a) resolver o contrato na data e nas condições que o próprio juiz estabelecerá

Ou

(b) modificar o contrato de modo a distribuir entre as partes de maneira justa e equânime as perdas e as vantagens derivadas da mudança das circunstâncias.

Em um ou outro caso, o juiz pode condenar ao ressarcimento dos danos pela perda causada pela recusa de uma das partes de iniciar as tratativas ou pela sua ruptura de maneira contrária à boa-fé e à correção."[197]

Segundo o dispositivo, o desequilíbrio da relação contratual, provocado por evento superveniente, que as partes não poderiam razoavelmente prever por ocasião da celebração do contrato, e que, por isso mesmo, não restou alocado a qualquer dos contratantes, há de ser corrigido mediante a renegociação do contrato pelas partes, com vistas à sua revisão, ou por meio da extinção consensual do negócio.

Caso as partes não cheguem a um acordo em tempo razoável, o juiz poderá (i) resolver o negócio no tempo e nas condições que julgar adequadas; ou (ii) rever o contrato, alocando os ganhos e as perdas de forma equânime. Na hipótese em que um dos contratantes se comporte de modo contrário à boa-fé objetiva, recusando-se a negociar com a outra parte ou rompendo injustificadamente as tratativas, o juiz poderá condená-lo pelos prejuízos que causar em razão dessa conduta. Esse princípio de direito europeu dos contratos atribui, portanto, amplos poderes ao magistrado, embora sua in-

---

[197] Tradução livre.

tervenção deva ocorrer apenas em último caso, estimulando-se preferencialmente a renegociação entre as partes.[198]

Na hipótese de intervenção, contudo, existem limites à atuação do juiz, sendo oportuno o alerta de Carlo Castronovo no sentido de que "o juiz pode modificar as cláusulas do contrato, mas não pode reescrever inteiramente o contrato. As modificações efetuadas no contrato não podem conduzir a um contrato novo entre as partes".[199]

Desse modo, a intervenção judicial deve restabelecer o equilíbrio, limitando-se, entretanto, na hipótese de revisão, a alterar as cláusulas especificamente atingidas pelo evento superveniente. Ou, ainda, em caso de resolução, o juiz deverá ter parcimônia na definição das condições em que se operará a extinção do contrato, como, por exemplo, na fixação de pagamento de eventual indenização por uma das partes em favor da outra que sofreu a excessiva onerosidade.

A cláusula de *hardship* que reflita a incidência do princípio em exame poderá atender, de forma mais plena, aos interesses dos particulares nos casos em que os contratantes, embora não possam alocar *ex ante* as supervenientes, vez que desconhecidas no momento da conclusão do contrato – precisamente por decorrerem de evento imprevisível –, descrevam as circunstâncias em que se configurará a situação de *hardship* e os critérios para atuação dos contratantes na hipótese de sua ocorrência, de modo a permitir a alocação *ex post* dos riscos econômicos da maneira que melhor atenda aos seus objetivos.

Em contrapartida, em outras hipóteses, a depender do caso concreto, os contratantes poderão entender mais conveniente aos seus interesses afastar a cláusula de *hardship*, pactuando que determinado evento, como, por exemplo, a desvalorização cambial, não terá o condão de permitir a qualquer das partes formular o pleito de revisão ou de resolução do contrato.

De todo modo, o fenômeno do *hardship* se configurará apenas em hipóteses excepcionais, em que se verifique, em regra, excessiva onerosidade, ou, ainda, nos casos em que as partes estipulem os eventos previsíveis que considerem, no caso concreto, como aptos a configurarem o *hardship*, a deflagrar

---

[198] Carlo Castronovo, *Principi di diritto europeo dei contratti*: parte I e II, cit., p. 362 e 365.

[199] *Principi di diritto europeo dei contratti*: parte I e II, cit., p. 366; tradução livre.

o dever de renegociação. Em consequência, não se autoriza o pedido de revisão ou resolução apenas porque uma das partes fez um mau negócio. Afinal, não há, nos sistemas jurídicos de família romano-germânica, incluindo o Brasil, princípio que pudesse proteger o contratante de negócios ruins do ponto de vista econômico. Se as partes efetuaram gestão positiva ou negativa dos riscos econômicos previsíveis e um dos contratantes posteriormente se sente prejudicado pela sua má gestão, o direito brasileiro não autoriza a intervenção do juiz para rever ou resolver o contrato, exceto se restarem configurados os pressupostos da excessiva onerosidade, vício na formação do negócio ou as hipóteses específicas previstas em lei, como no caso da cláusula penal, em que o legislador autoriza a intervenção do juiz para reduzir a penalidade, se a obrigação principal tiver sido cumprida em parte ou se o montante da penalidade se revelar manifestamente excessivo, tendo em conta a natureza e a finalidade do negócio (art. 413, Código Civil). Na arguta observação de Carlo Castronovo com relação às cláusulas de renegociação, "em todo caso, apenas em circunstâncias excepcionais, as normas que admitem a renegociação terão aplicação. Essas não devem permitir ao contratante rever o contrato *apenas porque teve o resultado contrário ao que era esperado*".[200]

1.5 Distinção do contrato incompleto de figuras afins

O contrato incompleto se assemelha, do ponto de vista da estrutura, a diversas outras figuras presentes no direito contratual. Todavia, cuida-se de institutos inteiramente diversos, em razão da função prático-social distinta que desempenham no ordenamento jurídico. O efeito essencial do contrato incompleto, que integra a sua causa, correspondente à gestão negativa da álea normal dos contratos, o diferencia das demais figuras, que desempenham função diversa. A seguir, descrevem-se os principais traços distintivos entre o contrato incompleto e as figuras afins, especificamente o contrato aleatório, o contrato preliminar, a formação progressiva dos contratos, os contratos de derivativos e as cláusulas de adequação automática.

1.5.1 Distinção entre contrato incompleto e contrato aleatório

O contrato incompleto, como se viu, consiste em negócio jurídico por meio do qual os contratantes gerem negativamente a álea normal do contrato, isto é, os riscos econômicos previsíveis, externos ao negócio, cuja varia-

---

[200] *Principi di diritto europeo dei contratti*: parte I e II, cit., p. 362; tradução livre (grifou-se).

ção depende do mercado, os quais, embora não integrem a causa do contrato, com ela se relacionam.

Dito diversamente, o contrato incompleto emprega a técnica de gestão negativa da álea normal do contrato, normalmente associada aos contratos comutativos, em que as partes deliberadamente optam por não alocar *ex ante* determinado risco econômico a qualquer dos contratantes, deixando em branco certo elemento da relação contratual, que será determinado em momento futuro, a partir do preenchimento da lacuna por uma ou ambas as partes, por terceiro ou por fatores externos.

No contrato incompleto, os particulares consideram que não definir determinado elemento da relação contratual por ocasião da celebração do contrato atende melhor aos seus interesses no caso concreto, seja porque as partes pretendem se vincular de imediato mas não chegam a um acordo quanto a certo aspecto da relação; seja porque acreditam que aquele elemento irá variar segundo a oscilação da álea normal, de modo que preferem fixar o elemento em momento posterior, diante da verificação de determinado evento, segundo os critérios já estabelecidos; seja por força de circunstâncias fáticas contingentes. Ao integrar a lacuna em momento futuro, as partes distribuem *ex post* os ganhos e as perdas econômicas decorrentes do implemento do risco superveniente, isto é, da oscilação da álea normal. Cuida-se, em definitivo, de negócio jurídico que adota mecanismo de gestão negativa dos riscos econômicos dos contratos.

Os contratos aleatórios, por sua vez, se qualificam a partir da álea jurídica, que integra a sua causa, elemento ausente na causa dos contratos comutativos. Entretanto, os contratos aleatórios também sofrem, em alguma medida, os efeitos da álea econômica.

Como observado em outra sede, a álea jurídica, que qualifica o contrato como aleatório, há de ser compreendida como a incerteza de ambos os contratantes, existente no momento da celebração do negócio, quanto ao lucro ou prejuízo, em termos de atribuição patrimonial, que dele decorrerá, a depender da verificação de evento incerto e incontrolável, embora previsto pelas partes. Dito diversamente, nos contratos aleatórios, as partes perseguem com o concreto negócio resultado final (em termos de atribuição patrimonial) incerto, cujo desfecho dependerá da ocorrência do evento estipulado.[201]

---

[201] Paula Greco Bandeira, *Contratos aleatórios no direito brasileiro*, cit., p. 45.

O lucro ou prejuízo sobre o qual pairam dúvidas dos contratantes ao firmarem o negócio se afigura jurídico, traduzindo-se na execução de prestação, com a transferência de ativo, do patrimônio de uma parte para o de outra em favor de quem a prestação é desempenhada, deflagrada pelo implemento do evento incerto. A incerteza recai, em outras palavras, na existência da prestação (*an*) e/ou na sua consistência física (peso, número e medida – *quantum*) e será dirimida por ocasião da ocorrência do evento incerto, que disparará a execução da prestação. Do ponto de vista jurídico, aquele que desempenha a prestação sofre perda, ao passo que a parte que recebe a prestação aufere lucro. O lucro ou prejuízo de caráter econômico, portanto, não serve a qualificar determinado negócio como aleatório, mas sim o lucro ou prejuízo jurídico, isto é, em termos de atribuição patrimonial.

O lucro ou prejuízo econômico, por outro lado, integra a álea normal dos contratos, associada ordinariamente aos contratos comutativos, a qual será gerida pela alocação positiva dos riscos econômicos, segundo as cláusulas contratuais definidas pelos contratantes ou, ainda, pela gestão negativa desses riscos, mediante o contrato incompleto. Os riscos econômicos não alocados pelas partes no contrato se revestirão, necessariamente, do caráter de imprevisibilidade, hipótese em que, uma vez verificados, provocarão desequilíbrio contratual, a ensejar a aplicação da teoria da excessiva onerosidade.

Além disso, do ponto de vista estrutural, os contratos aleatórios se caracterizam, em regra, pela indeterminação *ab initio* da prestação de uma ou de ambas as partes em seu *an* ou *quantum*, de tal maneira que a existência ou a determinação física da prestação (em número, peso e medida) depende da ocorrência do evento incerto.

Os contratos incompletos, por sua vez, são marcados pela existência de lacuna acerca de determinado elemento da relação contratual, a consubstanciar prestação determinável, que se tornará determinada a partir da atuação de uma ou de ambas as partes mediante negociação, de terceiro ou por meio da aplicação de fatores externos, deflagrada pelo implemento de certo evento definido pelos contratantes.

Os contratos aleatórios se assemelham, assim, sob o aspecto estrutural, aos contratos incompletos, na medida em que, em ambos os contratos, as prestações não se encontram determinadas, mas se mostram determináveis, tornando-se determinadas a partir da verificação de determinado evento futuro. Todavia, a distinção há de ser efetuada pela causa contratual, que qualifica os contratos e determina a disciplina jurídica que lhe é aplicável. Como melhor se verá no Capítulo 2, o traço distintivo da causa do contrato incompleto consiste na gestão negativa dos riscos econômicos (*rectius*, álea normal), ao passo que os contratos aleatórios assim se qualificam pela mencionada álea jurídica, que integra a sua causa.

Desse modo, por apresentarem efeitos essenciais (que compõem a causa contratual) distintos, ou seja, os contratos incompletos têm por efeito essencial a álea jurídica e os contratos incompletos possuem como função prático-social a gestão negativa da álea normal, o contrato incompleto e os contratos aleatórios traduzem negócios jurídicos distintos. Contudo, mostra-se possível pactuar um negócio jurídico incompleto aleatório, que reúna em sua causa, como efeitos essenciais, a álea jurídica e a gestão negativa da álea normal, como, por exemplo, na hipótese de contrato de seguro[202] em que o prêmio esteja em branco, sujeito à determinação futura de ambas as partes, aplicando-se critérios técnicos e preços de mercado.

1.5.2 Distinção entre contrato incompleto e contrato preliminar

O contrato preliminar, introduzido pelo legislador de 2002 nos arts. 462 a 466 do Código Civil, consiste no negócio jurídico por meio do qual as partes se obrigam a celebrar, no futuro, o contrato principal ou definitivo. Dito diversamente, o contrato preliminar, também denominado pré-contrato, compromisso ou promessa de contrato, constitui contrato mediante o qual ambas as partes (bilateral) ou apenas uma delas (unilateral) assume obrigação de fazer, precisamente a de concluir o contrato definitivo. Cuida-se de contrato acessório ou preparatório[203] ao contrato principal.

---

[202] Expressiva doutrina securitária qualifica o contrato de seguro como negócio comutativo, tendo em conta que a prestação de garantia devida pelo segurador, em qualquer hipótese, a prescindir do sinistro, retiraria o caráter de incerteza típico dos negócios aleatórios. Além disso, a técnica atuarial, adotada no mercado de seguros, permitiria a definição do equilíbrio econômico financeiro entre a prestação de garantia do segurador e o pagamento do prêmio (*rectius*, mutualismo), de modo que o negócio se apresentaria sempre equilibrado, tal como os contratos comutativos. Nessa perspectiva, cf. Ernesto Tzirulnik; Flávio de Queiroz Bezerra Cavalcanti; Ayrton Pimentel, *O contrato de seguro de acordo com o novo código civil brasileiro*, São Paulo: Revista dos Tribunais, 2003, p. 30; e Fábio Ulhoa Coelho, *Curso de direito civil*, São Paulo: Saraiva, 2005, v. 3, p. 346-347.

[203] Sobre o ponto, v. Vincenzo Ricciuto, *Formazione progressiva del contratto e obblighi a contrarre*, Torino: UTET, 1999, p. 83.

O objeto do contrato preliminar cinge-se, pois, à obrigação de celebrar futuramente o contrato principal. Afirma-se, nessa direção, que os contratos preliminares traduzem fase intermediária entre as negociações e o contrato definitivo, perfeito e acabado.[204] Em determinados casos, contudo, o contrato preliminar produzirá antecipadamente alguns efeitos do contrato principal que se pretende concluir no futuro.

O contrato preliminar tem por finalidade assegurar que as partes, no futuro, celebrem o contrato pretendido, cuja assinatura imediata não atende aos seus interesses ou se revela mesmo impossível. As partes vinculam-se, assim, imediatamente ao negócio futuro, cuja celebração imediata se mostra jurídica ou materialmente impossível.[205] Em uma palavra, a função prático-social do contrato preliminar consiste em obrigar as partes a celebrar o contrato definitivo posteriormente, conferindo segurança aos contratantes.[206]

A assinatura do contrato preliminar permite, desse modo, que as partes tenham certeza quanto à conclusão do negócio e, ao mesmo tempo, exerçam atos preparatórios para a finalização do contrato definitivo, a atender aos interesses específicos dos particulares em cada caso concreto. As partes podem recorrer ao contrato preliminar, por exemplo, para providenciar determinados elementos essenciais ao contrato definitivo, não disponíveis de imediato, como licenças, certidões, autorizações e outros documentos; postergar o pagamento de determinado tributo incidente na assinatura do contrato final; realizar a *due diligence* da companhia que se pretende adquirir, investigando seus ativos e passivos; ou, ainda, fracionar o pagamento do preço em várias parcelas, vencidas por ocasião do contrato preliminar e da celebração do contrato definitivo; dentre outros interesses.

De acordo com o art. 462 do Código Civil, o contrato preliminar deve conter todos os requisitos essenciais do contrato definitivo, exceto quanto à forma. Discute-se, ao propósito, se o contrato preliminar deve abranger todos os elementos do contrato definitivo ou se poderiam existir lacu-

---

[204] Vincenzo Ricciuto, *Formazione progressiva del contratto e obblighi a contrarre*, cit., p. 86-87.

[205] Paolo Forchielli, Contratto preliminare. In: *Novissimo digesto Italiano*, 3. ed., Torino: UTET, 1957, v. 4, p. 683.

[206] Gustavo Tepedino et al., Código civil interpretado conforme a constituição da república, 2. ed., Rio de Janeiro: Renovar, 2012, v. 2, p. 100.

nas quanto a certos aspectos do contrato principal, para fins de verificar a possibilidade de execução específica da obrigação de celebrar o contrato definitivo, na hipótese de recusa de uma das partes. A matéria, enfrentada no célebre caso *Disco*,[207] de relatoria do Ministro Moreira Alves, se mostra controvertida, predominando o entendimento do precedente no sentido de que o contrato preliminar lacunoso, embora vinculante, não enseja o pedido de execução específica, cabendo apenas perdas e danos em face da parte recalcitrante.

Por outro lado, presente o inteiro conteúdo do contrato definitivo, o contrato preliminar releva-se suscetível de execução específica, requerida pela parte interessada alternativamente às perdas e danos, se assim preferir. Na esteira da tendência do direito obrigacional contemporâneo que privilegia a execução específica em detrimento das perdas e danos, aludida regra inova com relação ao direito anterior, o qual autorizava apenas o pedido indenizatório diante da inexecução das obrigações. Na hipótese de execução específica, o juiz irá suprir a vontade da parte inadimplente, conferindo caráter definitivo ao contrato preliminar, salvo se a natureza da obrigação se mostrar incompatível com a execução específica,[208] quando restará ao credor a indenização pelas perdas e danos (art. 464,[209] Código Civil).

No contrato preliminar poderá constar, ainda, cláusula de arrependimento, consoante a qual a parte poderá desistir de celebrar o acordo definitivo, caso em que não caberá o pedido de execução específica (art. 463,[210] Código Civil).

---

[207] STF, RExt. 88.716, 2ª T., Rel. Min. Moreira Alves, julg. 11-9-1979.

[208] Tal é o caso, por exemplo, das obrigações personalíssimas, as quais "por definição, se opõem à execução específica, pois que o fato devido pelo devedor só poderá ser prestado pelo próprio, não sendo possível que um ato judicial o substitua, produzindo os mesmos efeitos" (Gustavo Tepedino et al., *Código civil interpretado conforme a constituição da república*, v. 2, cit., p. 103).

[209] "Art. 464. Esgotado o prazo, poderá o juiz, a pedido do interessado, suprir a vontade da parte inadimplente, conferindo caráter definitivo ao contrato preliminar, salvo se a isto se opuser a natureza da obrigação."

[210] "Art. 463. Concluído o contrato preliminar, com observância do disposto no artigo antecedente, e desde que dele não conste cláusula de arrependimento, qualquer das partes terá o direito de exigir a celebração do definitivo, assinando prazo à outra para que o efetive. Parágrafo único. O contrato preliminar deverá ser levado ao registro competente."

Note-se que o contrato preliminar, mesmo que contenha lacunas, não se confunde com o contrato incompleto. Como se viu, no contrato preliminar que prevê todos os elementos do contrato definitivo existe uma promessa de contratar, que será adimplida no futuro mediante a celebração do negócio definitivo com os elementos já estabelecidos no pré-contrato. O contrato preliminar, desse modo, não consiste no contrato final pretendido pelas partes, tampouco contém lacunas a serem preenchidas pelos contratantes, segundo critérios prefixados. O contrato incompleto, ao revés, traduz o ajuste definitivo almejado pelas partes, que deverão apenas colmatar as lacunas em momento futuro, mediante o procedimento previsto no contrato e segundo os critérios predeterminados.

Dúvidas poderiam surgir quanto ao contrato preliminar lacunoso, que não contém o inteiro conteúdo do contrato definitivo e, por isso mesmo, assemelha-se, do ponto de vista estrutural, ao contrato incompleto. Pode-se citar, como exemplo desse tipo de contrato preliminar, o ajuste em que as partes se obrigam a celebrar, no futuro, contrato de fornecimento de gás, por determinado prazo, pelo preço do Programa Prioritário de Termeletricidade, desde que prevista a condição de que a Usina pertença ao Programa. Confira-se, a título ilustrativo, a cláusula a seguir:

> "X e Y concordam em celebrar contrato de fornecimento de gás natural, pelo prazo de 20 (vinte) anos, contados da data de início da operação comercial da Usina, para suprir Y com 100% do volume necessário para a produção pela Usina, em sua plena capacidade operacional, de energia elétrica e vapor. O preço do gás será aquele definido pelo Programa Prioritário de Termeletricidade (PPT), desde que a Usina permaneça no PPT."

Nessa hipótese, as partes celebram contrato preliminar, uma vez que se obrigam a firmar, no futuro, o contrato definitivo de fornecimento de gás, mas não definem todas as condições comerciais que irão constar do contrato principal, como as penalidades, o modo de adimplemento, dentre outros aspectos da relação contratual. Ajustam apenas o prazo contratual, o volume de gás a ser fornecido e o preço, desde que determinada condição se implemente. Precisamente por não conter todo o conteúdo do contrato principal, referido contrato preliminar afigura-se lacunoso.

Conforme aludido anteriormente, nessa espécie de contrato preliminar existem aspectos da relação contratual final que ainda não foram ajustados pelas partes e, portanto, ainda se encontram pendentes de negociação, embora o pré-contrato vincule os contratantes. Entretanto, o contrato preliminar lacunoso, diversamente do contrato incompleto, não define como as lacunas serão preenchidas ou integradas, tendo em conta que não se trata do contrato definitivo. Cuida-se de pré-contrato, preparatório ao contrato principal, não já do contrato final visado pelos contratantes. As partes simplesmente preferem deixar em branco esses pontos do negócio preliminar, que serão ajustados nas negociações do contrato principal, inexistindo mecanismo para a definição desses elementos, tal como ocorre no contrato incompleto. Nesse caso, segundo a doutrina e jurisprudência majoritárias, se as partes não chegam a um acordo, o juiz não poderia integrar as lacunas, pois estaria negociando no lugar das partes. Não caberia, portanto, execução específica do contrato preliminar, mas tão somente indenização pelas perdas e danos.

Do ponto de vista estrutural, o contrato preliminar se assemelha ao contrato incompleto, vez que, em ambos, existem lacunas quanto a determinados elementos da relação contratual. A função, todavia, se afigura inteiramente diversa. A função do contrato preliminar, com efeito, consiste em obrigar as partes a celebrar o contrato definitivo, garantindo que o ajuste final terá os elementos já estabelecidos pelos contratantes (função de segurança). A função do contrato incompleto, por sua vez, é a de gerir o risco econômico superveniente (*rectius*, álea normal), de modo negativo, por meio de lacunas, que serão preenchidas segundo o procedimento estabelecido no contrato, pela atuação de uma ou ambas as partes, de terceiro ou mediante fatores externos. A determinação futura da lacuna, de acordo com os critérios definidos no contrato incompleto, representa, portanto, a integração de negócio definitivo, que vincula os contratantes em caráter final.

Por outras palavras, no contrato incompleto, as partes se encontram definitivamente vinculadas, inexistindo novo contrato a ser ainda celebrado pelas partes. O contrato incompleto traduz, em uma palavra, o contrato principal. No contrato incompleto, o negócio firmado pelas partes é o negócio definitivo, porém lacunoso, pois as partes entenderam que deixar em branco determinados elementos seria a forma que melhor atenderia aos seus interesses, por meio da gestão negativa dos riscos econômicos supervenientes. Por desempenharem funções inteiramente distintas, o contrato preliminar, ainda que lacunoso, não se confunde com o contrato incompleto.

1.5.3 Distinção entre contrato incompleto e formação progressiva dos contratos

O contrato incompleto tampouco se identifica com a formação progressiva dos contratos. Com efeito, a formação progressiva dos contratos, estudada no âmbito das relações de fato, traduz a noção de que a relação contratual vai se definindo progressivamente no tempo, mediante a escolha dos elementos contratuais, como preço, modo de adimplemento, cláusula penal, de sorte que o vínculo contratual se forma no curso do tempo sem que haja a vontade negocial, isto é, a manifestação de vontade definitiva na formação do negócio. Diz-se que há *vontade contratual*, resultante da atividade, capaz de produzir efeitos jurídicos, embora não haja *vontade negocial*. Cuida-se de atividade socialmente típica, a qual, embora desprovida de negócio jurídico fundante, produz efeitos jurídicos.[211]

Como se sabe, no século XIX, o contrato constituía, ao lado da propriedade, pilar do direito privado, e por meio dele permitia-se a circulação das riquezas. O direito civil, marcadamente voluntarista e individualista, erigia a vontade como o objetivo central a ser protegido pelo direito. Aludida vontade se manifestava por meio do negócio jurídico, cuja validade e eficácia dependiam de diversos requisitos associados aos elementos subjetivo (agente capaz), objetivo (objeto possível e lícito) e formal.

Nesse contexto, as relações de fato surgiram como válvula de escape para o rigor da teoria do negocio jurídico. Passou-se a admitir que algumas atividades, a despeito de não terem por fonte o negócio jurídico, produziriam efeitos jurídicos, visto que consideradas socialmente úteis e legítimas pelo corpo social. Trata-se das relações de fato, estudadas por diversos autores[212]

---

[211] A respeito da formação progressiva dos contratos, v. Gustavo Tepedino, Atividade sem negócio jurídico fundante e a formação progressiva dos contratos. In: *Revista Trimestral de Direito Civil*, Rio de Janeiro: Padma, v. 44, p. 23, out./dez. 2010. No direito italiano, cf. Giuseppe Tamburrino, I vincoli unilaterali nella formazione progressiva del contratto. In: *Libera Università Internazionale degli Studi Sociali Roma*: collana di studi giuridici, 2. ed., Milano: Giuffrè, 1991, v. 16, *passim*; e Nicola Scuro; Ugo Scuro, Il contratto a formazione progressiva: struttura, casistica e tecniche di redazione. In: *Teoria e pratica del diritto*: sezione I: diritto e procedura civile, Milano: Giuffrè, 2009, v. 150, espec. p. 3-122.

[212] O tema foi objeto de estudo inicialmente por Haupt, no início do século XIX, e depois aprimorado por Larenz. A construção atingiu seu apogeu com o reconhecimento de efeitos às relações de fato pela Corte Suprema Alemã na década de 1960 e 1970. Sobre o tema, v. Gustavo Tepedino, Prefácio: atividade sem negócio jurídico fundante e seus desdobramen-

que buscaram preservar os seus efeitos por variados fundamentos, apesar da sua invalidade. Imagine-se a hipótese do incapaz que celebra contrato de compra e venda, na qual, embora não haja negócio jurídico em razão da incapacidade do agente, há atividade, que produz efeitos jurídicos; ou, ainda, do incapaz que se faz transportar, entre outras.

As relações de fato, ao serem consideradas legítimas pela sociedade, afiguram-se socialmente típicas, e, por isso mesmo, relevantes e capazes de produzirem efeitos jurídicos. Em matéria contratual, há de se reconhecer efeitos jurídicos à *atividade contratual*, vale dizer, à atuação das partes no sentido de se vincularem, estabelecendo progressivamente os elementos da relação contratual, posto que inexistente a vontade do negócio jurídico.

Por outras palavras, existe vontade contratual na atividade, ainda que não haja vontade negocial, a qual há de merecer proteção jurídica.[213] Nessa esteira, em determinados casos, devem-se reconhecer efeitos à atividade contratual em que as partes, embora não tenham manifestado a vontade negocial, isto é, não tenham assinado o contrato, ultimaram diversas negociações e tratativas que se dirigiam a esse fim, nas quais definiram diversos elementos da relação contratual, como preço, coisa, obrigações, penalidades, no mais das vezes com a troca de diversas minutas, assinatura de memorando de entendimentos, troca de cartas de intenção, assinatura de atas de reunião e compromissos verbais. Tal atividade configura a formação progressiva do contrato, ou seja, o estabelecimento do vínculo contratual gradativamente ao longo do tempo, pela vontade manifestada por meio da atividade, a despeito de inexistir a vontade final na celebração do ajuste. Identifica-se, ainda, em determinados casos, a execução imediata de obrigações ajustadas pelas partes, cujo conteúdo já foi estabelecido definitivamente pelos contratantes, mesmo que não haja negócio jurídico.

---

tos na teoria contratual. In: Juliana Pedreira da Silva, *Contratos sem negócio jurídico*: crítica das relações contratuais de fato, São Paulo: Atlas, 2011, p. viii e ss.

[213] Exemplo colhido da jurisprudência, que atribui efeitos jurídicos às relações contratuais de fato, consiste no caso em que se determinou ao estabelecimento bancário o dever de guarda aos veículos de seus clientes, estacionados na área que lhes era disponibilizada, mesmo diante da ausência dos requisitos formais indispensáveis à caracterização do contrato de depósito (STJ, Ag. Reg. Ag. Instr. 47901, 4ª T., Rel. Min. Ruy Rosado de Aguiar Junior, julg. 12-9-1994).

A formação progressiva do contrato indica, portanto, que "a estrada do contrato é percorrida em etapas",[214] a traduzir momento intermediário no *iter* da formação do negócio, entre as tratativas e o contrato final, idôneo a produzir efeitos voltados à conclusão do negócio jurídico desejado pelos contratantes, ou até mesmo efeitos definitivos, essenciais ao contrato que se pretende concluir.

Na arguta expressão do Professor Tepedino, o contrato "se forma aos pedaços",[215] com a progressiva assunção de obrigações pelas partes no decorrer das negociações preliminares. Tal construção doutrinária atende, de forma mais plena, aos interesses dos contratantes na atual realidade contemporânea, em que a formação contratual raramente se opera de maneira instantânea. Revela-se, nessa direção, oportuna a observação de Giovanni Battista Ferri, segundo a qual "frequentemente pode surgir dúvida se uma certa atividade, embora não constituindo ainda o negócio final, deva ser considerada como tratativa ou se, ao revés, essa não tenha feito surgir um vínculo ao qual se possa atribuir valor, ainda que mínimo, de contrato".[216] Pode-se afirmar, em síntese, que, nesses casos, há vontade contratual que merece tutela jurídica por parte do ordenamento, ainda que não exista contrato, compreendido como negócio jurídico.

Precisamente em razão da ausência de contrato ou negócio jurídico, a formação progressiva do contrato se diferencia do contrato incompleto. Embora, do ponto de vista estrutural, as figuras se assemelhem,[217] pois em am-

---

[214] A expressão é de autoria de Francesco Carnelutti, Formazione progressiva del contratto. In: *Rivista di diritto commerciale*, Milano: [s.n.], v. 2, 1916, p. 315.

[215] Gustavo Tepedino, Prefácio: atividade sem negócio jurídico fundante e seus desdobramentos na teoria contratual. In: Juliana Pedreira da Silva, *Contratos sem negócio jurídico*: crítica das relações contratuais de fato, cit., p. xvii.

[216] Tema di formazione progressiva del contratto e di negozio formale 'per relationem'. In: *Rivista di Diritto Commerciale*, Padova: Piccin Nuova Libraria S.p.A., 5-6, p. 223, 1964; tradução livre.

[217] A similitude estrutural acarreta o emprego impróprio da expressão "contrato incompleto" para designar o contrato em via de formação, que ainda, portanto, não se aperfeiçoou. Oportuna, ao propósito, a observação de Giovanni Battista Ferri, segundo a qual "o aspecto determinante da formação do contrato caracteriza-se pelo acordo, não já pelo conteúdo e pela sua completude" (Considerazioni sul problema della formazione del contratto. In: *Rivista di Diritto Commerciale*, Padova: Piccin Nuova Libraria S.p.A., 5-6, p. 189, 1969; tradução livre).

bas faltam alguns elementos da relação contratual, a função se revela completamente diversa.

Na formação progressiva dos contratos, há atividade contratual, mas não há ainda vinculação definitiva dos contratantes, que não manifestaram a vontade negocial. Cuida-se de momento intermediário na formação do contrato, em que alguns elementos da relação contratual se encontram definidos e outros estão ausentes porque as partes não se obrigaram em caráter definitivo, encontrando-se ainda em fase de negociação. Do ponto de vista funcional, a atividade contratual produz, de um lado, efeitos definitivos, próprios da completude do regulamento contratual no que se refere aos elementos já acordados pelas partes; e, de outro lado, efeitos que se traduzem na atuação das partes em definir o regulamento de interesses desejado em caráter definitivo.[218]

De outra parte, no contrato incompleto, os contratantes já manifestaram a vontade negocial, isto é, se vincularam definitivamente; existe contrato ou negócio jurídico, mas as partes decidiram *gerir negativamente os riscos econômicos*, deixando propositalmente alguns elementos da relação contratual em branco, a serem definidos, em momento futuro, por meio da atuação de uma ou ambas as partes, de terceiro ou por fatores externos, e consoante determinados critérios, por entenderem que esse negócio realiza de forma mais plena os seus interesses no caso concreto. Desse modo, determinados elementos da relação contratual se encontram ausentes não porque as partes ainda estão em fase de negociação para concluir negócio definitivo, mas tendo em conta que os contratantes deliberadamente quiseram deixar lacunas no contrato já concluído como forma de gestão do risco econômico a que estavam submetidos.[219]

Não se trata, portanto, de atividade contratual desprovida de negócio, socialmente aceita, a que se reconhecem efeitos jurídicos, mas de contrato com negócio jurídico fundante, no qual os contratantes voluntariamente decidem não alocar *ex ante* determinado risco econômico, por meio de lacunas, a serem integradas em momento futuro, gerindo, assim, de forma negativa, a álea normal do contrato.

---

[218] Vincenzo Riucciuto, *La formazione progressiva del contratto e obblighi a contrarre*, cit., p. 4-5.

[219] A respeito da distinção entre o contrato incompleto e a formação progressiva dos contratos, v. Antonio Fici: *Il contratto "incompleto"*, cit., p. 154.

1.5.4 Distinção entre contrato incompleto e os contratos de derivativos

Os contratos de derivativos diferenciam-se dos contratos incompletos, na medida em que os primeiros se caracterizam pela gestão positiva dos riscos econômicos, vale dizer, as partes, por ocasião da celebração do negócio, gerem a álea normal positivamente, alocando *ab initio* os riscos econômicos, externos ao negócio, a cada um dos contratantes.

Diversamente dos contratos incompletos, nos quais as partes deliberadamente decidem não alocar *ex ante* os riscos econômicos supervenientes, postergando essa decisão para momento futuro, mediante o preenchimento da lacuna por uma ou ambas as partes, por terceiro ou pela ocorrência de fatores externos (gestão negativa da álea normal), os contratos de derivativos gerem positivamente os riscos econômicos, distribuindo as perdas e os ganhos econômicos entre os contratantes no momento da celebração do contrato, de acordo com a verificação de evento externo ao negócio, mais especificamente de um fator financeiro de referência, como o índice de bolsa, a taxa de juros ou a taxa de câmbio.

Desse modo, o fator externo define as perdas e os ganhos econômicos dos contratantes, de sorte que a sua ocorrência e seus efeitos são geridos, em caráter positivo, pelo contrato. Os contratantes não remetem para momento futuro a decisão acerca da alocação de riscos, mas a tomam *ex ante*, no momento da conclusão do negócio, deixando para momento futuro apenas a aferição dos ganhos e das perdas.

O contrato de derivativo traduz, por excelência, o negócio jurídico pelo qual se procede à gestão positiva do risco econômico, ou seja, da álea normal do contrato, atribuindo *ex ante* a cada um dos contratantes os riscos do negócio, que se implementarão com a ocorrência do fator financeiro de referência indicado no contrato, no prazo e modo acordados.

Como registrado em outra sede,[220] os contratos de derivativos, sob o aspecto econômico, correspondem aos contratos cujos valores dependem do preço de um ativo financeiro subjacente ou do valor de um parâmetro financeiro de referência (índice de bolsa, taxa de juros, taxa de câmbio). Em con-

---

[220] Seja consentido remeter a Paula Greco Bandeira, *Contratos aleatórios no direito brasileiro*, cit., p. 217 e ss.

trariedade ao sentido literal da expressão, os contratos de derivativos não *derivam de,* mas *insistem sobre* elementos de outros negócios. Os seus valores dependem de ativo fundamental subjacente.[221]

A rigor, derivativo é o instrumento financeiro que se origina do contrato. Aduz-se, assim, em sentido técnico-jurídico, que o contrato de derivativo corresponde àquele do qual deriva um instrumento financeiro.[222] O instrumento financeiro encontra-se definido no art. 1º, § 1º, da Circular nº 3.082/2002 do Banco Central do Brasil, nos seguintes termos:

> "Art. 1º [...] § 1º Entende-se por instrumentos financeiros derivativos aqueles cujo valor varia em decorrência de mudanças em taxa de juros, preço de título ou valor mobiliário, preço de mercadoria, taxa de câmbio, índice de bolsa de valores, índice de preço, índice ou classificação de crédito, ou qualquer outra variável similar específica, cujo investimento inicial seja inexistente ou pequeno em relação ao valor do contrato, e que sejam liquidados em data futura."[223]

O contrato de derivativos escolhe determinado instrumento financeiro de referência cuja flutuação no mercado irá repercutir diretamente nas prestações já determinadas e assumidas pelos contratantes. Afirma-se que a variação econômica do instrumento financeiro de referência irá determinar os lucros e as perdas econômicas das partes. Cada contratante espera que a prestação por ele assumida ser-lhe-á mais vantajosa diante da variação futura do instrumento financeiro de referência, de modo que nutre a expectativa, oposta a da sua contraparte, de que o contrato lhe trará lucro. Apenas com a apuração do valor do instrumento financeiro de referência na data acordada, se liquidarão os lucros e as perdas das partes.

---

[221] Emilio Girino, *I contratti derivati*, Milano: Giuffrè, 2001, p. 6. Sobre os instrumentos financeiros objeto dos contratos de derivativos, v. Gioacchino La Rocca, *Autonomia privata e mercato dei capitali*: la nozione civilista di 'strumento finanziario', Torino: G. Giappichelli Editore, 2009, passim.

[222] Emilio Girino, *I contratti derivati*, cit., p. 7.

[223] Banco Central do Brasil, Circular nº 3.082, de 30 de janeiro de 2002, [S.l.: s.n.], 2002, 7 p. Disponível em: <https://www3.bcb.gov.br/normativo/detalharNormativo.do?N=102016364&method=detalharNormativo>. Acesso em: 24 abr. 2014.

O objeto do contrato de derivativo consiste no produto diferencial da comparação entre dois preços, o do momento da estipulação do contrato e o vigente ao término do prazo contratual. Desse modo, as partes de um contrato de derivativo "compram" não o bem, mas a "diferença de valores". O sinalagma reside, pois, na contraposição de obrigações existentes na liquidação do diferencial.[224] O escopo do contrato corresponde à gestão e à percepção de uma diferença de valores, isto é, o resultado do confronto entre a previsão das partes e a variação da importância econômica de referência.

Ao gerir essa diferença de valores econômicos, determinada pelo parâmetro financeiro de referência eleito pelas partes, como o índice de bolsa, a taxa de juros e a taxa de câmbio, o contrato de derivativos tem por finalidade gerir positivamente o risco econômico (*rectius*, a álea normal do contrato). As perdas e ganhos econômicos decorrentes do implemento do risco superveniente (variação do parâmetro financeiro de referência) já se encontram distribuídos pelos contratantes, dependendo apenas de apuração no tempo e modo acordados.

O risco da oscilação do parâmetro eleito pelas partes (taxa de juros, de câmbio etc.) não integra a causa dos contratos de derivativos, mas representa a álea normal de tais contratos. Cuida-se de risco externo ao negócio, de caráter econômico, isto é, o risco de oscilação de valores determinada pelo mercado, que repercute sobre as prestações já definidas pelos contratantes.

Os contratos de derivativos consistem em espécie mais evoluída dos contratos diferenciais[225] a que alude o art. 816[226] do Código Civil, em que uma parte vende a outra determinada quantidade de bens, a certo preço e à data prefixada, e no prazo contratual é oferecida a faculdade de adimplir a obrigação por meio do equivalente em dinheiro do valor do bem, calculado segundo a cotação do dia.[227] Ou seja, no termo contratual, existirá o pagamento

---

[224] Emilio Girino, *I contratti derivati*, cit., p. 13.

[225] Giuseppina Capaldo, *Profili civilistici del rischio finanziario e contratto di swap*, Milano: Giuffrè, 1999, p. 65-66.

[226] "Art. 816. As disposições dos arts. 814 e 815 não se aplicam aos contratos sobre títulos de bolsa, mercadorias ou valores, em que se estipulem a liquidação exclusivamente pela diferença entre o preço ajustado e a cotação que eles tiverem no vencimento do ajuste."

[227] Giuseppina Capaldo, *Profili civilistici del rischio finanziario e contratto di swap*, cit., p. 77.

pelo comprador da diferença de preço, na hipótese de valorização do bem, ou pelo vendedor em caso de desvalorização.[228]

Existem numerosas espécies de contratos de derivativos, a exemplo do *future*, do *swap* e do *option*, a atender a renovadas, peculiares e dinâmicas exigências dos operadores e dos mercados. Aqui se está diante de amplíssima zona de criatividade, em que a união, interseção, combinação ou simples somatório dos vários instrumentos de derivativos resultam em formidáveis variações contratuais. Entretanto, em todos os contratos de derivativos, almeja-se gerir positivamente o risco econômico do negócio. Eis a função primordial dos contratos de derivativos. Em definitivo, por representar negócio jurídico que emprega mecanismo de gestão positiva da álea normal do contrato, com a alocação *ex ante* dos riscos econômicos entre os contratantes, isto é, mediante a distribuição dos ganhos e perdas econômicas no momento da celebração do negócio, sem remeter tal decisão ao futuro, os contratos de derivativos não se qualificam como contrato incompleto.

1.5.5 Distinção entre contrato incompleto e as cláusulas de adequação automática

As cláusulas de adequação automática correspondem às previsões inseridas nos contratos as quais dispõem que, na hipótese de ocorrência de determinado evento, o contrato será adaptado automaticamente, segundo determinados critérios, com o objetivo de reequilibrar o negócio, sem que se exija, para tanto, nova manifestação de vontade.[229] Requer-se, assim, que as partes, no momento da celebração do negócio, prevejam os riscos que poderão atingir as prestações contratuais e estabeleçam, de modo objetivo e preciso, as adaptações que se mostrarão necessárias em face desses riscos, com vistas ao reequilíbrio do contrato.[230]

O procedimento de adaptação do contrato às novas circunstâncias se efetuará mediante a aplicação de fórmula matemática ou critérios matemáticos,

---

[228] Na doutrina italiana, v. Renato Corrado, Borsa (contratti di borsa valori). In: *Novissimo digesto italiano*, Torino: UTET, 1957, v. 2, p. 542.

[229] Didier Matray e Françoise Vidts, *Les clauses d'adaptation de contrats*, cit., p. 137.

[230] Sobre o tema, v. Paolo Tartaglia, L'adeguamento del contratto alle oscillazioni monetarie. In: Rosario Nicolò; Francesco Santoro-Passarelli, *Studi di diritto civile*, Milano: Giuffrè, 1987, v. 35, *passim*.

sem a necessidade de ulterior manifestação de vontade dos contratantes. Alguns autores sustentam a possibilidade de cláusula de adaptação automática mediata, a qual se opera por meio da intervenção de terceiro, cuja atuação restou acordada pelas partes no momento da contratação.[231] Entretanto, nessa hipótese, por depender da atuação de terceiro, que irá adaptar o contrato diante das novas circunstâncias, não há se falar em adaptação automática, mas sim em contrato incompleto, cuja lacuna surge supervenientemente e será integrada pelo terceiro segundo os critérios contratuais.

Em relações contratuais complexas, os institutos oferecidos pelo ordenamento jurídico não raro se afiguram insuficientes a disciplinar os interesses das partes e a assegurar a adaptação do contrato de longa duração às supervenências, isto é, às mudanças das circunstâncias que afetem diretamente o contrato, de modo a garantir o seu equilíbrio.

Diante desse cenário, as partes poderão eleger o contrato incompleto, caso desconheçam as repercussões dos eventos supervenientes que poderão atingir o contrato ou, ainda, deliberadamente, não queiram assumir *ex ante* os riscos dessas supervenências, deixando, assim, em branco determinado elemento da relação contratual, que será atingido pelo evento superveniente cogitado. Verificado o evento superveniente, o contrato indicará a forma de preenchimento da lacuna, segundo os critérios e parâmetros convencionados.

Por outro lado, caso os contratantes consigam antever os efeitos do evento superveniente sobre as prestações contratuais, poderão definir, no momento da celebração do negócio, a adaptação automática do contrato ao evento superveniente vislumbrado, de acordo com determinados critérios, por meio da cláusula de adequação automática.[232]

---

[231] V., nessa direção, Didier Matray e Françoise Vidts, *Les clauses d'adaptation de contrats*, cit., p. 137.

[232] Tradicionalmente, a doutrina diferencia as cláusulas de adaptação automática das cláusulas de *hardship*. Como se lê na doutrina especializada: "quando se trata de cláusulas de adaptação automática, os efeitos da superveniência de acontecimentos sobre o contrato são a princípio controlados pelas partes e por essa razão que elas podem estabelecer, desde a conclusão do contrato, as modificações que deverão ocorrer por ocasião de sua verificação. No caso da cláusula de hardship, este automatismo não existe. As repercussões sobre o contrato não são conhecidas pelas partes no momento da conclusão do contrato, não é possível definir no início as modificações que deverão ocorrer para restabelecer a situação" (Mauricio Almeida Prado, *Le hardship dans le droit du commerce international*, Bruxelles: Bruyant, 2003, p. 120; tradução livre).

Diversamente, portanto, do contrato incompleto, no qual os contratantes deliberadamente decidem não alocar *ex ante* os riscos de superveniência, deixando essa decisão para momento futuro, atribuída a terceiro, a uma ou ambas as partes ou à verificação de fatores externos, segundo o procedimento contratualmente estabelecido, o contrato que contém cláusula de adequação automática se readapta ao evento superveniente automaticamente, modificando suas prestações de acordo com os critérios fixados pelas partes no contrato, sem necessidade de nova manifestação de vontade das partes.

Ao estabelecer, por ocasião da celebração do negócio, o modo de adaptação automática do contrato aos eventos supervenientes, o contrato com cláusula de adequação automática *aloca voluntariamente* os riscos econômicos que possam atingir as prestações (gestão positiva da álea normal). O contrato incompleto, ao revés, traduz o mecanismo oposto: a *não alocação voluntária* dos riscos econômicos como forma de geri-los do modo mais conveniente aos interesses dos contratantes (gestão negativa da álea normal).

Imagine-se, em contrato de empreitada a preço global, cláusula que preveja que, caso se verifique aumento do preço da matéria-prima ou da mão de obra, que acarrete majoração no custo da execução da prestação do empreiteiro, a prestação do dono da obra será ajustada automaticamente, na mesma proporção, com vistas a se manter o equilíbrio econômico do contrato estabelecido originariamente. Cuida-se da *cláusula de revisão de preço*, espécie de cláusula de adequação automática, a qual visa a corrigir a variação de fatores econômicos, mediante procedimento de revisão automática, atrelado a certas hipóteses: desvalorização ou diminuição da paridade; queda ou aumento do preço das matérias-primas empregadas na fabricação do produto objeto do contrato; aumento dos custos salariais; oscilações na taxa de câmbio; inflação etc.

Estipulada a cláusula de adequação automática, a parte, cuja prestação restou afetada pelo evento superveniente, não poderá invocar excessiva onerosidade, tampouco requerer a renegociação dos termos contratuais com base na cláusula de *hardship*, se o evento atingiu precisamente os elementos do contrato objeto da cláusula de adequação automática.

Entretanto, se a cláusula de adequação automática contempla eventos que não se relacionam com o evento superveniente, extraordinário e imprevisível, que causa a excessiva onerosidade, a parte prejudicada poderá se valer da cláusula de renegociação ou de *hardship*[233] eventualmente prevista no mesmo contrato, hipótese em que restará configurado o contrato incompleto, ou, ainda, na ausência de previsão contratual, poderá recorrer à proteção legal contra a excessiva onerosidade, na qual se inclui, como se verá no item 3.2.1, o direito de exigir da contraparte, com base na boa-fé objetiva, a renegociação do contrato.

Diante do exposto, verifica-se que o contrato incompleto, embora se assemelhe, do ponto de vista estrutural, a diversas figuras presentes no ordenamento jurídico, delas se diferencia em razão da função que desempenha, despontando, no direito brasileiro, como negócio jurídico com escopo de gestão negativa dos riscos, notadamente de complexas operações econômicas. Impõe-se, portanto, a remodelação dos contratos incompletos, que sempre estiveram presentes no sistema jurídico brasileiro, à luz da perspectiva funcional dos fatos jurídicos, com vistas à construção de critérios que orientem a sua interpretação e execução e à sua inserção, no âmbito do ordenamento, como legítimo negócio jurídico de alocação de riscos disponível para a autonomia privada no exercício de suas atividades econômicas. Nessa direção, o Capítulo 2, a seguir, pretende reconstruir o contrato incompleto sob o perfil funcional. É ver-se.

---

[233] Em comentários aos princípios da *Unidroit*, assinala-se que "o pedido para renegociação não é admissível quando o próprio contrato já incorpora cláusula que prevê a adaptação automática do contrato (*v.g.* cláusula prevendo a indexação automática do preço se certo evento ocorre). [...] Entretanto, mesmo nesse caso, a renegociação em razão do hardship não estará precluída se a cláusula de adaptação incorporada no contrato não contempla os eventos que causam o hardship" (International Institute for the Unification of Private Law (Italy), *Unidroit principles of international commercial contracts 2010*, cit., p. 219; tradução livre).

2

A FUNÇÃO DO CONTRATO INCOMPLETO COMO GESTÃO NEGATIVA DA ÁLEA NORMAL E SUA ADMISSIBILIDADE NO DIREITO BRASILEIRO

> *"O merecimento de tutela do interesse é o pressuposto e o método da relevância jurídica positiva do ato."*[234]

2.1 A importância do perfil funcional na discussão do contrato incompleto

Estabelecidos os principais contornos do contrato incompleto, passa-se a investigar a função do negócio jurídico incompleto, isto é, o *traço distintivo de sua causa*, que possibilita a sua caracterização, respondendo à indagação "para que serve" o negócio incompleto. Por outras palavras, hão de se identificar os efeitos essenciais que, verificados no caso concreto, determinam a qualificação do negócio como regulamento contratual incompleto.

A função no contrato incompleto, de fato, torna legítimo esse negócio jurídico no âmbito do sistema, permitindo a sua caracterização e a sua identificação como um dos negócios jurídicos de alocação de riscos, sobretudo de complexas operações econômicas, disponibilizado aos particulares.

Como mencionado no Capítulo 1, a perspectiva funcional dos fatos jurídicos, adotada pela metodologia de direito civil-constitucional, supõe escolhas

---

[234] Pietro Perlingieri, *Scuole, tendenze e metodi:* problemi del diritto civile, Napoli: Edizioni Scientifiche Italiane, 1989, p. 67; tradução livre.

valorativas por parte do ordenamento e permite a concretização dos diversos valores constitucionais, ainda que antagônicos. O perfil funcional dos fatos jurídicos, com efeito, guiará o intérprete nos conflitos de interesses, permitindo, a partir da identificação da mínima unidade de efeitos essenciais do fato, a sua qualificação e, após o seu confronto com o inteiro ordenamento jurídico, a definição da disciplina jurídica aplicável. No momento da definição da normativa do caso concreto, portanto, aplica-se todo o ordenamento jurídico – complexo e unitário –, sobretudo as normas constitucionais, com o predomínio das situações jurídicas existenciais sobre as patrimoniais.

Desse modo, o afastamento da perspectiva funcional daria ensejo a que a *lex mercatoria*[235] ditasse os critérios interpretativos na solução do caso concreto, tornando legítimos ou ilegítimos, unicamente em razão da eficiência, os contratos incompletos, descurando-se dos demais valores e princípios que integram o ordenamento jurídico, o que não se pode admitir na legalidade constitucional. Daí a importância de se reconstruir o contrato incompleto sob a perspectiva funcional, que determinará a caracterização do regulamento contratual incompleto e ditará os critérios para sua interpretação e execução, inserindo-o, no âmbito do sistema, como negócio jurídico com o escopo de gestão negativa dos riscos econômicos, disponibilizado para a autonomia privada no exercício de suas atividades.

Diga-se que o perfil funcional dos fatos jurídicos identifica-se, no âmbito contratual, com a causa. O legislador civil brasileiro, ao enunciar os requisitos de validade do negócio jurídico no art. 104[236] do Código Civil, não inseriu a causa (*rectius*, função) como elemento de validade dos contratos, ao contrário de outros ordenamentos jurídicos, como o italiano.[237] A única concepção de causa adotada pelo legislador pátrio, segundo afirma expressiva doutrina,[238]

---

[235] Por *lex mercatoria*, compreende-se o conjunto de instrumentos contratuais comuns e remédios reconhecidos pelos operadores econômicos, que se destinam a regular, de modo uniforme, as relações comerciais, sem a intermediação do poder legislativo dos Estados. Cf. a definição de Francesco Galgano, *Trattato di diritto civile*, Padova: CEDAM, 2009, v. 1, p. 83.

[236] "Art. 104. A validade do negócio jurídico requer: I - agente capaz; II - objeto lícito, possível, determinado ou determinável; III - forma prescrita ou não defesa em lei."

[237] "Art. 1325. Indicação dos requisitos. Os requisitos do contrato são: 1) o acordo das partes (1326 e seguintes, 1427); 2) a causa (1343 e seguintes); 3) o objeto (1346 e seguintes); 4) a forma, quando imposta por lei sob pena de nulidade (1350 e seguintes)" (tradução livre).

[238] Miguel Reale, Supervisor da Comissão Elaboradora do Código Civil de 2002, ressaltou

consistiria naquela subjetiva, em que o conceito de causa equivaleria ao motivo ou à intenção do agente, tal como ocorre no ordenamento jurídico francês.

Do ponto de vista subjetivo, os motivos correspondem à intenção recôndita do agente na prática de determinado ato ou na realização de certo negócio jurídico. Para o direito brasileiro, o motivo que impulsionou o sujeito à celebração do contrato afigura-se irrelevante, vale dizer, não tem o condão de produzir efeitos jurídicos, permanecendo em sua esfera psíquica.

Os motivos, contudo, adquirem importância ao se afigurarem determinantes na conclusão do negócio,[239] vez que, nessa hipótese, inserem-se na vontade declarada dos contratantes e, por isso mesmo, passam a integrar o conteúdo do contrato. Pode-se afirmar que o motivo determinante expresso, comum aos contratantes, compõe a causa do negócio jurídico,[240] por representar interesse que o contrato almeja realizar.

O motivo determinante expresso poderá ser depreendido da literalidade das cláusulas, de sua interpretação sistemática e teleológica ou do conjunto de contratos coligados. O motivo determinante expresso, comum aos contratantes, reveste-se de caráter objetivo, a consubstanciar o conteúdo da declaração, tornando-se condição de eficácia do negócio[241] e passando a assumir, portanto, relevância jurídica.

---

a importância da intenção do agente na prática do ato, equivalente ao motivo ou causa em sentido subjetivo, ao discorrer sobre o princípio da boa-fé objetiva. Cf. Um artigo chave do código civil. [S.l.: s.n., 20--]. 1 p. Disponível em: <in: http://www.miguelreale.com.br/artigos/artchave.htm>. Acesso em: 22 abr. 2014.

[239] Sobre o tema, dentre outros, J. M. de Carvalho Santos, *Código civil brasileiro interpretado*, Rio de Janeiro: Freitas Bastos, 1952, v. 2, p. 323; Clovis Bevilaqua, *Código civil dos Estados Unidos do Brasil*, Rio de Janeiro: Editora Rio, 1956, v. 1, p. 271; e, mais contemporaneamente, Humberto Theodoro Júnior, Dos defeitos do negócio jurídico ao final do livro III (arts. 138 a 184). In: Sálvio de Figueiredo Teixeira (Coord.), *Comentários ao novo código civil*, Rio de Janeiro: Forense, 2008, v. 3, t. 1, livro 3, p. 88-89.

[240] Na doutrina italiana, v., na mesma direção, Giovanni Battista Ferri, Motivi, presupposizione e l'idea di meritevolezza. In: Joachim Bonell; Carlo Castronovo; Adolfo di Majo; Salvatore Mazzamuto (Org.), Europa e diritto privato. *Rivista Trimestrale*, Milano: Giuffrè, v. 4, p. 354, 2009; e Massimo Bianca, *Diritto civile*, v. 3, cit., p. 434-435.

[241] Antônio Junqueira de Azevedo, Inexistência de erro quanto ao motivo determinante. Inaplicabilidade do princípio da contagiação a contratos com conexidade fraca. Cláusula penal como limite às perdas e danos. In: Antônio Junqueira de Azevedo, *Novos estudos e pareceres de direito privado*, São Paulo: Saraiva, 2009, p. 70.

Por isso mesmo, o legislador estabeleceu que o motivo determinante ilícito acarreta a nulidade do negócio (art. 166, III,[242] Código Civil); e, ainda, que o falso motivo vicia a manifestação de vontade se expresso como razão determinante (art. 140,[243] Código Civil), a denotar que o motivo determinante opera no plano da validade do negócio jurídico, repercutindo na produção de seus efeitos. Ou seja, o motivo determinante expresso, comum às partes contratantes, deve ser lícito, verdadeiro e possível, sob pena de invalidade do negócio.

Se verdadeiras tais considerações, pode-se sustentar que o motivo determinante lícito e possível, uma vez declarado pelas partes, se incorpora à causa do contrato, compreendida como síntese de seus efeitos essenciais, integrando o conteúdo do negócio. Não por outra razão, reconhece-se, de um lado, que o motivo determinante se revela essencial à interpretação dos negócios jurídicos;[244] e, de outro lado, que sua violação implica inadimplemento contratual.[245]

---

[242] "Art. 166. É nulo o negócio jurídico quando: [...] III - o motivo determinante, comum a ambas as partes, for ilícito."

[243] "Art. 140. O falso motivo só vicia a declaração de vontade quando expresso como razão determinante."

[244] Pontes de Miranda, *Tratado de direito privado*, Rio de Janeiro: Editor Borsoi, 1970, t. 3, p. 72 e 98.

[245] Assim, Clóvis do Couto e Silva, *A obrigação como processo*, Rio de Janeiro: Editora FGV, 2006, p. 40 e ss. Cf., no mesmo sentido, o posicionamento dos Tribunais: "A promessa, feita durante a construção do Shopping Center a potenciais lojistas, de que algumas lojas-âncoras de grande renome seriam instaladas no estabelecimento para incrementar a frequência de público, consubstancia promessa de fato de terceiro cujo inadimplemento pode justificar a rescisão do contrato de locação, *notadamente se tal promessa assumir a condição de causa determinante do contrato* e se não estiver comprovada a plena comunicação aos lojistas sobre a desistência de referidas lojas, durante a construção do estabelecimento. [...] Vale ressaltar que não defendo, aqui, a existência de uma suposta obrigação geral de os Shopping Centers conferirem, sempre, aos respectivos lojistas, garantia de sucesso econômico. De fato, como bem observado pelo i. Min. Relator, não haveria sentido em se reputar existente tal obrigação. *Ponderto apenas que se o TJ/RJ, em análise soberana do contexto fático, reconheceu o descumprimento de um dever assumido expressamente pelo locador e se tal dever, também consoante a análise das provas promovida na origem, fora determinante para a decisão de investimento dos lojistas, o reconhecimento do inadimplemento contratual é de rigor*" (STJ, REsp 1259210, 3ª T., Rel. Min. Massami Uyeda, Rel. p/ acórdão Min. Nancy Andrighi, julg. 26-6-2012; grifou-se). V. tb. TJSP, Ap. Cív. 6195009720008260100, 25ª Câmara de Direito Privado, Rel. Des. Sebastião Flávio, julg. 14-12-2010; e TJSP, Ap. Cív. 212.162-4-4, 3ª CC, Rel. Des. Ênio Santarelli Zuliani, julg. 5-11-2002.

De outra parte, mostra-se despicienda a ausência de previsão legislativa quanto à causa como requisito do negócio jurídico. A se considerar que todo fato social é jurídico[246] e desempenha determinada função – compreendida como mínima unidade de efeitos essenciais –, recebendo uma valoração expressa ou implícita no âmbito sistema, também o contrato há de ser estudado sob a perspectiva funcional.

O tema da causa dos contratos afigura-se dentre aqueles mais tortuosos do direito civil contemporâneo. Por essa razão, pretende-se abordar a importância da causa nos contratos, a qual corresponde à sua função em matéria contratual, sem, contudo, esgotar a sua problemática.

Especificamente, busca-se, neste trabalho, enfrentar a noção de contrato incompleto sob a perspectiva funcional, identificando-se o traço distintivo da causa dos negócios jurídicos incompletos, tendo em vista que apenas a função possibilita que se remodelem as tradicionais categorias do direito privado, como propriedade, a empresa e o contrato, à realização dos valores constitucionais. Por meio da função, permite-se, ainda, tutelar de forma adequada os interesses perseguidos pela autonomia privada com o concreto regulamento contratual.

Com efeito, a função permite que se determine a disciplina jurídica aplicável ao caso concreto que melhor atenda às peculiaridades dos interesses em jogo, se amoldando, portanto, à concreta ordem de interesses que se pretende regular. Assim, por meio da função dos fatos jurídicos, é possível dar uma resposta por parte do ordenamento aos mais variados casos concretos que surgem no seio social e que, por vezes, não se encaixam em determinadas estruturas predispostas pelo ordenamento.

A propósito, insista-se que a funcionalização compreende o processo que atinge todos os fatos jurídicos. A função do fato corresponde à síntese de seus efeitos essenciais, sua profunda e complexa razão justificadora: ela refere-se não apenas à vontade dos sujeitos, mas ao fato em si, enquanto social e juridicamente relevante. Com base na *função prático-social* que realiza, é possível qualificar o fato, atraindo, por conseguinte, a disciplina jurídica aplicável.[247] Em matéria contratual, a função identifica-se, como se disse, com a causa.

---

[246] Pietro Perlingieri, *O direito civil na legalidade constitucional*, cit., p. 639-640.

[247] Pietro Perlingieri, *Perfis de direito civil:* introdução ao direito civil constitucional, cit., p. 96.

A partir do perfil funcional, o ordenamento civil-constitucional "conforma a função de cada situação subjetiva em sentido social".[248] Permite-se, assim, a alusão à função social das situações jurídicas subjetivas, como elemento interno do direito, que, a um só tempo, constitui a razão justificadora de sua atribuição a certo titular e condiciona o seu exercício, de modo que o exercício do direito apenas merecerá tutela se promover a função social.[249] O perfil funcional permite vincular, de forma dinâmica, a estrutura do direito, em especial dos fatos jurídicos, dos centros de interesse privado e das relações jurídicas, aos valores da sociedade consagrados pelo ordenamento no Texto Constitucional. Assim, possibilita que o controle social não se limite ao exame de estruturas ou tipos abstratamente considerados, dando lugar ao exame de merecimento de tutela do tipo no caso concreto. Daí afirmar-se que a função social é elemento interno e razão justificadora da autonomia privada, tendo em vista que instrumentaliza as estruturas jurídicas aos valores constitucionais, permitindo o controle dinâmico e concreto da atividade privada.

A função social permite, portanto, que o ato de autonomia privada se sujeite a juízo de valor, que não se limita ao mero juízo de licitude: o ato, para que seja merecedor de tutela, há de promover os valores constitucionais.[250] No sistema atual, a função social amplia para o domínio do contrato a noção de ordem pública. Como ensina Gustavo Tepedino, "tal como observado em relação à propriedade, em que a estrutura interna do direito é remodelada de acordo com sua função social, concretamente definida, e que se constitui em pressuposto de validade do exercício do próprio domínio, também o contrato, uma vez funcionalizado, se transforma em um 'instrumento de realização do projeto constitucional' e das finalidades sociais definidas constitucionalmente".[251]

---

[248] Pietro Perlingieri, *O direito civil na legalidade constitucional*, cit., p. 670-671.

[249] Gustavo Tepedino, Novos princípios contratuais e a teoria da confiança: a exegese da cláusula *to the best knowledge of the sellers*. In: Gustavo Tepedino, *Temas de direito civil*, Rio de Janeiro: Renovar, 2006, t. 2, p. 251.

[250] No mesmo sentido de atribuir à função social a relevância de determinar que o ato de autonomia privada concretize os valores constitucionais, v. Cláudio Luiz Bueno de Godoy, Função social do contrato: os novos princípios contratuais. In: Renan Lotufo (Coord.), *Coleção professor Agostinho Alvim*, 4. ed., São Paulo: Saraiva, 2012, p. 132-133; 135.

[251] Gustavo Tepedino et al., Código civil interpretado conforme a constituição da república, v. 2, cit., p. 10. Sobre a autonomia privada e a alteração qualitativa de seu conceito na nova ordem de valores constitucionais, cf., ainda, Heloisa Helena Barboza, Reflexões sobre a auto-

Desse modo, a função – que não se confunde com função social[252] – corresponde precisamente à síntese dos efeitos essenciais que são avaliados, sujeitando-se ao controle valorativo por parte do ordenamento, a partir do parâmetro da função social.[253] De acordo com a função que a situação jurídica desempenha, serão definidos os poderes atribuídos ao titular do direito subjetivo e das situações jurídicas subjetivas. No sentido de causa aqui adotado, a causa ou função do contrato – repita-se – equivale à mínima unidade de efeitos essenciais do concreto negócio, os quais permitem ao intérprete qualificar o ajuste e, por conseguinte, determinar a disciplina jurídica que lhe é aplicável.[254] A causa corresponde, portanto, à *função econômico-individual*[255] ou *função prático-social* do contrato, considerada objetivamente e identificada no caso concreto, que exprime a racionalidade desejada pelos contratantes, seus interesses perseguidos *in concreto,* com base na qual se interpreta e se qualifica o negócio, em procedimento único e incindível. Na lição do Prof. Pietro Perlingieri:

> "Todo fato juridicamente relevante e, em particular, todo fato humano voluntário, todo ato de iniciativa privada tem uma função, a qual ou é predeterminada pelo ordenamento nos esquemas típicos, ou é modelada pela iniciativa dos sujeitos. A função, portanto, é a síntese causal do fato, a sua profunda e complexa

---

nomia negocial. In: Gustavo Tepedino; Luiz Edson Fachin (Coord.), *O direito e o tempo: embates jurídicos e utopias contemporâneas:* estudos em homenagem ao Professor Ricardo Pereira Lira, Rio de Janeiro: Renovar, 2008, p. 407 e ss.

[252] Acerca da distinção entre função e função social, cf. o instigante trabalho de Carlos Nelson Konder, Causa do contrato x função social do contrato: estudo comparativo sobre o controle da autonomia negocial. In: *Revista trimestral de direito civil*, Rio de Janeiro: Padma, v. 43, p. 33-75, jul./set. 2010.

[253] O parâmetro da função social restou positivado, no plano infraconstitucional, no art. 421 do Código Civil, segundo o qual "A liberdade de contratar será exercida em razão e nos limites da função social do contrato."

[254] V., no sentido do texto, Pietro Perlingieri, *Perfis de direito civil:* introdução ao direito civil constitucional, cit., p. 96. V. tb. Maria Celina Bodin de Moraes, A causa dos contratos. In: *Revista Trimestral de Direito Civil*, Rio de Janeiro: Padma, v. 21, p. 98 e 107, jan./mar. 2005; e Gustavo Tepedino, Questões controvertidas sobre o contrato de corretagem. In: Gustavo Tepedino, *Temas de direito civil,* t. 1, cit., p. 151 e ss.

[255] Reconhecendo a causa como função econômico-individual, cf. Giovanni Battista Ferri, *Motivi, presupposizione e l'idea di meritevolezza*, cit., p. 335.

razão justificadora: ela refere-se não somente à vontade dos sujeitos que o realizam, mas ao fato em si, enquanto social e juridicamente relevante. A razão justificadora é ao mesmo tempo normativa, econômica, social, política e por vezes também psicológica [...]. É necessária uma avaliação circunstanciada e global do fato. Avaliação e qualificação são uma coisa só, porque o fato se qualifica com base na função prático-social que realiza. Não é suficiente procurar somente os efeitos próprios e qualificar um fato como produtivo, modificativo ou extintivo de efeitos. Limitar-se a isso significa não considerar a natureza dos interesses e a diversa relevância que, em concreto, os atos assumem. A individuação deve compreender a razão da constituição, modificação ou extinção [...] em relação ao concreto regulamento de interesses. [...] A função do fato jurídico é expressa não pela descrição, mas pela *síntese* dos seus efeitos *essenciais*."[256]

Em suma, por meio da causa contratual, examinada *in concreto* a partir da síntese de efeitos essenciais do fato jurídico, o intérprete qualifica o negócio e identifica, na complexidade de fontes normativas, qual a disciplina jurídica que irá reger o ajuste, de acordo com os efeitos pretendidos com o concreto regulamento de interesses.

Atribuíram-se, entretanto, à causa contratual, outros diversos significados, construídos pela doutrina ao longo dos anos de estudos dedicados à matéria. Dentre tais acepções, destaca-se a célebre noção defendida por Emilio Betti, segundo a qual a causa consiste na função econômico-social do negócio, isto é, na *síntese de seus elementos essenciais*, que conduzem ao tipo contratual. Desse modo, identifica-se a causa com o tipo contratual, isto é, com o abstrato esquema regulamentar ao qual se remete a operação levada a cabo pelas partes. Na definição de Emilio Betti:

"A causa ou razão do negócio se identifica com a *função econômico social* do inteiro negócio, considerado no exame de tutela jurídica, na *síntese* de seus elementos

---

[256] Pietro Perlingieri, *Perfis de direito civil:* introdução ao direito civil constitucional, cit., p. 96.

essenciais, como totalidade e unidade funcional em que se explica a autonomia privada. Os elementos necessários para a existência do negócio são também elementos indispensáveis à função típica que lhe é característica. A sua síntese, como representa o tipo de negócio, enquanto negócio causal, do mesmo modo representa também sua função típica. Função econômico-social do tipo de negócio, enquanto explicação da autonomia privada, a qual é um fenômeno social antes de se tornar, com o reconhecimento, um fato jurídico. Na verdade, se a causa fosse simplesmente a função jurídica, essa não seria a síntese funcional dos elementos do negócio, mas a síntese dos efeitos que o direito lhe reúne, e não existiria ato jurídico que não tivesse uma 'causa' neste sentido, precisamente porque produtivo de efeitos."[257]

Para Betti, o direito do Estado exerce o papel de controle dos escopos práticos perseguidos pelos particulares no exercício de sua autonomia.[258] Nessa linha, sustenta que, no negócio jurídico, a vontade privada não se afigura soberana, tendo em conta que se mostra apta a produzir apenas os efeitos autorizados pelo ordenamento jurídico, o qual exprime – esse sim – a soberania do Estado. Em uma palavra, o Estado reconhece juridicidade ao negócio, como expressão da autonomia privada, já socialmente operante.

Os adeptos dessa tese,[259] com vistas a evitar a afirmação segundo a qual os contratos típicos, enquanto previstos pela lei, possuem sempre causa lícita, distinguem o esquema causal abstrato – representado pelo tipo, ou seja, pela causa como função econômico-social – da causa do negócio concreto, identificada pelos interesses perseguidos e regulados pelo contrato.[260]

---

[257] Emilio Betti, *Teoria generale del negozio giuridico*, 2. ed., Napoli: Edizione Scientifiche Italiane, 1994, p. 180; tradução livre.

[258] Emilio Betti, *Teoria generale del negozio giuridico*, cit., p. 186-187.

[259] A tese de Betti, com efeito, foi defendida e aprimorada por diversos doutrinadores. V., sobre o tema, Giovanni Battista Ferri, *Motivi, presupposizione e l'idea di meritevolezza*, cit., p. 339 e ss., o qual passa em revista as diversas concepções de causa, antes e depois de Betti.

[260] V., por todos, Emilio Betti, *Teoria generale del negozio giuridico*, cit., p. 196 e ss.

Perlingieri, em crítica a essa concepção de causa como síntese dos elementos essenciais, abeberando-se da lição de Salvatore Pugliatti,[261] sustenta que a causa deve ser compreendida como *função econômico-individual* ou *prático-social*, a qual corresponde ao valor e à importância que determinada operação negocial assume, no caso concreto, para as partes. Por outras palavras, a causa corresponde à síntese dos efeitos jurídicos diretos e essenciais do contrato, identificada no caso concreto, não já de seus elementos essenciais. Os efeitos essenciais, assim, relacionam-se aos interesses perseguidos pelas partes com o concreto negócio. Daí afirmar que, diante da pluralidade de contratos de compra e venda, embora se identifique o mesmo tipo, cada negócio apresenta causa diferenciada, de acordo com os específicos interesses perseguidos pelos contratantes.[262]

A qualificação dos interesses que os contratantes pretendem realizar, portanto, se opera no caso concreto, a denotar a importância, para fins de quali-

---

[261] Salvatore Pugliatti, *Diritto civile:* metodo – teoria – pratica, Milano: Giuffrè, 1951, p. 81-83. Na doutrina brasileira, no mesmo sentido do texto, cf. Gustavo Tepedino, Questões controvertidas sobre o contrato de corretagem. In: Gustavo Tepedino, *Temas de direito civil*, t. 1, cit., p. 151 e ss.; e Maria Celina Bodin de Moraes, *A causa dos contratos*, cit., p. 98 e ss.

[262] Pietro Perlingieri, *Manuale di diritto civile*, cit., p. 370. Identifica-se, como visto, no debate sobre a causa contratual, divergência entre a tese de Pugliatti, segundo a qual a causa deve ser compreendida, como já enunciado, como a síntese dos efeitos essenciais, e a de Betti, para quem a causa traduz a síntese dos elementos essenciais (Emilio Betti, *Teoria generale del negozio giuridico*, cit., p. 180 e 181-186). Betti critica Pugliatti ao argumento de que não se poderia definir uma categoria por seus efeitos, os quais pressupõem elementos essenciais que lhe são anteriores (Emilio Betti, *Teoria generale del negozio giuridico*, cit., p. 180). Pugliatti, em resposta, sublinha que é na produção de efeitos no caso concreto que se verifica a função técnico-jurídica produzida pelo fato, não bastando a referência a uma função genérica. A causa deve ser identificada não em uma ou outra função econômica ou social ou puramente empírica, mas unicamente na sua particular razão de ser jurídica. A causa é, desse modo, o esquema predisposto pela norma para a obtenção de efeitos jurídicos predeterminados pela mesma norma. A função econômico-social, por ser peculiar a cada operação concreta, não serviria a qualificar um tipo contratual abstrato (Salvatore Pugliatti, *Diritto civile:* metodo – teoria – pratica, cit., p. 89-90). No direito brasileiro, Antônio Junqueira de Azevedo, inspirando-se em Betti, ao examinar os planos de existência, validade e eficácia do negócio jurídico, cria distinção entre elemento categorial inderrogável objetivo e causa. Segundo o autor, é o elemento categorial e não a causa que fixa o regime jurídico a que o negócio obedece. O elemento categorial inderrogável objetivo integra a estrutura do negócio e a causa permanece extrínseca à sua constituição. A causa, assim, não diria respeito aos elementos essenciais do negócio jurídico, mas se circunscreveria ao plano da eficácia (Antônio Junqueira de Azevedo, *Negócio jurídico: existência, validade e eficácia*, cit., p. 149-151).

ficação e interpretação do negócio,[263] da causa *in concreto*, não já da causa abstrata, representada pelo tipo negocial. Como se colhe da clássica lição de Ferri:

> "O *modelo comportamental*, que o tipo organiza e exprime, nada diz acerca da *concreta liceidade dos interesses* que, através do uso daquele modelo (e da disciplina nele expressa), os particulares pretenderam realizar; particulares que, na concreta utilização de tal modelo, podem, por outro lado, aportar a esse modificações 'estruturais' que, se particularmente incisivas, dão lugar a estruturas contratuais *atípicas*. [...] o juízo de *merecimento de tutela* ou de *liceidade* refere-se sempre e apenas aos *interesses* que as partes, por meio do negócio, efetivamente e concretamente regularam; não já aos modelos estruturais eventualmente utilizados pelos particulares."[264]

Em contraposição à função, relacionada ao aspecto dinâmico do fato jurídico, tem-se a estrutura do fato jurídico, a qual concerne ao aspecto estático, à descrição da estruturação de poderes atribuídos ao titular de determinada situação jurídica subjetiva, traduzida na expressão "como é". Relaciona-se à estrutura a determinação de quantas partes afiguram-se necessárias à formação de ato idôneo a provocar determinados efeitos, mediante os quais se exprime juridicamente o significado do fato humano. O ato que requer a declaração de uma só parte, por exemplo, tem estrutura unilateral, ao passo que o ato bilateral depende da declaração de duas partes.

A estrutura do fato revela-se variável em abstrato e determinada em concreto, a partir da função por ele desempenhada. Sublinhe-se que uma mesma função pode se realizar por meio de várias estruturas; mas a estrutura será determinada pela função do negócio ou, ainda, pela concreta relação que se pretende constituir, modificar ou extinguir.[265]

---

[263] A interpretação e qualificação do negócio consistem em procedimento unitário, realizado em momento único e incindível. V., nessa direção, Pietro Perlingieri, *Perfis do direito civil:* introdução ao direito civil constitucional, cit., p. 101.

[264] Giovanni Battista Ferri, *Motivi, presupposizione e l'idea di meritevolezza*, cit., p. 375; tradução livre.

[265] Pietro Perlingieri, *Perfis do direito civil:* introdução ao direito civil constitucional, cit., p. 95.

Diante da perspectiva funcional dos fatos jurídicos, almeja-se com este trabalho estabelecer o perfil funcional do contrato incompleto com vistas a tutelar, de forma mais adequada, os interesses dos particulares na gestão de riscos atinentes a complexas operações econômicas, tendo em vista que os tipos contratuais tal como predispostos pelo ordenamento jurídico frequentemente se afiguram insuficientes à proteção dos interesses da autonomia privada no exercício de suas atividades.

Dito diversamente, os tipos contratuais previstos em lei, no mais das vezes, não atendem às necessidades dos particulares no caso concreto, sobretudo em complexas operações econômicas que se protraem no *tempo* e se revestem de forte *incerteza*, demandando contratos de longa duração que se adaptem à superveniência de diversos riscos econômicos.

Os particulares, nessas hipóteses, ao contratarem, desconhecem os eventos supervenientes que poderão atingir as prestações contratuais e, por isso mesmo, buscam solução que se mostre capaz de gerir esses riscos econômicos. Os esquemas causais abstratos, nesse cenário, ordinariamente, se afiguram insuficientes à gestão das superveniências, as quais, uma vez verificadas, acarretarão desequilíbrio entre as prestações. Daí a razão justificadora de se perquirir esquema contratual cuja função abranja precisamente a gestão negativa do risco econômico inerente às complexas operações econômicas engendradas pela autonomia privada. Aludido esquema contratual corresponde ao contrato incompleto.

Abandona-se, assim, a perspectiva econômica do contrato incompleto, que o compreende como solução para os problemas da racionalidade limitada dos contratantes e dos custos de transação, adotando a eficiência como critério único para considerar legítimos ou ilegítimos os negócios incompletos.

Em sentido diverso à análise econômica do direito, propõe-se o conceito jurídico-funcional de contrato incompleto, estabelecendo o traço distintivo de sua causa, isto é, os efeitos essenciais que, identificados no caso concreto, permitirão sua qualificação como negócio jurídico incompleto e, por conseguinte, a determinação da disciplina jurídica que lhe é aplicável. A partir da perspectiva funcional do contrato incompleto, pretende-se inseri-lo, no âmbito do sistema, como negócio jurídico lícito e merecedor de tutela destinado ao atendimento dos interesses concretos dos particulares na gestão dos riscos que atingem complexas operações econômicas, a evidenciar os novos confins da autonomia privada na legalidade constitucional.

2.2 O contrato incompleto sob a perspectiva funcional

As próximas linhas se dedicam ao estudo do contrato incompleto sob a perspectiva funcional, adotando-se a metodologia de direito civil-constitucional. Antes de se adentrar no exame do traço distintivo da causa do contrato incompleto, analisa-se a álea normal dos contratos, objeto de gestão negativa, pelas partes, no regulamento contratual incompleto.

2.2.1 A álea normal dos contratos

A álea normal ou *ordinária*, associada comumente aos contratos comutativos, não encontra previsão expressa no ordenamento jurídico brasileiro. O Código Civil Brasileiro limitou-se a se referir ao *fato extraordinário* como um dos requisitos para a aplicação da teoria da excessiva onerosidade, que se contraporia ao fato ordinário, relativo à álea normal do contrato.

Com efeito, a excessiva onerosidade, na dicção do art. 478 do Código Civil, se configura caso se verifique, em contratos de execução continuada ou diferida, fato superveniente, imprevisível e *extraordinário*, não imputável aos contratantes, que acarrete desequilíbrio entre as prestações do contrato, a ensejar o pedido de revisão ou resolução do ajuste. Desse modo, a onerosidade se afigurará excessiva se extrapolar a álea normal do contrato, desencadeando extrema vantagem para a contraparte.

O fato extraordinário consiste naquele que se situa fora da álea normal dos contratos, ou seja, que extrapola os riscos ordinariamente previstos em determinada espécie contratual e alocados entre os contratantes no caso concreto. Já o fato imprevisível escapa à possibilidade de previsão dos contratantes razoavelmente cautelosos no momento da celebração do contrato. O art. 478 do Código Civil requer, para fins de aplicação da teoria da excessiva onerosidade, que o fato seja extraordinário e imprevisível. O juízo quanto à extraordinariedade do fato se relaciona com aquele acerca de sua imprevisibilidade, já que, em regra, examinar se o evento é previsível ou imprevisível significa investigar se ele se insere na álea normal do contrato.[266] Entretanto, no caso concreto, as partes poderão alocar os riscos de determinado fato extraordinário a uma delas, de modo que este fato extraordinário se revelará previsível na hipótese concreta, alargando-

---

[266] Vincenzo Roppo, *Il contratto*, cit., p. 1026.

-se a álea normal do contrato. A análise quanto à previsibilidade do evento superveniente – afirma-se em doutrina – deve ser efetuada de acordo com a possibilidade de o homem médio antever o acontecimento no momento da estipulação do contrato.[267] O magistrado deverá apurar se o homem comum, uma vez situado nas mesmas condições do caso concreto, considerando a natureza do contrato, a capacidade dos contratantes, as condições de mercado e demais particularidades, teria condições de prever o evento superveniente.[268] Em caso positivo, o evento afigurar-se-á previsível, de modo a excluir a aplicação da excessiva onerosidade.

O evento previsível se identifica, assim, com a álea normal ou ordinária do contrato. Pode-se afirmar, portanto, de início, que a álea normal corresponde aos eventos previsíveis de determinada espécie negocial, que irão influenciar suas prestações. Justamente por se revelarem previsíveis, os efeitos da oscilação da álea normal do contrato sobre as prestações não irão desencadear a aplicação da teoria da excessiva onerosidade, ainda que acarretem desequilíbrio entre as prestações. Cuida-se de fato previsível e ordinário (*rectius*, álea normal), objeto da alocação de riscos efetuada pelas partes no contrato.

Não por outra razão, os ordenamentos jurídicos que aludiram expressamente à álea normal, o fizeram com o intuito de afastar a incidência da teoria da excessiva onerosidade. À guisa de exemplo, o Código Civil italiano de 1942 introduziu a locução álea normal, em seu art. 1.467,[269] com o objetivo de impossibilitar o pleito de resolução do negócio por excessiva onerosidade, se o desequilíbrio entre as prestações resultar da álea normal do contrato. Aludido dispositivo consistiu em alvo de críticas doutrinárias,[270] por força

---

[267] Aldo Boselli, Eccessiva onerosità. In: *Novissimo digesto italiano*, v. 6, cit., p. 336; Luigi Mosco, Impossibilità sopravvenuta. In: *Enciclopedia del diritto*, Milano: Giuffrè, 1970, v. 20, p. 426.

[268] Vincenzo Roppo, *Il contratto*, cit., p. 1025.

[269] "Art. 1467. Contrato com prestações correspectivas. Nos contratos de execução continuada ou periódica ou de execução diferida, se a prestação de uma das partes se torna excessivamente onerosa em razão de acontecimentos extraordinários e imprevisíveis, a parte que deve tal prestação pode demandar a resolução do contrato, com os efeitos estabelecidos no art. 1458 (art. 168 das disposições transitórias). A resolução não pode ser demandada se a onerosidade superveniente se insere na álea normal do contrato. A parte contra a qual é demandada a resolução pode evitá-la oferecendo-se a modificar equitativamente as condições do contrato (962, 1623, 1664, 1923)." (tradução livre).

[270] V., nessa direção, Enrico Gabrielli, Alea e svalutazione monetaria nell'offerta di riduzione ad equità. In: *Rassegna di Diritto Civile*, Napoli: Edizione Scientifique Italiane, nº 3, p. 721, 1983.

da confusão que poderia gerar entre a álea em sentido técnico, que qualifica os contratos aleatórios, e a álea considerada normal. A partir daí, surgiram múltiplas definições de álea normal, embora a maior parte da doutrina a conceituasse como álea econômica, caracterizada pela oscilação de valor das prestações, incidente sobre o resultado econômico do contrato para cada um dos contratantes e assumida implicitamente pelas partes ao celebrarem o negócio. Vale passar em revista algumas definições doutrinárias de álea normal do contrato antes de enunciar sua conceituação no direito brasileiro.

De acordo com Gianguido Scalfi, denominam-se álea normal do contrato os acontecimentos que, embora, em princípio, não sejam levados em consideração pelas partes ao determinar o conteúdo do contrato, afiguram-se previsíveis. A álea normal se caracteriza pela normalidade e previsibilidade do evento que possa vir a ocorrer no curso da relação contratual, em contraposição à extraordinariedade e imprevisibilidade próprias dos eventos que tornam excessivamente onerosa a prestação e propiciam a resolução do contrato.[271]

Dito diversamente, a álea normal do contrato diz com a influência possível e previsível, sobre as prestações, da oscilação dos valores de mercado conexos a uma das prestações correspectivas, ou de circunstâncias relativas a um dos comportamentos devidos idôneos a criar um desequilíbrio de valores entre as prestações ou a tornar uma prestação onerosa em relação à outra nos contratos com prestações correspectivas.[272]

Note-se que, segundo Scalfi, a lei irá determinar a medida da normalidade e o limite entre normalidade e extraordinariedade do evento. No direito italiano, por exemplo, se insere na álea normal do contrato de empreitada a variação no limite de 10% do custo da mão de obra e do material (art. 1.664, Código Civil italiano) ou, ainda, na cessão de crédito *pro soluto*, inclui-se na álea normal a insolvência do devedor cedido, a qual influi sobre o valor do direito de crédito transferido ao cessionário.[273]

Desse modo, a álea normal influi somente sobre o valor das prestações, ao passo que a álea que caracteriza os contratos aleatórios exerce

---

[271] Gianguido Scalfi, *Corrispettività e alea nei contratti*, Milano: Istituto Editoriale Cisalpino, 1960, p. 133-134.

[272] Gianguido Scalfi, *Corrispettività e alea nei contratti*, cit., p. 135. V., no mesmo sentido, Luigi Balestra, *Il contratto aleatorio e l'alea normale*, cit., p. 130.

[273] Gianguido Scalfi, *Corrispettività e alea nei contratti*, cit., p. 135-137.

influência sobre a existência ou determinação física das prestações (no número, peso, medida). Por outras palavras, a álea normal é extrínseca ao contrato no sentido de que se refere a evento que age sobre uma prestação já determinada, assumindo relevância apenas como limite (negativo) do pressuposto de ação de resolução por excessiva onerosidade;[274] a álea dos contratos aleatórios, ao revés, consiste em elemento essencial da *fattispecie* produtora de efeitos jurídicos, isto é, elemento intrínseco que determina a prestação em sua consistência física.

Scalfi considera, ainda, inútil estender a noção de álea normal ao risco do comportamento doloso da outra parte (art. 1.229, Código Civil italiano), ao risco da evicção decorrente de fato do vendedor (art. 1.487, Código Civil italiano) e ao risco de vício oculto de coisa já vendida percebido pelo vendedor (art. 1.490, Código Civil italiano). A falta ou incompleta obtenção da prestação por fato do contratante que deve adimpli-la e, de todo modo, seu comportamento anticontratual não têm o caráter de objetiva incerteza de que se reveste a álea normal, dependendo, ao contrário, do arbítrio das partes.[275]

Nesse particular, Rosário Nicolò sustenta, em contrapartida, que as partes, ao assumirem negocialmente esses riscos do comportamento anticontratual, não transformam o contrato comutativo em aleatório, mas se limitam a estender convencionalmente, a cargo de uma delas, o âmbito da álea normal, a qual exclui a invocação do remédio contra a excessiva onerosidade superveniente.[276] A álea normal seria qualitativamente diversa do elemento intrínseco que define os contratos aleatórios e se aproximaria da álea extrínseca ao conteúdo contratual.[277] A condição de que a onerosidade excessiva exorbite a álea nor-

---

[274] Gianguido Scalfi, *Corrispettività e alea nei contratti*, cit. p. 137-138. Sintetiza o autor suas conclusões da seguinte forma: "a) a álea nos contratos aleatórios é elemento essencial da *fattispecie* produtora de efeitos jurídicos; b) a álea nos contratos aleatórios determina uma prestação na sua consistência física; c) a álea nos contratos aleatórios é intrínseca ao contrato, ao revés; a) a álea normal é relevante como índice limite do pressuposto da ação de resolução por excessiva onerosidade; b) a álea normal influi sobre valor da prestação; g) a álea normal é extrínseca ao contrato" (tradução livre).

[275] Gianguido Scalfi, *Corrispettività e alea nei contratti*, cit., p. 134-135.

[276] Rosario Nicolò, Alea. In: *Enciclopedia del diritto*, Milano: Giuffrè, 1954, v. 1, p. 1.027.

[277] O autor define a álea extrínseca ao conteúdo contratual como aquela em que a possibilidade de consequências favoráveis ou desfavoráveis ao interesse de um ou mais sujeitos, derivadas de um evento incerto, incida sobre o resultado econômico da execução de uma relação contratual. Aqui, o sujeito ou os sujeitos da relação assumem, independentemente de intenção, o risco

mal do contrato, para que incidam os mecanismos legais de correção do desequilíbrio contratual, não coincide com o requisito quantitativo da onerosidade superveniente (que deve ser excessiva), mas refere-se a perfil qualitativo: deve-se examinar se o tipo contratual, pelo seu conteúdo e função, determina que as partes, no momento da conclusão do contrato, tenham a consciência de que enfrentarão certa margem de risco, coligada a eventual verificação de situações de fato e de acontecimentos (econômicos ou de outra natureza), que incidirão sobre o desenvolvimento daquele tipo de relação e influenciarão o resultado econômico que almejam alcançar. Trata-se de álea que não se insere no conteúdo do contrato de modo a qualificá-lo, mas permanece extrínseca, conexa à execução da relação contratual, dependente de fatores externos. O limite dessa margem de risco, cujas consequências desfavoráveis são imputadas à esfera jurídica do sujeito que as suporta, varia de acordo com o tipo contratual e deve ser valorado pelo intérprete no caso concreto.[278]

Aldo Boselli, a seu turno, sustenta que a álea normal não é um *tercio genus* em relação ao risco interno e externo do contrato, considerando que os riscos não comportam distinção qualitativa, mas apenas quantitativa, e que, do ponto de vista jurídico, não existe outra possibilidade de distinção senão a que diferencia o risco compreendido e o não compreendido na troca contratual. O que admite e explica a peculiar função da álea normal é a relação de tolerância entre o risco estranho à troca contratual e a causa típica do negócio. Cada negócio possui uma zona de imunidade ou de tolerância dentro da qual os efeitos do risco estranho à troca contratual são compatíveis com a causa. A partir do momento em que o risco estranho supera esse limite, variável de acordo com cada tipo contratual, altera-se a causa do contrato. A álea normal traduz, pois, uma órbita de risco a qual nenhum dos contratantes pode se subtrair, vez que é natural à causa do contrato. No contrato de mútuo, por exemplo, a álea normal corresponderia à oscilação de valor entre a soma dada e a soma recebida de acordo com o mercado.[279]

---

inerente àquele resultado, que pode ser levado a conclusões mais ou menos diversas daquelas que formavam o objeto da previsão inicial, justamente para efeito de se verificarem os eventos produtores de consequências economicamente úteis ou danosas. Trata-se de álea extrínseca ao mecanismo do contrato, que depende de fatos sucessivos ao momento de sua execução. Assim, por exemplo, o adquirente de um bem faz um bom negócio se o mercado se orienta para a valorização desse bem (Rosario Nicolò, Alea. In: *Enciclopedia del diritto*, v. 1, cit., p. 1025).

[278] Rosario Nicolò, Alea. In: *Enciclopedia del diritto*, v. 1, cit., p. 1026.

[279] Aldo Boselli, Alea. In: *Novissimo digesto italiano*, 3. ed., Torino: UTET, 1957, v. 1, p. 476.

Agostino Gambino define álea normal do contrato como a possibilidade, inerente a todos os contratos de execução não imediata, de oscilações de valor das recíprocas prestações causadas pela normal flutuação de mercado. Cuida-se de variação normal do equilíbrio de valores originariamente estabelecido pelas partes, que deve ser por elas suportado, de tal sorte que não se admite a resolução do negócio. Em outras palavras, a álea normal refere-se à possibilidade, em certo período de tempo, de normais variações de valor econômico das prestações contratuais. De acordo com o autor, tal álea se manifesta na incerteza, em razão dos efeitos diferidos do contrato, do resultado econômico final, também presente nos contratos aleatórios.[280]

Giuseppina Capaldo sustenta, sinteticamente, que a álea normal consiste no simples risco econômico que incide sobre o valor das prestações por força de eventos não pertinentes àqueles extraordinários e imprevisíveis.[281]

Di Giandomenico, após analisar diversas definições, sustenta que a álea normal tem significado mais restrito daquele de risco contratual, vez que indica somente o risco conatural e próprio do tipo contratual e da causa concreta escolhida pelas partes. A álea normal não se refere ao risco do inadimplemento da contraparte ou ao risco do valor econômico do negócio, mas àquele decorrente da oscilação de valores das prestações em razão do tipo e da causa concreta eleitos pelos contratantes. Quando as partes concluem um contrato, devem estar cientes de que o tipo escolhido comporta certo risco atinente a eventuais oscilações de valor que normalmente incidem sobre o desenvolvimento daquele tipo. Se, por exemplo, celebra-se contrato de empreitada, os contratantes devem saber que o preço dos materiais pode variar. A esse risco se acrescenta aquele pertinente à função concreta do negócio. No mesmo exemplo do contrato de empreitada, as partes podem ajustar que o risco devido a eventuais obras complexas, que sejam efetuadas por força das más condições do terreno sobre o qual se edificará o prédio, será imputado ao dono da obra ou ao empreiteiro. O somatório desses dois riscos – do tipo e da causa concreta – configura a álea normal do contrato.[282]

---

[280] Agostino Gambino, *L'assicurazione nella teoria dei contratti aleatori*, Milano: Giuffrè, 1964, p. 81-83.

[281] Giuseppina Capaldo, *Contratto aleatorio e alea*, Milano: Giuffrè, 2004, p. 17.

[282] Giovanni Di Giandomenico, I contratti speciali: i contratti aleatori, cit., p. 108.

Em face de tais definições doutrinárias, depreende-se que, a despeito das particularidades de cada autor, a noção de álea normal do contrato revela-se essencialmente a mesma. Nessa direção, pode-se conceituar, no direito brasileiro, a álea normal do contrato como o risco externo aos contratos, normalmente comutativos, de natureza previsível, variável em razão do funcionamento do mercado, que, embora não integre a causa do negócio, com ela mantém *relação de pertinência*, repercutindo diretamente no valor das prestações, a influenciar no resultado econômico final do negócio.

Dito por outros termos, a álea normal ou ordinária consiste no *risco econômico previsível* pertinente à causa do negócio entabulado pelas partes, identificada no caso concreto de acordo com o específico regulamento de interesses, o qual corresponde, precisamente, à oscilação de valor de prestações já determinadas em contratos de execução diferida ou continuada. Tal oscilação de valor, ditada pelo mercado, revela-se normal e previsível naquele determinado tipo contratual escolhido pelas partes, e exercerá influência sobre o resultado econômico final do negócio.

A título ilustrativo, pode-se invocar como exemplo de álea normal a oscilação do preço da matéria-prima ou da mão de obra na empreitada a preço global. Os desequilíbrios entre as prestações decorrentes da oscilação da álea normal, por serem previsíveis, não ensejam a aplicação da teoria da excessiva onerosidade. Essa se configura – repita-se – apenas diante de álea anormal ou extraordinária, de natureza imprevisível, que implique desequilíbrio entre as prestações assumidas no âmbito de contratos de execução diferida ou continuada. Eventual desequilíbrio provocado pela álea normal do contrato não autoriza, em definitivo, a incidência da teoria da excessiva onerosidade.

A álea normal de cada negócio há de ser identificada no caso concreto, de acordo com a causa *in concreto*, moldada pelos particulares no concreto regulamento de interesses, e não com a causa em abstrato.[283] Cada contrato apresentará uma álea normal diversa, embora o tipo em abstrato indique a variação econômica ordinariamente previsível naquela espécie negocial.

---

[283] Cf., sobre o ponto, no direito italiano, Francesco Delfini, *Autonomia privata e rischio contrattuale*, Milano: Giuffrè, 1999, p. 239. V., no mesmo sentido, com vasta referência bibliográfica, Luigi Balestra, *Il contratto aleatorio e l'alea normale*, cit., p. 133.

O direito brasileiro, embora não discipline a álea normal do contrato, reconhece a plena aplicabilidade do instituto, ao dispor no art. 620 do Código Civil que "Se ocorrer diminuição no preço do material ou da mão de obra superior a um décimo do preço global convencionado, poderá este ser revisto, a pedido do dono da obra, para que se lhe assegure a diferença apurada."

Da leitura *a contrario sensu* do dispositivo, depreende-se que a diminuição do preço do material ou da mão de obra no contrato de empreitada a preço global em até um décimo insere-se na álea normal deste tipo contratual, impossibilitando o pedido de revisão do ajuste pelo dono da obra.

Constata-se, assim, que o tipo contratual fornece ao intérprete indícios quanto à álea normal do negócio. No exemplo, o contrato de empreitada a preço global tem, geralmente, como álea normal, a variação do preço do material e da mão de obra em um décimo do preço contratado. Entretanto, a autonomia privada poderá ampliar[284] ou restringir o âmbito da álea normal do contrato, razão pela qual o intérprete deverá perquirir a álea normal do negócio no caso concreto, não já em abstrato, de acordo com o específico regulamento de interesses.

Diga-se, entre parênteses, que a autonomia privada, ao distender a álea normal do contrato comutativo, altera o espectro da oscilação de valores determinada pelo mercado, que repercutirá sobre as prestações, sem que se modifique a causa do negócio, que permanece comutativo.[285] Permite-se, desse modo, que a prestação atribuída aos contratantes se torne mais onerosa sem que seja possível invocar, em razão dessa oscilação específica de valor, as normas atinentes ao reequilíbrio contratual.[286]

---

[284] V., no mesmo sentido, Paolo Tartaglia, Onerosità eccessiva. In: *Enciclopedia del diritto*, Milano: Giuffrè, 1958, v. 30, p. 174; Francesco Delfini, *Autonomia privata e rischio contrattuale*, cit., p. 236; e Gianguido Scalfi, *Corrispettività e alea nei contratti*, cit., p. 139.

[285] Cf., nesse sentido, Giovanni Maresca, *Alea contrattuale e contratto di assicurazione*, Napoli: Giannini Editore, 1979, p. 55-56.

[286] Existem ainda os contratos com álea normal ilimitada, nos quais se afigura normal a possibilidade de se verificar, em curto espaço de tempo, amplíssimas variações de valor das prestações do negócio, a exemplo dos contratos de bolsa. Nesses contratos, todos os desequilíbrios de valor são considerados normais e previsíveis pelos contratantes, de sorte a afastar a possibilidade de revisão ou resolução contratual por excessiva onerosidade. V., sobre o tema, Agostino Gambino, *L'assicurazione nella teoria dei contratti aleatori*, cit., p. 84; Luigi Balestra, *Contratto aleatorio e alea*, cit., p. 140 e ss.; Agostino Gambino, *Normalità dell'alea e fatti di conoscenza*, Milano: Giuffrè, 2001, p. 165 e ss. e Francesco Delfini, *Autonomia privata e rischio contrattuale*, cit., p. 235.

Repita-se, ainda uma vez, que a álea normal não integra a causa do negócio, ou seja, não compõe a mínima unidade de efeitos essenciais do contrato e, portanto, não serve à sua qualificação. A álea normal consiste em risco econômico externo ao negócio, que incide sobre suas prestações, repercutindo na oscilação de seus valores. Todavia, a álea normal é identificada a partir da causa *in concreto*, pois mantém com essa *relação de pertinência*.

Precisamente por não integrar a causa do contrato, distingue-se, como anotado, a álea normal da álea jurídica, que qualifica os contratos aleatórios, traduzindo traço distintivo de sua causa.

A álea jurídica, como visto, corresponde à incerteza, presente no momento da celebração do negócio, quanto ao lucro ou prejuízo, em termos de atribuição patrimonial, que dele decorrerá para ambos os contratantes, a depender da verificação de evento incerto previsto pelas partes. O lucro ou prejuízo se afigura jurídico, traduzindo-se na execução de prestação, com a transferência de ativo do patrimônio de uma parte em favor da contraparte, deflagrada pelo implemento do evento incerto. A incerteza recai, por outros termos, na existência (*an*) e/ou na consistência física (peso, número e medida – *quantum*) da prestação, que será desempenhada se e apenas se ocorrer o evento incerto descrito no contrato. A álea jurídica integra a causa dos contratos aleatórios. Tal não quer significar, contudo, que os contratos aleatórios não sofram a incidência de riscos econômicos. Embora a álea normal refira-se ordinariamente aos contratos comutativos, existe também determinada álea normal relacionada à causa dos contratos aleatórios.

Como mencionado, o fator determinante para a qualificação do contrato como aleatório ou comutativo consistirá na presença ou ausência da álea jurídica. O contrato aleatório assim se qualifica em razão da presença da álea jurídica como elemento integrante da sua causa, a qual não se mostra presente na causa dos contratos comutativos. De fato, a álea normal dos contratos comutativos não tem o condão de torná-los aleatórios,[287] assumindo a qualidade de risco externo ao negócio, não integrando – repita-se ainda uma vez – sua causa, embora com ela mantenha relação de pertinência.

---

[287] Registra, ao propósito, Orlando Gomes: "A certeza esperada da prestação dos contratos comutativos não significa que estejam isentos de toda álea. Há, por assim dizer, uma álea normal em certos contratos que dependem do futuro, sem que percam por isso sua tipicidade comutativa, como na empreitada e no transporte." (*Contratos*, cit., p. 89).

À diferença dos contratos aleatórios, nos quais a determinabilidade da prestação, seja quanto à sua existência, seja quanto à sua consistência física (peso, medida e número), depende da deflagração do evento incerto previsto expressamente pelas partes, nos contratos comutativos a álea normal refere-se à oscilação ordinária (previsível) de valores que incide sobre prestações determinadas, desatrelada, em regra, de qualquer evento específico escolhido pelos contratantes.

A álea normal do contrato, por outro lado, torna incerto, do ponto de vista econômico, o resultado do contrato, ao passo que a álea jurídica que qualifica os contratos como aleatórios diz com a incerteza de lucro ou de prejuízo dos contratantes em termos de atribuição patrimonial, ou seja, sob o aspecto jurídico, relacionado ao cumprimento de determinada prestação, deflagrada pelo implemento do evento incerto.[288]

Verificado o desequilíbrio entre as prestações originariamente acordadas, por força da álea normal do contrato, a parte prejudicada não poderá invocar a excessiva onerosidade para corrigi-lo, inserindo-se a álea normal no risco do negócio a ser suportado pelos contratantes.

A álea normal, por traduzir, na linguagem vulgar, o *risco do negócio*, de natureza previsível, será necessariamente objeto de gestão pelos particulares nas contratações. Vale dizer: a autonomia privada, diante de determinada operação econômica que se protrai no tempo e se caracteriza pela incerteza dos resultados econômicos, irá celebrar contrato que discipline tal operação, de modo a alocar os riscos econômicos entre os contratantes.

A alocação dos riscos econômicos previsíveis equivale à distribuição dos ganhos e das perdas econômicas entre as partes, que irá se operar por ocasião da verificação do evento (*rectius*, implemento do risco). De fato, os riscos econômicos atingem as prestações contratuais, desequilibrando a equação econômica do contrato, sendo, caso previsíveis, objeto de gestão pelos contratantes.

Por outras palavras, as partes, ao celebrarem contratos de longa duração, que disciplinam complexas operações econômicas, desconhecem o resultado econômico final do negócio e não têm certeza quanto às superveniências ou riscos econômicos que poderão se verificar no decorrer da sua execução,

---

[288] Cf. Paula Greco Bandeira, *Contratos aleatórios no direito brasileiro*, cit., p. 45-46.

os quais, uma vez implementados, acarretarão ganhos econômicos para um contratante e perdas para o outro.

Nesse cenário, os particulares, no momento da assinatura do contrato, anteveem os possíveis riscos econômicos relacionados à contratação e alocam esses riscos entre os contratantes, de modo que cada parte assume determinado risco e responde pelas suas consequências. As perdas e ganhos econômicos decorrentes do implemento do risco previsível (i.e., álea normal) encontram-se, nessa direção, distribuídos entre os contratantes no próprio regulamento contratual.[289]

Assim sendo, embora a álea normal consista em risco externo à causa dos contratos, a sua gestão pelos particulares constitui efeito essencial que os contratantes objetivam realizar. Por outras palavras, a gestão da álea normal integra a causa dos contratos. Essa gestão ou alocação de riscos econômicos previsíveis (*rectius*, álea normal) poderá se revestir de duas formas: (i) positiva; ou (ii) negativa.

A *gestão positiva* dos riscos econômicos previsíveis – álea normal dos contratos – se configura mediante a distribuição dos riscos entre os contratantes nas cláusulas contratuais, determinando-se, no concreto regulamento contratual, a quem cabem os ganhos econômicos e as perdas resultantes da verificação do risco. Pode-se afirmar, nessa hipótese, que os contratantes procedem à *gestão positiva da álea normal*.

Ao lado da gestão positiva dos riscos econômicos previsíveis, tem-se a *gestão negativa da álea normal do contrato*, que se opera por meio do contrato incompleto, objeto central deste livro, a cuja função se dedicará o item 2.2.2 a seguir.

A gestão positiva ou negativa dos riscos econômicos previsíveis, isto é, da álea normal dos contratos, será identificada a partir da vontade declarada pelas partes. Pela teoria da declaração ou da confiança, tutela-se a vontade

---

[289] Sublinha, neste particular, Paolo Gallo: "se, de fato, o evento é previsível, é lícito considerar que as partes o levaram em conta na elaboração do contrato, na calibração dos respectivos direitos e ônus; é, portanto, possível pensar que esse tenha feito parte da economia geral do negócio. [...] Bem diversa, ao revés, é a questão se o risco não é previsível. A imprevisibilidade da superveniência implica, com efeito, que as partes não possam tê-la levado em conta na calibração dos respectivos direitos e ônus" (*Sopravvenienza contrattuale e problemi di gestione del rischio*, Milano: Giuffrè, 1992, p. 210; tradução livre).

externalizada no ajuste pelos contratantes, a qual suscita nas partes a legítima expectativa de que as cláusulas contratuais serão interpretadas em determinado sentido, mais consentâneo com a vontade manifestada no acordo. Depreende-se a vontade declarada de cláusulas contratuais expressas ou, implicitamente, de sua interpretação sistemática e teleológica.

Independentemente da modalidade de gestão do risco – positiva ou negativa –, a alocação de riscos, que será identificada a partir da vontade declarada pelos contratantes, define o equilíbrio econômico do negócio. Essa equação econômica, que fundamenta o sinalagma ou a correspectividade entre as prestações, há de ser respeitada no decorrer de toda a execução do contrato, em observância aos princípios da obrigatoriedade dos pactos e do equilíbrio contratual.

Por outro lado, as partes poderão simplesmente não distribuir os riscos econômicos no contrato, por fugirem de sua esfera de previsibilidade (*não alocação involuntária*), cuidando-se, portanto, de riscos imprevisíveis. Nessa hipótese, verificados os demais pressupostos, aplicar-se-á a teoria da excessiva onerosidade disciplinada nos arts. 478 e ss. do Código Civil.

Como já sublinhado, inexiste risco econômico previsível que não tenha sido gerido pelas partes. Por outras palavras, o risco previsível, que se insere na álea normal dos contratos, terá sido, necessariamente, gerido pelos contratantes, por meio de gestão positiva ou negativa, o que será identificado a partir do exame das cláusulas contratuais e da causa *in concreto*.

Insista-se, ainda uma vez, que o respeito à alocação de riscos efetuada pela autonomia privada pauta-se pelos princípios da obrigatoriedade dos pactos e do equilíbrio contratual. Desse modo, uma vez geridos os riscos econômicos atinentes à determinada operação negocial, de forma positiva ou negativa, os contratantes devem obedecer a essa alocação de riscos no decorrer da inteira execução do contrato. A menos que se configure hipótese de excessiva onerosidade, lesão ou outro remédio de reequilíbrio contratual previsto em lei, as partes não poderão alterar supervenientemente a alocação de riscos estabelecida, de modo legítimo, na avença, tendo em conta a aplicação do princípio da obrigatoriedade dos pactos, em pleno vigor no ordenamento jurídico brasileiro.

Pode-se afirmar, nessa direção, que, no direito brasileiro, não existe princípio de proteção ao negócio lucrativo, que pudesse resguardar o contratante do mau negócio. A parte que geriu mal o risco deverá arcar com as consequências daí decorrentes, não podendo se eximir do cumprimento do contrato, tampouco sendo-lhe autorizado requerer a revisão ou a resolução do negócio, exceto nas hipóteses excepcionais permitidas por lei.

Passa-se, a seguir, a enfrentar o contrato incompleto sob o perfil funcional, identificando-se qual o traço distintivo da causa dos contratos incompletos, isto é, quais os efeitos essenciais que, identificados no caso concreto, permitem a qualificação de determinado negócio como regulamento contratual incompleto.

2.2.2 O traço distintivo da causa do contrato incompleto: gestão negativa da álea normal dos contratos

A álea normal do contrato – isto é, os riscos econômicos previsíveis em determinado regulamento contratual concreto –, que mantém relação de pertinência com a sua causa, consistirá, como se examinou, em objeto de gestão pela autonomia privada, que irá alocar esses riscos entre os contratantes, estabelecendo como se dará a partilha dos ganhos e das perdas econômicas caso o risco se implemente.

Todos os riscos econômicos previsíveis serão objeto de gestão pelos particulares, os quais, conhecendo os possíveis riscos que poderão afetar o contrato no decorrer de sua execução, procederão à sua alocação no momento de celebração do negócio jurídico, segundo seus interesses.

Essa gestão da álea normal do contrato, de ordinário, ocorre mediante a repartição dos riscos de modo positivo entre os contratantes, de sorte que as cláusulas contratuais indicam quem é o sujeito responsável por determinado risco, que sofrerá, portanto, as perdas dele decorrentes, e quem auferirá os respectivos ganhos econômicos. Referida gestão positiva da álea normal do contrato há de ser extraída da vontade declarada dos contratantes, mediante interpretação das cláusulas contratuais.

Entretanto, em algumas hipóteses, a autonomia privada preferirá não alocar positivamente o risco econômico previsível no momento da assinatura do contrato, deixando essa decisão para momento futuro, *quando* e *se* o risco se verificar.

Com efeito, em determinados casos, os particulares não conseguem chegar a um acordo quanto à determinada alocação de riscos; as partes desconhecem certos aspectos mercadológicos ou fatores econômicos que poderão afetar o negócio; ou, ainda, simplesmente, não querem decidir sobre a alocação de certo risco de antemão. A despeito disso, desejam concluir o contrato e se vincular em caráter definitivo. Por isso, optam por firmar contrato incompleto, que permite, a um só tempo, instaurar o vínculo jurídico definitivo entre as partes e postergar a decisão quanto à alocação de determinado risco para momento futuro. Trata-se, em uma palavra, da *não alocação voluntária do risco econômico* (álea normal), isto é, do decidir não decidir.

Em outras palavras, sobretudo em operações econômicas complexas, marcadas pela duração no *tempo* e pela *incerteza* dos resultados, os particulares poderão concluir contrato em caráter definitivo, mas, concomitantemente, optar por não alocar *ex ante* certos riscos econômicos previsíveis, por entenderem que essa solução melhor atende aos seus interesses *in concreto*. Nesses casos, a autonomia privada celebrará contrato incompleto, o qual representa solução obrigatória, porém flexível, pois permite a abertura do regulamento contratual diante do implemento do risco, postergando, para momento futuro, a decisão quanto à alocação de riscos, segundo critérios já contratualmente definidos.

Diz-se que o regulamento contratual incompleto fornece solução obrigatória, pois estabelece o procedimento que as partes deverão seguir diante da ocorrência do risco para distribuir os ganhos e as perdas econômicas dele resultantes; e, ao mesmo tempo, traduz resposta flexível, vez que as partes irão amoldar o contrato ao novo contexto instaurado com a verificação do risco. O contrato incompleto se adapta, desse modo, à nova realidade contratual.

Como se viu no Capítulo 1, sob o aspecto estrutural, o contrato incompleto apresenta lacunas, que significam a ausência de determinado elemento da relação contratual que, no entender das partes, será afetado pela oscilação da álea normal. A lacuna representa precisamente essa não tomada de decisão pelos contratantes, que remetem a distribuição dos efeitos do risco para momento futuro, por ocasião de sua verificação.

No contrato incompleto, portanto, as partes, deliberadamente, optam por deixar em branco determinados elementos da relação contratual, como forma de gestão do risco econômico superveniente (*rectius*, álea normal), os quais serão determinados, em momento futuro, pela atuação de uma ou ambas as partes, de terceiro ou mediante fatores externos, segundo o procedimento contratualmente previsto para a integração da lacuna.

Cuida-se – convém insistir – de não alocação voluntária do risco econômico previsível, em que as partes deixam em branco determinado elemento do negócio jurídico (lacuna voluntária), o qual seria diretamente afetado pelo implemento do risco ou, em outras palavras, pela oscilação da álea normal.

Os contratantes, vislumbrando a oscilação da álea normal, optam por deixar lacuna correspondente ao elemento do negócio jurídico que será afetado por essa oscilação, por entender que o regulamento contratual incompleto representa a solução que melhor atende aos seus interesses *in concreto*.

Quando e *se* o risco se concretizar, as partes distribuirão os ganhos e as perdas econômicas dele decorrentes, por meio da integração das lacunas, segundo o procedimento definido originariamente no contrato. O preenchimento da lacuna ocorrerá pela atuação de uma ou ambas as partes, de terceiro ou mediante fatores externos, consoante os critérios pactuados.

O contrato incompleto desponta, assim, no cenário contratual, como *negócio jurídico que emprega técnica de gestão negativa da álea normal do contrato*. Chama-se negativa, tendo em conta a decisão das partes de *não* alocar *ex ante* o risco econômico previsível, cuja alocação se operará *ex post*, por ocasião de sua verificação, segundo os critérios ajustados.

Eis a função do regulamento contratual incompleto: consentir às partes não alocar *ex ante* os efeitos decorrentes da variação da álea normal do contrato, remetendo essa decisão para momento futuro, como solução que melhor atende aos interesses dos particulares no caso concreto.

A não alocação dos riscos econômicos supervenientes, mediante lacunas, a serem integradas em momento futuro, de acordo com critérios predefinidos, por uma ou ambas as partes, por terceiro ou mediante fatores externos, quando (e se) houver a verificação do risco, traduz os efeitos essenciais que integram a causa do contrato incompleto. O traço distintivo da causa do contrato incompleto corresponde, portanto, à gestão negativa da álea normal do contrato.

Assim sendo, com vistas a se qualificar determinado contrato como incompleto, há de se verificar se o negócio tem por função gerir negativamente a álea normal do contrato. Identificado esse traço distintivo da causa do regulamento contratual incompleto, qualifica-se o concreto negócio como contrato incompleto.

Nesse procedimento unitário de interpretação e qualificação, há de se investigar, como aludido anteriormente, a causa *in concreto*, ou seja, a *função econômico-individual* ou *função prático-social* do contrato, considerada objetivamente, e identificada no caso concreto, que exprime a racionalidade desejada pelos contratantes. A função econômico-individual do regulamento contratual incompleto há de abranger, em definitivo, o escopo dos contratantes em gerir negativamente a álea normal do contrato.

A perspectiva funcional do contrato incompleto permite, assim, o estabelecimento de critérios para a caracterização dos negócios incompletos e de novos parâmetros interpretativos que guiarão sua execução, figurando o regulamento contratual incompleto como negócio jurídico que atende efetivamente aos interesses concretos dos particulares na gestão de riscos atinentes a complexas operações econômicas, não raro desprotegidos pela insuficiente técnica legislativa regulamentar.

Como já referido, os tipos contratuais tradicionais disponibilizados pelo ordenamento jurídico se mostram, no mais das vezes, insatisfatórios à proteção dos interesses da autonomia privada no exercício de suas atividades. Máxime em complexas operações econômicas que se protraem no tempo e se revestem de forte incerteza, com possibilidade de superveniência de diversos riscos econômicos.

A autonomia privada elegerá, portanto, nessas hipóteses, o contrato incompleto, com o escopo de gerir negativamente a álea normal do contrato, protegendo os seus interesses contra a oscilação da álea normal, a qual, uma vez verificada, acarretará o desequilíbrio entre as prestações, com ganhos econômicos para um dos contratantes e respectivas perdas para o outro, distribuídos *ex post* mediante os critérios indicados *ex ante* pelas partes. Por outro lado, o contrato incompleto, justamente por não conter disciplina exaustiva dos elementos da relação contratual, exige dos contratantes padrões de cooperação mais elevados relativamente aos contratos dotados de gestão positiva dos riscos, a sofrer incidência diferenciada dos princípios da boa-fé objetiva, da função social, da solidariedade social e do equilíbrio econômico dos pactos, como se verá no Capítulo 3.

2.3 O contrato incompleto no direito brasileiro

O direito brasileiro, como mencionado no Capítulo 1, previu algumas regras que evidenciam a admissibilidade dos contratos incompletos. Vale examinar tais normas à luz da função desempenhada pelo regulamento contratual incompleto, consubstanciada na gestão negativa da álea normal dos contratos.

Mostra-se eloquente, nessa direção, a regra contida no art. 485 do Código Civil, segundo a qual, nos contratos de compra e venda, a fixação do preço pode ser deixada ao arbítrio de terceiro designado pelos contratantes. A norma, ao permitir que as partes atribuam a terceiro o poder de definir o preço *ex post*, reconhece o contrato de compra e venda incompleto, no qual o preço se encontra em branco, por força da gestão negativa da álea normal pelos contratantes, os quais desejam precisamente se proteger da variação do preço da coisa vendida.

Dito diversamente, os particulares, nessa hipótese, consideram que o preço lacunoso atende de modo mais adequado aos seus interesses, tendo em conta, no caso concreto, o risco previsível de variação do preço da coisa vendida. Se as partes vislumbram a oscilação do preço da coisa objeto da alienação, mostra-se preferível definir o preço futuramente, quando a oscilação esperada tiver se verificado, permitindo ao terceiro fixar o preço *vis-à-vis* os efeitos dessa oscilação sobre a esfera jurídica dos contratantes ou, ainda, por outras palavras, considerando as perdas e ganhos econômicos que essa variação do preço causará às partes. Nessa medida, as partes investem o terceiro do poder de determinar o preço em momento futuro, segundo os critérios definidos contratualmente, como, por exemplo, preços de mercado, critérios técnicos específicos, dentre outros, com o escopo de gerir negativamente a álea normal do contrato de compra e venda.

Normalmente, o terceiro deterá conhecimentos específicos, essenciais à determinação do preço, figurando como especialista em determinada matéria, com atuação em mercado próprio. A definição do preço, entretanto, não se dará ao alvedrio do terceiro, o qual deverá observar rigorosamente os critérios fixados pelas partes no contrato.

Ao estabelecer o preço da coisa alienada, segundo os critérios pactuados pelos contratantes, o objeto do contrato de compra e venda, de início indeterminado, passará a ser determinado. Por outro lado, caso o terceiro não aceite a incumbência, ficará sem efeito o contrato, com o retorno das partes ao estado anterior, salvo se as partes designarem outra pessoa. De outra parte, como mencionado, se o terceiro aceitar a tarefa e dela não se desincumbir ou executá-la em desconformidade com o ajustado, o contrato se resolverá, com as perdas e danos cabíveis, caso não seja possível, a pedido das partes, a execução específica pelo terceiro ou a integração da lacuna pelo juiz.

Outras disposições do Código Civil Brasileiro autorizam a celebração de contratos incompletos na modalidade de determinação por terceiro. Relevam aqui as normas que admitem, no âmbito de contratos específicos, o arbitramento, por terceiro, da remuneração daqueles que desempenharam obrigação de fazer em favor da contraparte, especificamente o prestador de serviço (art. 596, Código Civil), o depositário (art. 628, parágrafo único, Código Civil), o mandatário (art. 658, parágrafo único, Código Civil), o comissário (art. 701, Código Civil) e o corretor (art. 724, Código Civil).

Em todas essas hipóteses, a remuneração não se encontra prevista em lei, tampouco estipulada no contrato, determinando os dispositivos que a remuneração seja estabelecida por arbitramento, isto é, pela atuação do terceiro, que irá integrar o contrato, definindo esse elemento da relação jurídica.

A doutrina, comumente, se refere ao juiz como sendo o terceiro que irá arbitrar a remuneração do prestador de serviço,[290] do depositário,[291] do mandatário,[292] do comissário[293] e do corretor.[294] Todavia, nada impede que as

---

[290] Na doutrina especializada: "Caso não cheguem as partes a um acordo sobre o *quantum* devido ao profissional, diz a lei que a questão será decidida por arbitramento, feito pelo juiz" (Teresa Ancona Lopez, Parte especial: das várias espécies de contratos: da locação de coisas: do empréstimo: da prestação de serviço: da empreitada: do depósito (arts. 565 a 652). In: Antonio Junqueira de Azevedo (Coord.), *Comentários ao código civil*, São Paulo: Saraiva, 2003, v. 7, p. 211).

[291] Teresa Ancona Lopez, Parte especial: das várias espécies de contratos: da locação de coisas: do empréstimo: da prestação de serviço: da empreitada: do depósito (arts. 565 a 652). In: Antonio Junqueira de Azevedo (Coord.), *Comentários ao código civil*, v. 7, cit., p. 356.

[292] Gustavo Tepedino, Das várias espécies de contratos: do mandato: da comissão: da agência e distribuição: da corretagem: do transporte (arts. 653 a 756). In: Sálvio de Figueiredo Teixeira (Coord.), *Comentários ao novo código civil*, Rio de Janeiro: Forense, 2008, v. 10, p. 67.

[293] Claudio Luiz Bueno de Godoy, Contratos (em espécie) (arts. 653 a 853). In: Ministro Cezar Peluso (Coord.), *Código civil comentado*, 7. ed., São Paulo: Manole, 2013, p. 704.

[294] Claudio Luiz Bueno de Godoy, *Contratos (em espécie)* (arts. 653 a 853), cit., p. 704.

partes deleguem essa função a terceiro, que não se confunda com a figura do juiz, e que irá determinar o preço consoante os critérios indicados no contrato e também na lei, a prescindir de litígio. Ou seja, o terceiro definirá a remuneração como forma de integração do contrato desejada pelos contratantes, independentemente da existência de demanda judicial.

No contrato de prestação de serviços, o art. 596 do Código Civil dispõe que, caso as partes não tenham estipulado ou chegado a um acordo quanto à retribuição devida ao prestador de serviços, esta será definida por terceiro, levando em consideração os critérios legais relativos ao costume do lugar, ao tempo de serviço e à sua qualidade. Note-se que as partes poderão também fixar critérios contratuais para a determinação da remuneração, que hão de ser observados pelo terceiro.

De maneira semelhante, no contrato de depósito oneroso, o parágrafo único do art. 628 do Código Civil determina que, na omissão da lei e do contrato, a remuneração do depositário dependerá da atuação de terceiro que, mediante arbitramento, a definirá de acordo com os usos do local, se houver, ou outros critérios estabelecidos no contrato. Caso a integração se opere por meio da atuação do juiz, este poderá eleger critérios razoáveis para decidir quanto à remuneração, no âmbito de sua discricionariedade judicial, sempre observada, contudo, a vontade das partes.

No contrato de mandato oneroso, por sua vez, o parágrafo único do art. 658 do Código Civil estabelece a determinação, por arbitramento, da remuneração do mandatário, na omissão da lei e do contrato e na falta de usos do lugar. Ou seja, o terceiro, que poderá ou não ser o juiz, irá estabelecer o preço conforme os usos do lugar, isto é, os usos contratuais, ou a prática recorrente em determinado mercado, se houver, e, ainda, os critérios contratuais eventualmente estipulados.

Na mesma esteira, o art. 701 do Código Civil, que disciplina hipótese similar no contrato de comissão, estatui que a remuneração do comissário, na ausência de previsão contratual, será arbitrada segundo os usos correntes do lugar, os quais correspondem aos usos contratuais. Também aqui os particulares poderão estipular, no negócio, os critérios para a integração da lacuna por terceiro.

De igual sorte, no contrato de corretagem, o art. 724 do Código Civil prescreve que a remuneração do corretor será arbitrada, no silêncio da lei e do contrato, em consonância com a natureza do negócio e os usos locais. A autonomia privada poderá, ainda, indicar os critérios para o arbitramento.

Tais preceitos legais, portanto, recorrentemente dirigidos ao juiz, poderão também se destinar a terceiro que, eleito pelas partes, irá arbitrar a remuneração, em observância aos critérios legais e contratuais, a configurar hipótese de contrato incompleto por determinação de terceiro.

Nesses casos, os particulares entenderão que definir a remuneração *ex ante* não se revelará a solução mais conveniente aos seus interesses, vez que aludida remuneração poderá oscilar de forma expressiva, a depender de uma série de fatores de risco, como a atuação da parte, a qualidade do serviço, a variação do preço do serviço no mercado, dentre outros. As partes poderão, ainda, não chegar a acordo quanto à remuneração, embora desejem se vincular de imediato, com a plena produção de efeitos contratuais. Essa variação da remuneração traduz a álea normal desses contratos, a qual poderá ser gerida negativamente pelos contratantes, por meio de lacuna contratual, a ser integrada *ex post,* segundo os critérios pactuados.

Além disso, algumas normas no direito brasileiro denotam a possibilidade de celebração de contrato incompleto na modalidade de determinação unilateral. Revela-se patente, nesse sentido, a norma contida no art. 252 do Código Civil, que cuida das obrigações alternativas, a qual estabelece a possibilidade de integração do contrato por meio da escolha, pelo credor, pelo devedor ou por terceiro, da prestação a ser executada.

As obrigações alternativas traduzem espécie de obrigação composta, a qual compreende pluralidade de objetos. Nas obrigações alternativas, diante de duas ou mais prestações, o devedor se exonera com o cumprimento de apenas uma delas. Do ponto de vista estrutural, o devedor deve uma ou outra prestação e não cada uma delas. Por isso, diz-se que há um só vínculo jurídico com objeto plural, temporariamente indeterminado, que se converte em determinado pela escolha ou fato equivalente, eximindo-se o devedor com a entrega da prestação determinada.

A escolha denomina-se concentração, a qual, uma vez operada, define a natureza da prestação a ser cumprida. Por outras palavras, a concentração consiste na determinação da prestação a ser executada pelo devedor e pode se efetivar pela vontade do sujeito titular da escolha ou por outros meios, independentemente da vontade das partes (*v.g.* sorteio).

Até a concentração, a obrigação vive um estado de indeterminação. Verificada a concentração, a obrigação converte-se de complexa para simples e sua natureza é definida – em um dar, fazer ou não fazer –, determinando-se, assim, a prestação cujo cumprimento terá o efeito de extinguir a obrigação.

O credor, o devedor ou um terceiro designado pelas partes poderá proceder à escolha da prestação a ser executada pelo devedor. Na dicção do art. 252 do Código Civil, à míngua de previsão contratual, a escolha caberá ao devedor. Nesse caso, o devedor não poderá obrigar o credor a receber parte em uma prestação e parte em outra (§ 1º). Por outro lado, se o devedor se negar a fazer a escolha, o art. 571, § 1º,[295] do Código de Processo Civil, determina que o direito de escolha seja atribuído ao credor.

De outra parte, se a escolha pertence ao credor e ele se recusa a fazê-la, o devedor poderá depositar em juízo o objeto da prestação que lhe aprouver, aplicando-se o disposto no art. 894[296] do Código de Processo Civil.

Se houver pluralidade de optantes e inexistindo acordo entre eles, o juiz decidirá, findo o prazo assinado para a deliberação, qual a prestação a ser cumprida pelo devedor. Por outro lado, se o terceiro indicado pelas partes for o titular da escolha e não quiser ou não puder exercê-la, e as partes não chegarem a um acordo quanto à prestação, o juiz procederá à escolha.

Nas hipóteses de obrigação alternativa em que se atribui a escolha ao credor ou ao devedor, está-se diante de contrato incompleto na modalidade de determinação unilateral. Caso a escolha pertença a terceiro, indicado pelas partes, configura-se contrato incompleto na modalidade de determinação por terceiro.

---

[295] "Art. 571. Nas obrigações alternativas, quando a escolha couber ao devedor, este será citado para exercer a opção e realizar a prestação dentro em 10 (dez) dias, se outro prazo não lhe foi determinado em lei, no contrato, ou na sentença. § 1º. Devolver-se-á ao credor a opção, se o devedor não a exercitou no prazo marcado. § 2º. Se a escolha couber ao credor, este a indicará na petição inicial da execução." Este dispositivo corresponde ao art. 800, §1º, do Novo Código de Processo Civil.

[296] "Art. 894. Se o objeto da prestação for coisa indeterminada e a escolha couber ao credor, será este citado para exercer o direito dentro de 5 (cinco) dias, se outro prazo não constar de lei ou do contrato, ou para aceitar que o devedor o faça, devendo o juiz, ao despachar a petição inicial, fixar lugar, dia e hora em que se fará a entrega, sob pena de depósito." Este dispositivo corresponde ao art. 543 do Novo Código de Processo Civil.

Nas obrigações alternativas, a lacuna refere-se precisamente ao objeto contratual, isto é, à prestação a ser adimplida pelo devedor. A pluralidade de prestações suscetíveis de cumprimento torna indeterminada a prestação, que se encontra, nessa perspectiva, em branco, equivalendo à lacuna contratual (ausência de definição da prestação). A autonomia privada poderá, portanto, ao contratar, estabelecer obrigação alternativa, deixando em branco a prestação que será cumprida pelo devedor, que se definirá em momento futuro, a partir da escolha do devedor, do credor ou de terceiro, segundo o procedimento previsto no contrato. O direito potestativo de escolha, para além de atender aos critérios contratuais, sofrerá, à evidência, controle de abusividade.

A decisão de ajustar obrigação alternativa afigura-se estratégica, pois as partes remetem a momento futuro a determinação da prestação como forma de gerir a álea normal do contrato, protegendo-se dos riscos econômicos previsíveis. A decisão *ex post* da prestação, de acordo com os critérios contratuais, permite às partes optar pela prestação que melhor atenda aos seus interesses tendo em conta a variação da álea normal no caso concreto.

Outras normas que reconhecem o contrato incompleto na modalidade de determinação unilateral consistem nos arts. 695 e 699 do Código Civil, que disciplinam o contrato de comissão. O art. 695 autoriza ao comissário, na ausência de instruções do comitente, concluir negócios que, unilateralmente, considere que concretizam os interesses do comitente, desde que os negócios se afigurem urgentes, de modo a não admitirem demora em sua efetivação, e se realizem segundo os usos contratuais ou deles resulte vantagem ao comitente.

Como se sabe, o comissário se obriga a agir sempre em conformidade com as ordens e instruções do comitente, no interesse deste. Entretanto, o contrato de comissão não se mostrará capaz de prever as ordens e instruções para todas as possíveis situações em que se poderá encontrar o comissário. Em alguns casos urgentes, o comissário poderá se deparar com situações não reguladas pelo contrato, que exijam sua atuação e não possam aguardar as instruções do comitente. Nesses casos, a lei autoriza a atuação do comissário, desde que o negócio por ele concluído (i) traga vantagem ao comitente; ou (ii) seja celebrado consoante os usos contratuais.

Ao atribuir essa flexibilidade de atuação ao comissário, a lei prevê hipótese *sui generis* de contrato incompleto na modalidade de determinação unilateral, na qual o comissário, unilateralmente, integra o contrato de comissão, praticando atos segundo os usos do local ou as suas próprias diretrizes, sempre no interesse do comitente. Denomina-se hipótese *sui generis* pois as partes não concluem contrato de comissão deliberadamente incompleto, mas a lei que cria essa figura, permitindo a abertura do regulamento contratual, como forma de gestão da álea normal. O contrato de comissão, nessa hipótese criada por lei, afigura-se incompleto na medida em que as diretrizes e instruções ao comissário se encontram em branco para determinada situação não prevista pelo contrato, cuja lacuna será integrada pelo comissário segundo os usos do local ou as diretrizes que considere, no caso concreto, como aptas a concretizar os interesses do comitente. E, além disso, essa lacuna admite a gestão do risco econômico previsível do contrato de comissão, consistente nos possíveis negócios de compra e venda que podem ser efetivados pelo comissário em nome próprio, mas no interesse do comitente, objetivando angariar o maior lucro possível para o comitente.

Repita-se, ainda uma vez, que o contrato, para os casos em que as diretrizes e instruções do comitente não foram previstas, se afigura em branco não por uma decisão estratégica dos contratantes, mas por força de lacuna involuntária, a que a lei atribuiu a solução, permitindo que o comissário integre a lacuna unilateralmente, a permitir a gestão da álea normal do contrato de comissão.

Na mesma linha, o art. 699 permite que o comissário determine a ampliação do prazo para pagamento, na conformidade dos usos do lugar em que se realiza o negócio, se não houver instruções diversas do comitente. Aludida diretriz não está prevista no contrato de comissão, mas a lei autoriza a conduta do comissário em dilatar o prazo de pagamento pelo sujeito com quem contratou, no interesse do comitente, se assim indicarem os usos do lugar, a denotar a integração unilateral do contrato de comissão. Também aqui se verifica hipótese *sui generis* de contrato incompleto na modalidade de determinação unilateral, vez que a lei, não já a vontade dos contratantes, permite a abertura do regulamento contratual, com a integração *ex post* da lacuna pelo comissário, propiciando a gestão do risco econômico previsível do contrato de comissão, especificamente o tempo do pagamento do preço em negócio concluído pelo comissário no interesse do comitente.

O direito brasileiro prevê, ainda, hipóteses de contrato incompleto na modalidade de determinação por fatores externos, de que são exemplos expressivos os arts. 486 e 487 do Código Civil.

O art. 486 do Código Civil estabelece que o preço, no contrato de compra e venda, poderá ser definido de acordo com a taxa de mercado ou de bolsa em certo e determinado dia e lugar, critérios esses indicados pelas partes. O art. 487 do Código Civil, por sua vez, autoriza às partes fixar o preço em função de índices ou parâmetros, desde que suscetíveis de objetiva determinação.

Tais normas autorizam, desse modo, que os particulares celebrem contratos de compra e venda com o preço em branco, o qual será determinado a partir de fatores externos eleitos pelas partes, especificamente a taxa de mercado ou de bolsa de determinado dia e lugar ou índices e parâmetros objetivos.

Nesses contratos de compra e venda, o preço da coisa alienada se sujeita à previsível variação de mercado, razão pela qual a autonomia privada deliberadamente opta por firmar contrato incompleto, com a lacuna referente ao preço, como forma de gerir negativamente a álea normal do negócio, sujeitando a determinação do preço ao critério externo escolhido pelas partes no contrato.

A integração do preço mediante a aplicação do fator externo indicado pelos contratantes permite a distribuição dos ganhos e das perdas econômicas *ex post*, ou seja, depois de ocorrida a variação de preço esperada (*rectius,* após o implemento do risco ou a variação da álea normal do contrato).

As partes, portanto, escolhem não alocar *ex ante* os efeitos decorrentes dos riscos de variação do preço da coisa objeto da compra e venda, deixando o preço em branco, de modo a subordiná-lo a determinação em momento futuro, mediante integração pelo fator externo, após o implemento do risco. Os critérios externos, na dicção dos arts. 486 e 487 do Código Civil, como referido, poderão consistir em taxa de mercado ou de bolsa de determinado dia e lugar ou índices e parâmetros objetivos. Permite-se, assim, que o regulamento contratual se adeque às novas circunstâncias.

Pode-se, por outro lado, indicar, como espécie *sui generis* de contrato incompleto com determinação por fatores externos, o contrato de compra e venda no qual os contratantes deliberadamente deixam em aberto o preço do negócio, mas não especificam os critérios para sua determinação. Nesse caso, consoante o disposto no art. 488 do Código Civil, entende-se que, se não houver tabelamento oficial, as partes pretenderam se sujeitar ao preço corrente nas vendas habituais do vendedor, e, na falta de acordo quando ao preço, ao preço médio habitualmente praticado.

Cuida-se de hipótese *sui generis* de contrato incompleto na modalidade de determinação por critérios externos, tendo em conta que a lei, não já a vontade das partes, indica os critérios de integração do preço lacunoso, permitindo a gestão da álea normal. De fato, as partes, voluntariamente, deixam em branco o preço da coisa alienada, mas não fixam critérios para a determinação do preço. A oscilação do preço da coisa afigura-se previsível, traduz o risco do negócio, integrando, assim, a álea normal dos contratos de compra e venda. As partes, deliberadamente, instituem a lacuna referente ao preço, porém não estabelecem os seus critérios de integração, que são determinados por lei, a afastar a configuração tradicional do contrato incompleto.

De todo modo, ao se admitir a celebração de contrato lacunoso no que se refere ao preço, que será determinado em momento futuro de acordo com o tabelamento oficial ou, na sua ausência, com os usos e práticas contratuais, se reconhece o contrato incompleto como mecanismo de gestão da álea normal do contrato de compra e venda, precisamente dos riscos econômicos previsíveis atinentes à variação do preço da coisa alienada. As perdas e os ganhos econômicos decorrentes da oscilação do preço da coisa serão alocados entre as partes *ex post*, supervenientemente à celebração do contrato, de acordo com os critérios legais (tabelamento oficial ou o preço habitual do vendedor).

Como se vê, os dispositivos legais acima referidos reconhecem, no direito brasileiro, a possibilidade de pactuação de contratos incompletos, cuja lacuna será determinada, em momento futuro, por uma ou ambas as partes, por terceiro ou mediante a aplicação de fatores externos, consoante o procedimento contratual definido *ex ante*. Em todas as hipóteses, o contrato incompleto desponta como *negócio jurídico que emprega a técnica de gestão negativa da álea normal do contrato*, concluído pelos contratantes com o escopo de alocar os efeitos decorrentes dos riscos econômicos previsíveis (perdas e ganhos econômicos), em momento superveniente, após a oscilação da álea normal, segundo os critérios previamente pactuados.

Entretanto, tais preceitos não esgotam as possibilidades de contratos incompletos que podem se configurar no cenário contratual brasileiro, deles se podendo extrair a autorização para a prática de diversos outros contratos incompletos – típicos ou atípicos –, que concretizarão as potencialidades funcionais desse negócio jurídico lacunoso.

O contrato incompleto, examinado sob a perspectiva funcional, exprime alteração qualitativa do contrato, pois permite à autonomia privada, em diversas situações concretas, gerir, de modo negativo, a álea normal dos contratos, alocando entre os contratantes os ganhos e perdas econômicas supervenientemente à celebração do negócio, mediante o emprego da conhecida figura do contrato, remodelada, contudo, para atender aos interesses dos particulares segundo a finalidade concreta pretendida. Utiliza-se *velha estrutura* para uma *nova função*: o contrato volta-se ao atendimento dos interesses merecedores de tutela da autonomia privada, mediante a gestão negativa da álea normal dos contratos, identificada de acordo com a causa *in concreto*.

A função de gestão negativa da álea normal do contrato será alcançada a partir de estrutura contratual lacunosa, em que a integração da lacuna se verificará por meio da atuação de uma ou ambas as partes, de terceiro ou através da aplicação de fatores externos, à luz dos critérios delimitados *ab initio* pelos contratantes.

Os particulares, para atingir a função do negócio incompleto, poderão se valer da estrutura de contrato típico, como, por exemplo, a empreitada, a compra e venda ou a locação, deixando em branco determinado elemento que entenda conveniente, de modo a inserir na causa concreta o efeito essencial de gestão negativa do risco econômico previsível; ou, ainda, firmarão negócio atípico, cuja causa *in concreto* também contenha o traço essencial que qualifica os contratos como incompletos.

A autonomia privada, portanto, poderá firmar contratos incompletos – típicos ou atípicos – que contenham lacunas acerca de determinado elemento da relação contratual, que será integrado por uma ou ambas as partes, por terceiro ou mediante fatores externos, de acordo com o procedimento estabelecido no contrato, com o escopo de *gestão negativa da álea normal dos contratos*, em atendimento aos seus interesses *in concreto*.

A autorização de caráter geral para firmar contratos atípicos, no âmbito dos quais os particulares poderão desenvolver numerosas possibilidades de contratos incompletos, encontra-se positivada no art. 425 do Código Civil, consoante o qual:

> "Art. 425. É lícito às partes estipular contratos atípicos, observadas as normas gerais fixadas neste Código."

Aludida admissibilidade de contratos atípicos, embora introduzida expressamente apenas no Código Civil de 2002, deriva do princípio contratual clássico da autonomia privada, a consubstanciar a liberdade de contratar, e, portanto, sempre esteve presente no sistema jurídico brasileiro. Os contratos atípicos, os quais consistem em negócios que não se encaixam nos tipos ou arquétipos previstos pelo legislador, se regem pelo princípio do *numerus apertus*. Vale dizer, a autonomia privada poderá criar inumeráveis negócios atípicos, de acordo com a sua engenhosa imaginação, que não encontrarão regramento específico adrede disponibilizado pelo ordenamento jurídico. Por não possuir disciplina legal específica, os negócios atípicos hão de observar as regras contratuais minuciosamente descritas pelos particulares e, na falta dessas, os princípios legais relativos ao tipo mais próximo.[297]

Com vistas a se qualificar o negócio como típico ou atípico, o intérprete deverá identificar a causa *in concreto*, aplicando-se as normas relativas a certo tipo contratual, se se tratar de negócio típico, sempre observada a disciplina estabelecida pela autonomia privada.

A autonomia privada encontra, assim, amplo espaço de atuação para explorar suas potencialidades criativas, por meio da celebração de diversas espécies de regulamento contratual incompleto, no intuito de concretizar os seus interesses merecedores de tutela. Entretanto, tal atuação não se mostra irrestrita, sujeitando-se a controle por parte do ordenamento jurídico. O contrato incompleto, de fato, para merecer tutela por parte do ordenamento, sofrerá diversas espécies de controle, legais e valorativos, aos quais se dedicam os itens a seguir.

2.3.1 O problema da determinabilidade do objeto

O primeiro controle a que se sujeita o contrato incompleto consiste no exame quanto à determinabilidade do objeto. Embora o estudo do contrato incompleto situe-se no âmbito da causa, revelando-se imprescindível, para que o negócio concreto se qualifique como incompleto, a identificação do efeito essencial consistente na gestão negativa da álea normal, do ponto de vista objetivo, há de se garantir a possibilidade de determinação futura de seu objeto, com vistas a se assegurar a validade do negócio incompleto.

---

[297] Caio Mário da Silva Pereira, *Instituições de direito civil*, v. 3, cit., p. 61.

Consoante se disse, no regulamento contratual incompleto, as partes manifestam sua vontade no sentido de se vincular e delimitam apenas alguns aspectos da contratação, deixando lacunosos outros elementos da relação contratual, que serão determinados supervenientemente, segundo o procedimento previsto no contrato. Por isso mesmo, o contrato incompleto não possui conteúdo inteiramente determinado, mas determinável.

Dito diversamente, o objeto do contrato incompleto se mostra indeterminado *ab initio*, mas determinável *ex post*, mediante a atuação de terceiro, de uma ou ambas as partes, ou por meio da aplicação de fatores externos, segundo os critérios definidos *ex ante* no contrato.

Nessa direção, impõe-se a delimitação do conceito de determinabilidade, com vistas a se assegurarem a validade e a eficácia do contrato incompleto, em obediência ao disposto no art. 104, II, do Código Civil, segundo o qual a validade do negócio jurídico depende de "objeto lícito, possível, determinado ou determinável". O requisito da determinação ou determinabilidade do objeto exprime a exigência fundamental de concretude do ato contratual, permitindo-se às partes ter conhecimento das obrigações assumidas ou dos critérios para sua determinação.

Discute-se, inicialmente, a que corresponderia o conceito de objeto do negócio jurídico. Identifica-se, de um lado, o objeto no sentido de prestação assumida pela parte no negócio.[298] Por outro lado, compreende-se por objeto do contrato o bem ou a coisa que, mediante o contrato, constituirá matéria de transferência, gozo ou similar e, portanto, de direito subjetivo patrimonial.[299] Além disso, verifica-se tendência de caracterizar o objeto, em sentido lato, como os interesses, a matéria ou os bens disciplinados, sobre os quais o negócio incide.[300] Segundo outra opinião, o objeto refere-se às situações finais ou aos efeitos jurídicos que o negócio objetiva realizar e, portanto, às obrigações que dele derivam.[301]

---

[298] Nessa direção, Giuseppe Osti, Contratto. In: *Novissimo digesto italiano*, Torino: UTET, 1959, v. 4, p. 504.

[299] Francesco Messineo, Contratto (dir. priv.). In: *Enciclopedia del diritto*, v. 9, cit., p. 836.

[300] Emilio Betti, *Teoria generale del negozio giuridico*, cit., p. 81.

[301] Giorgio Giorgi, *Teoria delle obbligazioni nel diritto moderno italiano*, 6. ed., Firenze: Casa Editrice Libraria "Fratelli Cammelli", 1903, v. 3, p. 374.

Adota-se, aqui, a concepção de objeto como conteúdo do negócio estabelecido pelas partes,[302] o qual há de ser lícito, possível, determinado ou determinável. Para os fins de estudo do contrato incompleto a que se propõe este livro, releva notadamente a determinabilidade do objeto.

A discussão quanto à determinabilidade do objeto remete ao problema da formação do acordo de vontade. Vale dizer: apenas se cogita do exame quanto à determinabilidade do objeto na hipótese de o contrato se encontrar concluído, inserindo-se tal análise no plano de validade do negócio. Ao propósito, sublinha argutamente Sconamiglio:

> "O discurso sobre determinação e determinabilidade do objeto do contrato interfere, por outro lado e em parte, e se requerem, por isso mesmo, ulteriores especificações, com aquele iniciado acerca da formação do acordo. Observou-se há tempo que o contrato não pode ser considerado concluído até que o acordo das partes ocorra sobre o seu inteiro conteúdo. Mas com isso não se quer dizer que o conteúdo objeto do contrato deva ser necessário e rigorosamente determinado pelos estipulantes em cada ponto ou, ao menos, nos pontos essenciais. É verdade, ao contrário, que o grau de determinação requerido, e, de outra parte, a esfera de determinabilidade admitida, são questões que se colocam quando o contrato já foi concluído, e envolvem um juízo acerca da sua validade, com a medida da disciplina que o ordenamento lhe dita em geral e com referência aos tipos individuais."[303]

A conclusão do negócio ou do acordo de vontades assume contornos peculiares nos regulamentos contratuais incompletos. Como visto, no contrato incompleto, há acordo de vontades, pois as partes se vinculam em caráter definitivo, embora o negócio apresente conteúdo lacunoso. O objeto do con-

---

[302] Na mesma direção, v. Renato Sconamiglio, Dei contratti in generale (art. 1321-1352): disposizione preliminare: dei requisiti del contratto. In: Antonio Scialoja; Giuseppe Branca (Org.), *Commentario del codice civile*, Bologna: Nicola Zanichelli Editore, 1972, livro 4, p. 353.

[303] Renato Sconamiglio, *Dei contratti in generale (art. 1321-1352)*: disposizione preliminare: dei requisiti del contratto, cit., p. 359; tradução livre.

trato incompleto revela-se, assim, sempre determinável, devendo-se perquirir os critérios oferecidos pelo contrato a fim de cumprir a exigência legal de determinação do objeto. De fato, a determinabilidade do objeto depende da identificação de critérios ou, ainda, de procedimentos que se levem a cabo para que se possa determinar a prestação devida.

Mostra-se fundamental, nessa direção, no âmbito dos contratos incompletos, que as partes fixem *ex ante* os critérios de preenchimento da lacuna, que permitirão que o objeto do contrato se torne determinado,[304] em sucessiva atividade de integração por uma ou ambas as partes, por terceiro, ou mediante a aplicação de fatores externos indicados pelos contratantes. A ausência desses critérios equivale à falta de objeto, tendo em conta que não será possível a determinação da lacuna em momento futuro, de modo a tornar o conteúdo (*rectius,* objeto) do negócio permanentemente incompleto.

A determinabilidade do objeto quer significar precisamente a aptidão de o objeto se tornar determinado em momento futuro, a partir de certo evento deflagrador estabelecido no contrato. Ora, se as partes não tiverem definido os critérios de preenchimento da lacuna, o objeto do negócio não será determinável, acarretando a sua invalidade, nos termos do inciso II, do art. 104 c/c inciso II,[305] do art. 166 do Código Civil.

---

[304] Ao comentar o art. 1.346 do Código Civil italiano, que possui idêntico teor ao art. 104, II do Código Civil brasileiro, Giorgio Cian e Alberto Trabucchi ressaltam a importância do estabelecimento de critérios, pela lei ou pela vontade das partes, que permitam a determinação do objeto do negócio: "O art. 1.346, quando prescreve que o objeto deve ser determinado ou determinável, não deve ser compreendido em sentido rigoroso, devendo-se considerar suficientemente identificado um objeto do qual tenham sido indicados os elementos essenciais que, logicamente coordenados, não deixam dúvidas quanto à sua identidade prevista e desejada pelos contratantes (84/1513). À falta de uma norma legal que estabeleça em que modo deve ser identificado ou tornar identificável o objeto do contrato, cada meio é para isso idôneo (desde que sejam respeitados os requisitos de forma: 88/6744), desde que seja ato destinado a realizar um resultado que não deixe possibilidade de equívocos, e não exclua que a identificação possa ocorrer mediante elementos adquiridos *aliunde*, com referência a outros atos e documentos coligados àquele objeto de valoração, ou com os critérios que o próprio contrato e a prática das coisas possam sugerir." (Dei contratti in generale: dei requisiti del contratto. In: Giorgio Cian (Org.), *Commentario breve al codice civile: complemento giurisprudenziale*, Milano: Cedam, 2011, p. 1544-1545; tradução livre).

[305] "Art. 166. É nulo o negócio jurídico quando: [...] II - for ilícito, impossível ou indeterminável o seu objeto."

Assim sendo, revela-se indispensável à determinabilidade do objeto do contrato incompleto e, por conseguinte, à sua validade, que os critérios de determinação da lacuna se encontrem rigorosamente delimitados, pelas partes, no negócio. Tais critérios poderão constar textualmente do contrato incompleto ou decorrerem, de modo implícito, da interpretação das cláusulas contratuais, a partir da vontade declarada dos contratantes.

Se a lacuna depender do preenchimento de ambas as partes, ou seja, coincidir com o acordo de negociação ou renegociação, o não atingimento de acordo quanto à determinação da lacuna corresponderá à ausência de objeto, devendo-se verificar, nesses casos, se o juiz poderá integrar essa lacuna, como se analisará no Capítulo 3. Se o juiz puder integrar a lacuna, o objeto se tornará determinado. Caso contrário, o acordo se extinguirá, por ausência de objeto.

Por outro lado, caso se esteja diante de contrato incompleto na modalidade de determinação unilateral, isto é, aquele no qual a lacuna depende de preenchimento por apenas uma das partes, a atuação desse contratante, consoante os critérios contratuais, sofrerá controle de abusividade mais intenso, pena de se estabelecer condição puramente potestativa, em que a determinação do conteúdo do negócio depende do puro arbítrio de umas das partes (art. 122, Código Civil). A condição puramente potestativa afigura-se ilícita, tornando o próprio negócio ilícito, e, por isso mesmo, ineficaz, justamente por sujeitar seu conteúdo ao alvedrio de uma das partes. Daí a solução de invalidade do negócio subordinado à condição puramente potestativa preconizada pelo art. 123, II,[306] do Código Civil. Por tais razões, a atuação unilateral do contratante, com vistas à determinação do objeto do negócio, será lícita apenas se respeitar os critérios contratuais fixados, em exercício regular de direito.[307]

No contrato incompleto na modalidade de determinação da lacuna por terceiro, a atuação dessa terceira pessoa eleita pelos contratantes também

---

[306] "Art. 123. Invalidam os negócios jurídicos que lhes são subordinados: [...] II - as condições ilícitas, ou de fazer coisa ilícita."

[307] Recorra-se, mais uma vez, a Sconamiglio: "Não existe dificuldade, ao revés, de admitir que a determinação seja remetida a uma das partes, quando deve ocorrer segundo certos critérios e dentro de limites prefixados, ou ainda se realizar com base em valoração equânime." (*Dei contratti in generale* (art. 1321-1352): disposizione preliminare: dei requisiti del contratto, cit., p. 362; tradução livre).

deverá obedecer aos critérios contratuais definidos de antemão no contrato e tornará, assim, o seu objeto determinado. A atuação ilícita ou abusiva do terceiro acarretará a sua responsabilização, com as perdas e danos cabíveis, acompanhados da resolução do negócio ou da sua execução específica, a depender do interesse útil do credor na prestação (art. 395, parágrafo único c/c art. 475, Código Civil).

Quando a integração da lacuna depender de critérios externos, a verificação do evento fixado pelos contratantes no negócio integra o contrato, determinando o seu objeto. Tal critério externo há de ser precisamente definido pelas partes, a permitir a determinabilidade do objeto do contrato.

Nas hipóteses de contrato incompleto *sui generis*, a lei, e não a vontade das partes, indica os critérios para integração da lacuna, permitindo a determinação do objeto. O objeto do contrato afigura-se, então, determinável segundo os parâmetros previstos em lei. Eis, exemplificativamente, a hipótese contida no já mencionado art. 488 do Código Civil, o qual estabelece que, caso as partes tenham celebrado contrato de compra e venda sem a fixação do preço ou sem o estabelecimento de critérios para a sua determinação, e não exista tabelamento oficial, prevalece o preço corrente nas vendas habituais do vendedor.

Em princípio, presente hígida manifestação de vontade, as partes podem tornar qualquer aspecto do conteúdo sujeito à determinação futura, desde que os critérios de determinação da lacuna estejam suficientemente claros e delineados no contrato, de modo expresso ou implícito. Entretanto, hão de se verificar as hipóteses em que a lei ou o caso concreto exige a determinação imediata de certos elementos e que, portanto, não será possível a utilização do contrato incompleto. Cuida-se de limites impostos à autonomia privada na celebração de regulamentos contratuais incompletos, a fim de se assegurar a validade e a eficácia deste mecanismo.

Dentre tais hipóteses legais, no direito italiano, o art. 778[308] do Código Civil determina que o objeto da doação e a pessoa do donatário sejam designados pelo doador, não se podendo remeter à determinação futura por parte de terceiro. Nesse caso, as partes não poderiam se valer do contrato incom-

---

[308] "Art. 778. Mandato para doação. É nulo (1421 e seguintes) o mandato com o qual se atribui a outro a faculdade de designar a pessoa do donatário ou de determinar o objeto da doação." (tradução livre).

pleto no negócio da doação para integrar, em momento futuro, mediante atuação de terceiro, o seu objeto ou a pessoa do donatário.[309]

No direito brasileiro, o Código Civil, no art. 489, determina a nulidade do contrato de compra e venda em que a fixação do preço dependa do arbítrio exclusivo de uma das partes. A lei veda, portanto, o contrato de compra e venda incompleto na modalidade de determinação unilateral se o preço depender da atuação arbitrária de um dos contratantes. Todavia, se a determinação do preço se verificar consoante os critérios consensualmente definidos no contrato, não haverá óbice à celebração de contrato incompleto com a determinação da lacuna por apenas uma das partes.

Do mesmo modo, em outros tipos contratuais ou mesmo em negócios atípicos, caso a lacuna dependa da atuação arbitrária de apenas um dos contratantes, o negócio incompleto se revelará inválido e, por isso mesmo, ineficaz. O controle de abusividade permeia o conteúdo contratual de todas as espécies negociais, assumindo maior relevo nos negócios incompletos, em que se exige maior cooperação entre os contratantes na sua execução, sobretudo naqueles em que a determinação da lacuna se sujeite à atuação de apenas uma das partes.

Da mesma forma, o caso concreto poderá exigir que os particulares definam *ab initio* determinados elementos da relação contratual. A causa do negócio concreto irá indicar se determinado elemento se afigura imprescindível ao estabelecimento do próprio vínculo contratual, de modo a afastar a possibilidade de celebração de regulamento contratual incompleto. Se, na hipótese, o fato constituir condição à contratação, não será possível deixar esse elemento pendente de definição futura. À guisa de exemplo, se para a constituição de contrato de sociedade revelar-se fundamental a realização imediata de determinados investimentos por um dos sócios, não será possível deixar em branco o valor desses investimentos, para determinação em momento futuro. A fixação do valor dos investimentos consiste em condição para a formação do vínculo societário, a demandar urgente definição dos contratantes.

---

[309] Em verbete sobre doação, anota Biondo Biondi: "A doação é nula ou, como se diz, juridicamente inexistente nos seguintes casos: [...] doação com base em mandato para doar *cui voles* e *quid voles* declarada nula pelo art. 778, porque não tendo o mandatário poder de representação, falta a vontade do doador." (Donazione (diritto civile). In: *Novissimo Digesto Italiano*, 3. ed., Torino: UTET, 1957, v. 6, p. 245; tradução livre).

Desta feita, a autonomia privada encontra amplo espaço de atuação para o estabelecimento de regulamentos contratuais incompletos, os quais, em linha de princípio, poderão conter qualquer elemento da relação contratual lacunoso, exceto nas hipóteses em que a lei ou a causa do negócio concreto exija a definição antecipada de determinado elemento. Ao lado disso, a incompletude encontra limite na exigência legal quanto à determinabilidade do objeto, de sorte que o contrato incompleto apenas se mostrará válido e eficaz se os contratantes estabelecerem com precisão, no momento da conclusão do negócio, os critérios que serão adotados no preenchimento da lacuna em momento futuro, a permitir que o objeto do negócio se torne determinado.

2.3.2 Validade e eficácia do contrato incompleto no direito brasileiro

O contrato incompleto, como visto anteriormente, encontra previsão em diversas normas do sistema pátrio, a exemplo do art. 485 do Código Civil, a denotar sua ampla admissibilidade no ordenamento jurídico brasileiro. Tais dispositivos reconhecem a possibilidade de pactuação de contratos incompletos, cuja lacuna será determinada, em momento futuro, por uma ou ambas as partes, por terceiro ou mediante a aplicação de fatores externos, consoante o procedimento contratual. Em todas as hipóteses, o contrato incompleto exsurge como *negócio jurídico que emprega a técnica de gestão negativa da álea normal do contrato*, ou seja, mecanismo de que se valem os contratantes para alocar os efeitos decorrentes dos riscos econômicos previsíveis – perdas e ganhos econômicos – em momento superveniente, após a oscilação da álea normal.

Tais preceitos legais, entretanto, conforme mencionado, não esgotam as possibilidades de contratos incompletos que podem se configurar no cenário contratual brasileiro, deles se podendo extrair autorização para a prática de diversos outros negócios incompletos, típicos ou atípicos, que concretizarão as potencialidades funcionais do regulamento contratual incompleto.

Todavia, aludidos negócios incompletos, fruto da atuação criativa da autonomia privada, apenas se afigurarão válidos e eficazes se atenderem a determinados critérios legais e axiológicos impostos pelo ordenamento jurídico brasileiro.

O primeiro controle legal a que o contrato incompleto se subordina, como examinado no item anterior (2.3.1), consiste naquele referente à determinabilidade do objeto. O objeto do negócio incompleto (isto é, seu conteúdo) há de ser determinável, sob pena de nulidade do contrato. Como observado, em princípio, os particulares poderão deixar em branco qualquer elemento da relação obrigacional, desde que os critérios para a determinação da lacuna em momento futuro estejam suficientemente claros, descritos de modo literal ou presentes de modo implícito no ajuste, extraídos a partir da interpretação das disposições contratuais, e a lei ou a causa *in concreto* não exija a definição antecipada do elemento deixado em branco.

No âmbito do controle de validade e eficácia do negócio jurídico incompleto, para além da determinabilidade do objeto, releva a incidência dos princípios da boa-fé objetiva, da função social, do equilíbrio econômico dos pactos e da solidariedade social, que irradiam seus efeitos de forma mais intensa nos contratos incompletos relativamente aos contratos não lacunosos, em que se opera a gestão positiva da álea normal. Com efeito, os contratos incompletos, precisamente por representarem o esmorecimento voluntário da técnica regulamentar, exigem elevados padrões de cooperação entre os contratantes na integração do contrato e na sua execução.

Dito diversamente, em negócios incompletos, em que há gestão negativa da álea normal, diante da ausência de disciplina abrangente para todos os riscos contratuais previsíveis, as partes confiam na cooperação para o alcance do escopo comum. Exsurge, nesse cenário, o espírito de solidariedade constitucional (art. 3º, I e III, C.R.). Em consequência, os contratantes deverão reunir esforços no sentido de colmatar as lacunas, respeitando a alocação de riscos pretendida.

Nessa direção, o contrato incompleto sujeita-se a rigoroso controle de abusividade na determinação da lacuna, em decorrência da aplicação do princípio da boa-fé objetiva. Desse modo, a atuação dos contratantes no preenchimento da lacuna contratual, seja de forma conjunta ou individual (por apenas uma das partes); ou, ainda, a conduta de terceiro na integração da lacuna hão de observar o substrato axiológico-normativo que fundamenta a atribuição do direito.[310] Por outras palavras, o exercício do direito de integrar a lacuna deve ser, a um só tempo, lícito e merecedor de tutela, promovendo

---

[310] Sobre o abuso do direito, cf. definição de Heloísa Carpena, *Abuso do direito nos contratos de consumo*, Rio de Janeiro: Renovar, 2001, p. 56.

os valores que fundamentam esse direito, em obediência aos seus fins econômicos e sociais, à boa-fé e aos bons costumes (art. 187,[311] Código Civil). A conduta dos contratantes ou de terceiro no sentido de preencher a lacuna em contrariedade às finalidades econômicas e sociais que justificam a atribuição do direito, embora lícita,[312] representará exercício abusivo de posição jurídica, devendo, por isso mesmo, ser coibida. Vale dizer: os contratantes, ao integrarem o contrato, hão de perseguir o escopo econômico comum pretendido com o negócio incompleto, ou seja, a alocação de riscos almejada, respeitando os critérios contratuais de determinação da lacuna, em exercício regular do direito.

Referido controle de abusividade no exercício do direito de colmatar a lacuna se revelará ainda mais intenso no contrato incompleto na modalidade de determinação unilateral, na medida em que o elemento em branco será preenchido por apenas uma das partes, segundo os critérios definidos no contrato, devendo o outro contratante confiar na atuação idônea da contraparte. O elemento da confiança, aqui, desponta com mais intensidade, a denotar que a fidúcia consiste em aspecto característico dos regulamentos contratuais incompletos. O princípio de solidariedade, por sua vez, guiará os contratantes na determinação da lacuna, em obediência aos critérios contratuais e à distribuição de riscos pretendida.

O contrato incompleto, na legalidade constitucional, deve, ainda, obediência à função social. O princípio da função social determina que os contratantes promovam, ao lado dos seus interesses individuais, interesses extracontratuais socialmente relevantes, de estatura constitucional, atingidos pelo contrato.[313] A função social dos contratos impõe, por outros termos, o dever dos contratantes de observar e proteger interesses extracontratuais socialmente relevantes alcançados pelo contrato.

---

[311] "Art. 187. Também comete ato ilícito o titular de um direito que, ao exercê-lo, excede manifestamente os limites impostos pelo seu fim econômico ou social, pela boa-fé ou pelos bons costumes."

[312] Discute-se se o abuso do direito, embora referido no art. 187 do Código Civil como ato ilícito, seria, a rigor, ato lícito, que contraria o substrato axiológico-normativo que fundamenta a atribuição do direito. A respeito da discussão, v. Gustavo Tepedino et al., *Código civil interpretado conforme a constituição da república*, 2. ed., Rio de Janeiro: Renovar, 2007, v. 1, p. 346.

[313] Gustavo Tepedino, Notas sobre a função social dos contratos. In: Gustavo Tepedino, *Temas de direito civil*, Rio de Janeiro: Renovar, 2009, t. 3, p. 150.

Na ordem civil-constitucional, o contrato não representa uma ilha, isolada do ambiente social, o que permitiria aos contratantes se descurar de outros interesses alheios ao negócio. Ao revés, o contrato se insere em sociedade, de modo que os contratantes não podem ignorar outros interesses existentes no meio social que permeiam o contrato e que são por ele atingidos, tampouco os terceiros podem violar o crédito (tutela externa do crédito).[314] Cuida-se de via de mão dupla, em que o negócio, ao se inserir no ambiente social, representa bem jurídico que há de promover interesses extracontratuais socialmente relevantes, em razão do princípio da função social, e há de ser protegido da interferência ilícita de terceiros, por força do princípio da boa-fé objetiva, inspirado no princípio de solidariedade social (art. 3º, I e III, C.R.).

A função social consiste, assim, em elemento interno ao direito, isto é, na própria razão de atribuição de certo direito ao seu titular, de modo que o exercício da liberdade de contratar apenas merecerá tutela se atender à função social. Daí a feliz linguagem do art. 421 do Código Civil, segundo a qual "a liberdade de contratar será exercida em razão e nos limites da função social do contrato". Como se vê, a norma se refere à função social como a *razão* do exercício do direito de contratar, ou seja, o fundamento para a atribuição desse direito ao seu titular. E, ainda, o parágrafo único do art. 2.035 do Código Civil expressa a relevância do atendimento ao princípio da função social dos contratos, erigido a preceito de ordem pública, para a própria validade do negócio:

> "Art. 2.035. [...] Parágrafo único. Nenhuma convenção prevalecerá se contrariar preceitos de ordem pública, tais como os estabelecidos por este Código para assegurar a função social da propriedade e dos contratos."

Desse modo, os regulamentos contratuais incompletos devem obediência ao princípio da função social dos contratos para que possam merecer tutela por parte do ordenamento jurídico, devendo, por isso mesmo, promover

---

[314] A tutela externa do crédito remete à discussão quanto à responsabilidade civil do terceiro cúmplice, desenvolvida contemporaneamente no direito brasileiro. Sobre o tema, seja consentido remeter a Paula Greco Bandeira, Fundamentos da responsabilidade civil do terceiro cúmplice. In: *Revista Trimestral de Direito Civil*, Rio de Janeiro: Padma, v. 30, p. 79-127, abr./jun. 2007.

não só os interesses de seus titulares, mas também os interesses extracontratuais socialmente relevantes por eles atingidos.

Os contratos incompletos subordinam-se, ainda, à peculiar aplicação do princípio da boa-fé objetiva e do equilíbrio econômico dos contratos. O princípio da boa-fé objetiva, para além do controle de abusividade já indicado, determina que os contratantes persigam, ao lado de seus interesses individuais, o escopo econômico comum pretendido com a avença. O contrato possui uma finalidade econômica que ambos os contratantes almejam concretizar, depreendida a partir da vontade declarada pelas partes no negócio.[315] A boa-fé objetiva impõe, assim, que os contratantes busquem precisamente efetivar essa finalidade, seja atribuindo às cláusulas contratuais o sentido mais consentâneo ao escopo econômico comum, seja exercendo suas posições jurídicas de forma regular, seja observando os deveres anexos de informação, transparência, honestidade e lealdade contratuais.[316]

Especificamente nos contratos incompletos, o princípio da boa-fé objetiva obriga os contratantes a atuarem no sentido de preencher as lacunas em consonância com os critérios estabelecidos no negócio, com vistas a realizar o escopo de gestão negativa da álea normal, com a repartição dos efeitos de sua variação (perdas e ganhos econômicos) entre os contratantes em momento futuro, após o implemento do risco. Caso a lacuna seja integrada por critérios externos, os contratantes devem também interpretar esses critérios e a sua verificação à luz do princípio da boa-fé objetiva, isto é, à vista da finalidade contratual externada pelas partes no negócio, e sempre observando os deveres anexos de lealdade, transparência e honestidade contratuais.

Do mesmo modo, no contrato incompleto na modalidade de determinação da lacuna por terceiro, esse terceiro alheio ao contrato há de atuar com o intuito de concretizar o escopo econômico comum almejado pelos

---

[315] Sobre o ponto, v. Gustavo Tepedino, Hermenêutica contratual no equilíbrio econômico dos contratos. In: Gustavo Tepedino, *Pareceres*: soluções práticas de direito, São Paulo: Revista dos Tribunais, 2012, v. 2, p. 495 e ss.

[316] Acerca das diversas funções da boa-fé objetiva, v. Judith Martins-Costa, *A boa-fé no direito privado*: sistema e tópica no processo obrigacional, São Paulo: Revista dos Tribunais, 2000, p. 427-472; Gustavo Tepedino e Anderson Schreiber, A boa-fé objetiva no código de defesa do consumidor e no novo código civil (arts. 113, 187 e 422). In: Gustavo Tepedino (Coord.), *Obrigações*: estudos na perspectiva civil-constitucional, Rio de Janeiro: Renovar, 2005, p. 29-44.

contratantes, em observância aos critérios contratuais de preenchimento da lacuna, pena de violação ao princípio da boa-fé objetiva.

Sublinhe-se que o princípio da boa-fé objetiva assume especial relevo na imposição do dever aos contratantes de renegociarem a lacuna contratual que exsurja diante de evento superveniente, extraordinário, imprevisível e alheio às partes, que provoque desequilíbrio contratual, mesmo nos contratos que não contenham cláusula de *hardship*. Sobre esse ponto, o Capítulo 3, que irá cuidar das questões atinentes à execução dos contratos incompletos, dedicará subitem específico (3.2.1).

Ao lado do princípio da boa-fé objetiva, os contratos incompletos sofrerão também o influxo do princípio do equilíbrio econômico dos contratos, o qual determinará que os negócios incompletos mantenham a equação econômica estabelecida originariamente, a partir de determinada alocação de riscos, no decorrer de sua inteira execução. Como se verá no próximo capítulo, embora os negócios incompletos apresentem lacunas que excluirão a incidência da excessiva onerosidade relativamente ao evento superveniente que atinja o elemento deixado em branco, o seu conteúdo apresenta determinada alocação de riscos que garante o equilíbrio entre as prestações e que, por isso mesmo, há de ser preservado no decorrer da execução do contrato, permitindo a aplicação de mecanismos legais garantidores do equilíbrio contratual.

De toda sorte, o contrato incompleto, por representar ato de autonomia privada, merecerá tutela apenas se concretizar, para além dos interesses dos contratantes, os valores constitucionais.[317] Em síntese, observados os limites legais e valorativos, o contrato incompleto há de ser promovido nas atividades econômicas privadas, de modo a tutelar os interesses *in concreto* dos particulares, em peculiar forma de alocação de riscos, precisamente a de gestão negativa da álea normal.

A despeito da relevância do tema acerca do contrato incompleto, o qual, estudado sob a perspectiva funcional, amplia os horizontes da clássica dogmá-

---

[317] Ao criticar a concepção da autonomia privada como um valor em si mesmo, esclarece Pietro Perlingieri: "a autonomia privada não é um valor em si e, sobretudo, não representa um princípio subtraído ao controle de sua correspondência e funcionalização ao sistema das normas constitucionais. Também o poder de autonomia, nas suas heterogêneas manifestações, é submetido aos juízos de licitude e de valor, através dos quais se determina a compatibilidade entre ato e atividade de um lado, e o ordenamento globalmente considerado, do outro" (*Perfis do direito civil:* introdução ao direito civil constitucional, cit., p. 277).

tica contratual e propicia que o tradicional instituto do contrato seja redesenhado para se amoldar aos interesses dos particulares no concreto exercício de suas atividades econômicas, a doutrina brasileira não se dedicou à matéria.

A jurisprudência, de outra parte, reconheceu a validade de negócio jurídico que adota a técnica de gestão negativa da álea normal dos contratos, embora não lhe tenha conferido tratamento dogmático, tampouco tenha enfrentado a matéria em reiterados precedentes. Em paradigmática decisão da 3ª Turma do Superior Tribunal de Justiça, com efeito, reconheceu-se a validade de cláusula com fixação futura de preço em contrato de compra e venda de soja, deixada a cargo do agricultor. O acórdão consignou que a determinação de preço em data futura não representa condição potestativa no caso em que é concedida ao agricultor a opção pela data em que a operação será fechada. Segundo a relatora, Ministra Nancy Andrighi, essa "modalidade de contratação representa importante instrumento à disposição do produtor rural, para planejamento de sua safra, disponibilizando-lhe mecanismos para se precaver contra oscilações excessivas de preço".

A hipótese versa precisamente sobre contrato de compra e venda de soja, no qual o agricultor entregou Cédulas de Produto Rural, título representativo da mercadoria, ao comprador. O preço seria fixado posteriormente e pago após a entrega efetiva dos produtos. No caso, a possibilidade de o agricultor fixar o preço em data futura que seria por ele eleita, no interregno entre a data de conclusão do contrato e o dia da entrega das mercadorias, permite que o vendedor controle o risco de oscilação do preço da soja. Como se extrai da decisão:

> "Mas na venda futura a preço futuro a CPR também manteria sua utilidade de fomento ao setor agrícola? A resposta, aqui, também é afirmativa. Neste processo, o estabelecimento do preço não se daria de maneira fixa, na data da entrega dos produtos, eliminando a possibilidade de o agricultor planejar suas receitas e diluir seus riscos quanto à variação de mercado. Em vez disso, a fixação do preço era variável, de modo que ele poderia ser fechado pela média de mercado em qualquer momento, do dia seguinte à assinatura do contrato até a data da entrega das mercadorias. A opção de fechamento do preço na melhor data não era da compradora, mas do produtor rural. Competia, portanto, a ele

> verificar em que momento seria conveniente assegurar-se contra as variações de mercado, dentro do largo prazo que o contrato lhe conferiu. O pagamento não seria antecipado e, como dito, não há qualquer abusividade nisso, mas o importante poder de decidir o preço não era da compradora, mas do vendedor."[318]

Como se vê, o precedente analisou contrato incompleto em que o preço se encontrava em branco, a ser determinado unilateralmente pelo vendedor (agricultor), consoante os seguintes critérios: o preço corresponderia à média aritmética de mercado, calculado na data escolhida pelo agricultor entre o dia da assinatura do contrato e a data de entrega das mercadorias. Aludido negócio incompleto propicia a gestão negativa do risco econômico (ou álea normal) dos contratos de compra e venda de soja, especificamente o preço dessa *commodity*, que oscila ao sabor do mercado, e será determinado em momento futuro, de acordo com a data escolhida pelo agricultor e calculado segundo os critérios contratuais.

Em definitivo, respeitados os critérios legais e axiológicos a que se subordinam os contratos incompletos, tais negócios afiguram-se válidos e eficazes e hão de ser estimulados pela iniciativa privada, firmando-se no ordenamento jurídico brasileiro como *negócio jurídico com escopo de gestão negativa da álea normal dos contratos*.

---

[318] STJ, REsp. 910.537-GO, 3ª T., Rel. Min. Nancy Andrighi, julg. 25-5-2010.

3

EXECUÇÃO DO CONTRATO INCOMPLETO

> *"A perspectiva relacional diz respeito à própria concepção do direito moderno chamado a romper esquemas e conceitos individualistas para acentuar a atenção naqueles mais idôneos para exprimir exigências de socialidade e de solidariedade."*[319]

3.1 Aplicação do princípio do equilíbrio contratual aos contratos incompletos

> *"É tão nobre tender ao equilíbrio quanto à perfeição; pois existe perfeição na observância do equilíbrio."*[320]

Como visto anteriormente, o contrato incompleto consagra-se, no direito brasileiro, como negócio jurídico que emprega a técnica de gestão negativa da álea normal dos contratos. As lacunas contratuais, deliberadamente introduzidas pelas partes, permitem que as perdas e ganhos econômicos, decorrentes

---

[319] Pietro Perlingieri, *Perfis de direito civil:* introdução ao direito civil constitucional, cit., p. 208.

[320] Jean Grenier, invocado por Didier Matray et Françoise Vidts, *Les clauses d'adaptation de contrats*, cit., p. 100; tradução livre.

dos riscos econômicos supervenientes (isto é, da oscilação da álea normal), sejam distribuídos entre os contratantes *ex post*, por ocasião de sua verificação, de acordo com os critérios definidos *ex ante* no contrato incompleto.

A autonomia privada, ao deixar em branco determinados elementos do contrato como forma de gerir os riscos econômicos supervenientes, relacionados à sua causa *in concreto*, que afetam as prestações assumidas pelas partes, não estabelece regulamento contratual exaustivo, que discipline de modo detalhado os diversos aspectos da relação contratual. À míngua de regulamento abrangente para todos os riscos contratuais, as partes confiam na cooperação mútua para o alcance do escopo comum pretendido com o contrato incompleto. Por outras palavras, os contratantes deverão reunir esforços no sentido de colmatar as lacunas, em obediência aos critérios contratuais estabelecidos para sua determinação, respeitando a alocação de riscos pretendida.

Desse modo, no âmbito da execução do contrato incompleto, à qual se dedica este Capítulo 3, releva a incidência do princípio de solidariedade social (art. 3º, I e III, C.R.) e dos novos princípios contratuais da boa-fé objetiva, da função social do contrato e do equilíbrio econômico dos pactos, cujos efeitos se espraem de modo mais intenso nos negócios incompletos do que nos contratos em que ocorre a gestão positiva da álea normal.

Nesse cenário, a metodologia de direito civil-constitucional desempenha papel fundamental para a caracterização dos contratos incompletos e para a determinação da disciplina jurídica que lhe é aplicável. O perfil funcional dos fatos jurídicos, propugnado por essa metodologia, permite a identificação do traço distintivo da causa dos negócios jurídicos incompletos e denota a relevância da aplicação do inteiro ordenamento jurídico – complexo e unitário – para a solução dos casos concretos, com destaque para os princípios e valores constitucionais. Nessa direção, supera-se a análise econômica do direito, a qual, por se limitar ao critério de eficiência, não esgota a complexidade de valores integrantes do sistema jurídico.

Em um ordenamento solidarista e personalista, diversos outros valores e princípios, de estatura constitucional, que não se confundem com a eficiência, incidirão na solução dos conflitos de interesses. Na hipótese do contrato incompleto, em que se exigem padrões mais elevados de cooperação entre os contratantes no decorrer de sua execução, incidirão especialmente o princípio constitucional de solidariedade social e os novos princípios contratuais, dentre os quais o princípio do equilíbrio econômico dos pactos.

O ordenamento jurídico brasileiro promove o princípio do equilíbrio econômico dos contratos, introduzido no sistema como novo princípio de direito contratual, dotado de plena autonomia,[321] ao lado da boa-fé objetiva e da função social do contrato. Concebido para atenuar os rigores do princípio da obrigatoriedade dos pactos, o princípio do equilíbrio econômico dos contratos serve de alicerce teórico para diversos mecanismos restauradores do equilíbrio contratual, de que se mostram exemplos expressivos a lesão (art. 157, Código Civil) e a revisão ou resolução contratual por excessiva onerosidade (arts. 317, 478 e 479, Código Civil).[322]

Colhem-se, ainda, aqui e ali, normas no sistema jurídico brasileiro que exteriorizam a preocupação reiterada com o equilíbrio contratual.[323] O art. 413[324] do Código Civil, já mencionado, ao autorizar ao juiz a redução equitativa da cláusula penal nas hipóteses em que a obrigação principal tiver sido cumprida em parte ou a penalidade se revelar manifestamente excessiva, tendo em vista a natureza e a finalidade do negócio,[325] tem por escopo garantir o equilíbrio entre as posições contratuais. O art. 620 do Código Civil, da mesma forma, autoriza a revisão do preço em contrato de empreitada a preço global, a pedido do dono da obra, caso ocorra a diminuição no preço do material ou da mão de obra superior a 1/10 (um décimo) do preço global convencionado, de modo

---

[321] A livre iniciativa, valor constitucional previsto nos arts. 1º, IV; 170, *caput*, C.R., justifica e fundamenta o princípio do equilíbrio contratual, na medida em que o respeito à alocação de riscos estabelecida pelos contratantes, no decorrer da inteira execução do contrato, que exprime o equilíbrio econômico entre as prestações, nada mais representa do que a obediência ao valor da autonomia privada. Por isso mesmo, a perturbação desse equilíbrio deve ser combatida por meio dos mecanismos postos à disposição pelo ordenamento jurídico.

[322] Sobre os novos princípios contratuais, cf. a lição de Gustavo Tepedino, Novos princípios contratuais e a teoria da confiança: a exegese da cláusula to the best knowledge of the sellers. In: Gustavo Tepedino, *Temas de direito civil*, t. 2, cit., p. 250-251.

[323] Sobre o princípio do equilíbrio dos contratos no direito brasileiro, v. Antonio Junqueira de Azevedo, Natureza jurídica do contrato de consórcio: classificação dos atos jurídicos quanto ao número de partes e quanto aos efeitos: os contratos relacionais: a boa-fé nos contratos relacionais: contratos de duração: alteração das circunstâncias e onerosidade excessiva: sinalagma e resolução contratual: resolução parcial do contrato: função social do contrato. In: *Revista dos Tribunais*, São Paulo: Revista dos Tribunais, v. 832, ano 94, p. 115-137, fev. 2005.

[324] "Art. 413. A penalidade deve ser reduzida equitativamente pelo juiz se a obrigação principal tiver sido cumprida em parte, ou se o montante da penalidade for manifestamente excessivo, tendo-se em vista a natureza e a finalidade do negócio."

[325] V., sobre o tema, o interessantíssimo trabalho de Gustavo Tepedino, Notas sobre a cláusula penal compensatória. In: Gustavo Tepedino, *Temas de direito civil*, t. 2, cit., p. 47 e ss.

a lhe assegurar a diferença apurada, restaurando o equilíbrio entre as prestações. E, ainda, o art. 770, parte final,[326] do Código Civil, garante ao segurado a possibilidade de pleitear a revisão do prêmio ou a resolução do contrato em caso de considerável redução superveniente do risco coberto pelo seguro, a garantir a equivalência entre o risco segurado e o prêmio.

O princípio do equilíbrio contratual assume, assim, posição de destaque no ordenamento jurídico brasileiro, a incidir indistintamente sobre todas as relações contratuais, irradiando seus efeitos também aos contratos aleatórios.[327]

Do ponto de vista técnico, pode-se enunciar o equilíbrio contratual como princípio que objetiva garantir a equivalência entre as prestações assumidas pelos contratantes, preservando a correspectividade ou o sinalagma pactuado no decorrer da inteira execução do contrato, de modo a satisfazer os interesses pretendidos por ambos os contratantes com o negócio. A equivalência não quer significar correspondência objetiva de valores, mas a correspectividade entre as prestações que satisfaz os interesses concretos das partes contratantes. Por outras palavras, o princípio do equilíbrio contratual tem por escopo preservar a equação econômica entre as prestações, estabelecida pela autonomia privada a partir dos mecanismos de alocação de riscos.[328] O respeito à repartição de riscos efetuada pelos contratantes, em uma palavra, preserva o equilíbrio contratual,[329] desde

---

[326] "Art. 770. Salvo disposição em contrário, a diminuição do risco no curso do contrato não acarreta a redução do prêmio estipulado; mas, se a redução do risco for considerável, o segurado poderá exigir a revisão do prêmio, ou a resolução do contrato."

[327] Sobre o tema, seja consentido remeter a Paula Greco Bandeira, *Contratos aleatórios no direito brasileiro*, cit., p. 129.

[328] Sobre o ponto, no direito italiano, Francesco Camilletti, Profili del problema dell'equilibrio contrattuale. In: *Collana diritto privato. Università Degli Studi di Milano. Dipartamento Giuridico-Politico: sezione di diritto privato*, Milano: Giuffrè, 2004, v. 1, p. 44, assinala que o equilíbrio contratual se expressa não em termos objetivos de valores, mas corresponde à finalidade almejada pelos contratantes ou o interesse que pretendem realizar com o sinalagma ou a correspectividade entre as prestações.

[329] Na síntese de Vincenzo Ferrari: "o conceito de 'equilíbrio contratual' é normalmente conexo ao tema de risco contratual, de modo que, partindo da conhecida teoria segundo a qual cada contrato é um plano de repartição de riscos, e definindo-o como o equilíbrio econômico que caracteriza o singular e concreto ato de autonomia, se leva a considerá-lo efeito da alocação do risco contratual" (*Il problema dell'alea contrattuale*, cit., p. 93-94; tradução livre).

que essa alocação de riscos observe os demais valores e princípios que integram o sistema jurídico – complexo e unitário.[330]

Aludida alocação de riscos verifica-se nos contratos comutativos, ao se distribuirem entre os contratantes as perdas e os ganhos econômicos decorrentes da oscilação de sua álea normal, e nos contratos aleatórios, nos quais a autonomia privada efetua repartição do risco jurídico que qualifica o negócio como aleatório e dos riscos econômicos que também afetam sua execução.[331]

No âmbito dos mecanismos de alocação de riscos, como visto, as partes distribuem os riscos econômicos previsíveis a partir das cláusulas contratuais, efetuando a *gestão positiva da álea normal*. Tal alocação de riscos, identificada a partir da vontade declarada pelos contratantes, define, portanto, o equilíbrio econômico do negócio. Essa equação econômica, que fundamenta o sinalagma ou a correspectividade entre as prestações, há de ser respeitada no decorrer de toda a execução contratual, em observância aos princípios do equilíbrio econômico e da obrigatoriedade dos pactos.

Ao lado da gestão positiva da álea normal dos contratos, os contratantes poderão optar por gerir negativamente os riscos econômicos previsíveis, em contrato incompleto, já conceituado como *negócio jurídico que adota a técnica de gestão negativa da álea normal dos contratos*.

No contrato incompleto, conforme explicado, as partes, deliberadamente, optam por deixar em branco determinados elementos da relação contratual, como forma de gestão (negativa) do risco econômico superveniente, os quais serão determinados, em momento futuro, pela atuação de uma ou ambas as partes, de terceiro ou mediante fatores externos, segundo o procedimento contratualmente previsto para a integração da lacuna. Cuida-se de não alocação voluntária do risco econômico, em que as partes deixam

---

[330] Caso a repartição de riscos contrarie outros valores do ordenamento, o juiz poderá realizar o controle de validade do ato de autonomia privada, fazendo prevalecer o equilíbrio contratual como valor contra o regulamento de interesses. Sobre o ponto, v. Vincenzo Ferrari, *Il problema dell'alea contrattuale*, cit., p. 95-104.

[331] A admissibilidade da aplicação da teoria da excessiva onerosidade aos contratos aleatórios pressupõe o entendimento de que também os contratos aleatórios sofrem os efeitos dos riscos econômicos. A excessiva onerosidade, com efeito, irá incidir nos negócios aleatórios se o evento extraordinário e superveniente, de caráter imprevisível, não se referir à álea jurídica assumida pelos contratantes, e extrapolar álea normal relacionada ao contrato. O que distinguiria os contratos aleatórios dos comutativos, como já assinalado, seria a presença, nos primeiros, da álea jurídica como elemento integrante de sua causa.

em branco determinado elemento do negócio jurídico (lacuna voluntária), o qual será diretamente afetado pelo implemento do risco. Após a concretização do risco, as partes distribuirão os ganhos e as perdas econômicas dele decorrentes, por meio da integração das lacunas, conforme o procedimento previsto originariamente no contrato.

Desse modo, existem, no ordenamento jurídico brasileiro, duas formas voluntárias de gerir a álea normal dos contratos: (i) a *gestão positiva*, por meio da alocação de riscos segundo as cláusulas contratuais; e (ii) a *gestão negativa*, mediante o contrato incompleto, no qual voluntariamente não se aloca *ex ante* os riscos supervenientes, cujos ganhos e perdas econômicos serão distribuídos em ocasião posterior, mediante o preenchimento da lacuna contratual, de acordo com os critérios previstos no negócio, diante da verificação de determinado evento. Eis os modos de alocação de riscos que podem se configurar no direito brasileiro. Os riscos não alocados pela autonomia privada se afigurarão, necessariamente, imprevisíveis e, por isso mesmo, deflagrarão, presentes os demais pressupostos, a incidência da teoria da excessiva onerosidade.

Tendo em conta que os contratos incompletos não distribuem, originariamente, os riscos e as perdas econômicas decorrentes da oscilação da álea normal, mas remetem essa decisão para momento futuro, quando tenha ocorrido o evento previsto no contrato, poder-se-ia cogitar da inexistência de equilíbrio contratual nos negócios incompletos. Afinal, os termos contratuais, cujo equilíbrio se pretenderia, estariam em aberto, sujeitos à determinação futura, mediante integração das lacunas. Nessa linha de raciocínio, restariam afastados os remédios destinados, pelo ordenamento jurídico, ao reequilíbrio contratual, notadamente a excessiva onerosidade.

Entretanto, ao se proceder à gestão negativa da álea normal dos contratos, o contrato incompleto estabelece uma equação econômica entre as prestações assumidas pelos contratantes, que revela o equilíbrio econômico do negócio, ainda que existam lacunas. Ou seja, subjacente à gestão negativa da álea normal efetuada em contratos incompletos, há uma lógica econômica entre as posições contratuais ocupadas pelas partes, que fundamenta o sinalagma ou a correspectividade entre as prestações, a evidenciar a incidência do princípio do equilíbrio contratual.

Além disso, no regulamento contratual incompleto, apenas alguns elementos do contrato se encontram em branco, estando inseridos em relação contratual mais ampla e complexa, que liga dois centros de interesses distintos, em perspectiva dinâmica da relação obrigacional,[332] na qual se reúnem diversos direitos, obrigações, faculdades, ônus, interesses, de parte a parte. A relação jurídica obrigacional, compreendida como ligação entre situações jurídicas subjetivas,[333] ainda que contenha lacunas contratuais, exprime equação econômica equilibrada entre os dois centros de interesses, que há de ser preservada na decorrer de toda a execução contratual.

Por conseguinte, pode-se afirmar que os contratos incompletos também se sujeitam à incidência do princípio do equilíbrio econômico dos pactos. Em definitivo: a alocação de riscos, seja positiva, seja negativa, define o equilíbrio contratual e traduz os termos pactuados pelos contratantes. Desse modo, o respeito a tal distribuição de riscos expressa, a um só tempo, a observância dos princípios do equilíbrio contratual e da obrigatoriedade dos pactos.

Convém esclarecer que, embora se aluda frequentemente ao fato de que o princípio do equilíbrio contratual remodela o clássico princípio da obrigatoriedade dos pactos, tal não quer significar que esses princípios sejam excludentes. Ao revés, tais princípios se afiguram complementares.

Com efeito, o princípio da obrigatoriedade dos pactos, ao impor a observância ao conteúdo pactuado, determina o respeito à alocação de riscos estabelecida e, portanto, ao equilíbrio ínsito ao negócio. Nessa direção, o

---

[332] Recorra-se à definição de relação jurídica de Pietro Perlingieri: "A ligação essencial do ponto de vista estrutural é aquela entre centro de interesses. [...] É preferível, portanto, a doutrina que define a relação jurídica como ligação entre situações subjetivas. [...] É difícil imaginar direitos subjetivos que não encontrem justificativa em situações mais complexas, das quais fazem parte também deveres, ônus, deveres específicos (*obblighi*) [...] A conexão das situações subjetivas na relação jurídica exprime a exigência de valorar o comportamento não somente no momento estático, que é a descrição do efeito (nascimento, modificação ou extinção das situações subjetivas), mas também no momento dinâmico, como regulamento de interesses, realização concreta do programa predeterminado na disciplina do fato jurídico." (*O direito civil na legalidade constitucional*, cit., p. 734-735).

[333] Sobre o conceito de situação jurídica subjetiva, assinala Perlingieri: "Na maior parte das hipóteses, o interesse dá lugar portanto a uma situação subjetiva complexa, composta tanto de poderes quanto de deveres, obrigações, ônus. A complexidade das situações subjetivas – pela qual em cada situação estão presentes momentos de poder e de dever, de maneira que a distinção entre situações ativas e passivas não deve ser entendida em sentido absoluto – exprime a configuração solidarista do nosso ordenamento constitucional." (*Perfis do direito civil: introdução ao direito civil constitucional*, cit., p. 107).

cumprimento do acordo representa o respeito simultâneo aos princípios da obrigatoriedade dos pactos e do equilíbrio contratual.

Note-se que o equilíbrio remodela a obrigatoriedade apenas nas hipóteses legais em que o contrato sofre uma perturbação em seu equilíbrio, admitindo-se, em atendimento ao princípio do equilíbrio contratual, que se modifiquem os termos contratados, alterando aquilo que fora pactuado, para que o contrato se adeque às novas circunstâncias. Tal modificação do conteúdo ajustado, repita-se ainda uma vez, somente se verifica em hipóteses excepcionais, autorizadas pelo legislador. Nos demais casos, ainda que o negócio nasça desequilibrado, se não restarem configuradas as hipóteses excepcionais previstas em lei, não será possível modificar o contrato, ou, em outras palavras, alterar a alocação de riscos estabelecida pela autonomia privada, devendo-se observar a obrigatoriedade dos pactos.

Desse modo, os princípios do equilíbrio contratual e da obrigatoriedade dos pactos se influenciam reciprocamente, em relação de complementariedade, a usufruir de igual importância no ordenamento jurídico brasileiro.

Insista-se: o respeito à alocação de riscos efetuada pela autonomia privada (isto é, ao equilíbrio contratual) pauta-se pelo princípio da obrigatoriedade dos pactos. Deste modo, uma vez geridos os riscos econômicos atinentes à determinada operação negocial, de forma positiva ou negativa, os contratantes devem obedecer a essa alocação de riscos no decorrer da inteira execução contratual.

A menos que se configure hipótese de excessiva onerosidade, lesão ou outro remédio de reequilíbrio contratual previsto em lei, as partes não poderão alterar supervenientemente a alocação de riscos estabelecida no contrato, tendo em conta a aplicação do princípio da obrigatoriedade dos pactos, em pleno vigor no ordenamento jurídico brasileiro.

Pode-se afirmar, nessa direção, que, no direito brasileiro, não existe princípio de proteção ao negócio lucrativo, que pudesse defender o contratante do mau negócio. A parte que geriu mal o risco deverá arcar com as consequências daí decorrentes, não podendo se eximir de cumprir o contrato, tampouco sendo-lhe autorizado requerer a revisão ou a resolução do negócio, exceto nas hipóteses permitidas por lei.

Por outro lado, como mencionado, as partes poderão simplesmente não distribuir os riscos econômicos no contrato, por fugirem de sua esfera de previsibilidade (*não alocação involuntária*), tratando-se, portanto, de riscos imprevisíveis. Nesses casos, verificados os demais pressupostos, aplicar-se-á a teoria da excessiva onerosidade prevista nos arts. 478 e ss. do Código Civil. Dedica-se o item a seguir ao exame da aplicação da teoria da excessiva onerosidade aos contratos incompletos.

3.2 Forma de incidência da teoria da excessiva onerosidade aos contratos incompletos

> *"Não se pode impedir que, a um certo ponto, se torne necessária a intervenção do juiz no interior da relação contratual e aquela que às vezes foi temida como 'intrusão' tenha lugar para restabelecer a proporcionalidade, a adequação, o equilíbrio entre as prestações."*[334]

Na hipótese em que os contratantes não distribuem determinados riscos econômicos no contrato, por escaparem de sua esfera de previsibilidade,[335] caso os aludidos riscos se implementem, poderá se configurar a excessiva onerosidade, desde que se verifiquem os seus pressupostos legais. Cuida-se da *não alocação involuntária do risco*, isto é, as partes não alocam o risco simplesmente porque não cogitam a possibilidade de sua superveniência, por força de sua natureza imprevisível.

Convém relembrar que inexiste risco econômico previsível que não tenha sido gerido pelas partes. Este será, necessariamente, alocado pelos contratantes, por meio de gestão positiva ou negativa, o que será identificado a partir do exame das cláusulas contratuais e da causa *in concreto*.

---

[334] Francesco Macario, *Rischio contrattuale e rapporti di durata nel nuovo diritto dei contratti*, cit., p. 89; tradução livre.

[335] Sobre o conceito de imprevisibilidade, assinala Henri de Page: "A imprevisão consiste portanto no desequilíbrio de prestações recíprocas que se produz, nos contratos a prestações sucessivas ou diferidas, por efeito de acontecimentos ulteriores à formação do contrato, independentes da vontade das partes, que se revelam de tal forma extraordinários, de tal forma anormais, que não é possível razoavelmente os prever." (*Traité élémentaire de droit civil belge*, Bruxelles: Establecimentos Émile Bruylant, 1948, t. 2, p. 535; tradução livre).

Por outro lado, o risco econômico não alocado pelo contrato será invariavelmente imprevisível e extraordinário. Afinal, *tertius non datur*: ou bem os contratantes vislumbraram o risco econômico superveniente e decidiram geri-lo de modo positivo, mediante a distribuição dos ganhos e das perdas nas cláusulas contratuais, ou de modo negativo, por intermédio de lacunas, cuja integração se dará por meio do procedimento previsto no contrato; ou bem os contratantes não anteviram o risco econômico superveniente, o qual, por isso mesmo, se revela imprevisível e extraordinário, a deflagrar os mecanismos previstos para a onerosidade excessiva.

Nesse contexto, o risco econômico mal gerido, que atribui mais perdas a uma das partes, não tem o condão de ensejar a resolução ou revisão do contrato. Por outras palavras, inexistindo lesão ou outra hipótese prevista pelo legislador restauradora do equilíbrio contratual, o risco econômico alocado de modo desequilibrado entre os contratantes não autoriza a aplicação da teoria da excessiva onerosidade, por não se revestir do caráter de imprevisibilidade tampouco de extraordinariedade. Daí afirmar-se que o direito brasileiro não adota princípio de proteção ao negócio lucrativo, não socorrendo os particulares que geriram, de maneira insatisfatória, os riscos econômicos relacionados ao contrato.

A teoria da imprevisão ou da excessiva onerosidade, relacionada, portanto, aos riscos imprevisíveis, flexibiliza, como mencionado, o princípio da obrigatoriedade dos pactos, autorizando, em caráter excepcional, a modificação dos termos contratados, com vistas ao restabelecimento do equilíbrio contratual originário.

No direito civil brasileiro, todas as hipóteses de desequilíbrio contratual de relações privadas e paritárias provocadas por evento superveniente, construídas alhures sob diversas denominações, como pressuposição, atribuída a Windscheid, ou teoria da base objetiva do negócio, de Karl Larenz,[336] convergem para a teoria da excessiva onerosidade prevista nos arts. 478 e ss. do Código Civil.

---

[336] Também na teoria da base objetiva do negócio, o evento que enseja o desequilíbrio há de ser imprevisível: "Todo contrato é estipulado entre os que nele participam tendo em conta determinadas circunstâncias de caráter geral, já sendo ou não as partes conscientes delas no caso concreto; como, por exemplo, a ordem social ou econômica existente, o poder aquisitivo de determinada moeda, as condições normais do tráfego ou outras semelhantes, sem as quais o contrato não cumpre a finalidade para ele pensada, nem pode realizar a intenção das partes.

A teoria da excessiva onerosidade incide apenas mediante a verificação cumulativa dos seguintes pressupostos legais: (i) vigência de contrato de longa duração, de execução continuada ou diferida; (ii) a ocorrência de evento superveniente, extraordinário, imprevisível e não imputável a qualquer das partes; e (iii) que onere excessivamente um dos contratantes, acarretando extrema vantagem a outra parte.

A onerosidade deve golpear a prestação em termos objetivos, não sendo determinada de acordo com as condições subjetivas do devedor. Como ressalta Aldo Boselli, o fato superveniente se refere à prestação em sua intrínseca consistência e eficiência, com exclusão de qualquer consideração relativa ao nexo eventualmente existente entre o ônus da prestação e a complexa economia do devedor, excluindo-se, assim, a sua subjetiva dificuldade de adimplemento.[337] Assim sendo, o devedor não poderia invocar a excessiva onerosidade no cumprimento de suas obrigações em razão de dificuldades financeiras,[338] na obtenção de financiamento ou linhas de crédito atribuídas

---

Se nessas relações, necessárias para a subsistência do negócio (como sua base objetiva e regulamentação considerada justa e conveniente para ambas as partes), se produz uma alteração total e imprevista, que não tenha sido considerada de forma alguma no contrato, não seria conforme à boa-fé (§§ 157, 242) submeter inflexivelmente a parte, desproporcionalmente prejudicada pela alteração do contrato que foi firmado, considerando pressupostos completamente diferentes." (Karl Larenz, *Derecho de obligaciones*, Madrid: Editorial Revista de Derecho Privado, 1958, t. 1, p. 314; tradução livre).

[337] Aldo Boselli, Eccessiva onerosità. In: *Novissimo digesto italiano*, v. 6, cit., p. 333.

[338] Na jurisprudência, cf. os seguintes julgados: "A má-situação financeira, agravada por débito com os credores e mercado em recessão, alegada pelos devedores, não caracteriza fato superveniente ensejador da onerosidade excessiva, que justifica a resolução ou a revisão do contrato, nos termos dos arts. 317 e 478, do CC, por ser pessoal e subjetiva, sem relação direta com contrato objeto da ação, ou seja, sem implicar em desequilíbrio do contrato de abertura de crédito fixo, em que lastreada a ação de cobrança, nem em desproporção das respectivas prestações, nem configura caso fortuito ou força maior, nos termos do art. 393, do CC, uma vez que não se trata de acontecimento extraordinário ou imprevisível, não afastando, portanto, a obrigação da apelante de pagar a dívida contratada" (TJSP, Ap. Cív. 0141730-78.2009.8.26.0100, 20ª Câm. Dir. Priv., Rel. Des. Rebello Pinho, julg. 31/3/2014); "O recorrente alega que vem atravessando dificuldades financeiras, mas apesar dos infortúnios que assolam a sua vida, seu pleito não merece prosperar, pois tais fatores não são capazes de afastar a obrigação que assumiu quando da formação do pacto. Isto ocorre porque a teoria da imprevisão exige a ocorrência de circunstâncias objetivas para sua caracterização. Os fatos supervenientes que acarretam a onerosidade excessiva e autorizam a revisão das prestações pactuadas, nos termos previstos no art. 6º, V, da Lei 8.078/90, não se confundem com os imprevistos que repercutam na situação financeira particular do consumidor, porque a referida norma se destina a resguardar o interesse de

à crise na economia,[339] ou de desemprego,[340] o que revelariam circunstâncias pessoais do devedor, em nada se relacionando com as prestações assumidas no negócio. O mecanismo de correção da excessiva onerosidade busca restabelecer o equilíbrio intracontratual abalado por evento externo, imprevisível e extraordinário, que atinge diretamente as obrigações ajustadas.

A onerosidade se afigurará excessiva se decorrer de evento extraordinário que extrapole a álea normal do contrato (*rectius*, álea extraordinária),

---

caráter social, e não pessoal." (TJRJ, Ap. Cív. 0031151-48.2011.8.19.0210, 12ª CC, Rel. Des. Nanci Mahfuz, julg. 8-7-2013); "Onerosidade excessiva. Teoria da imprevisão. Inocorrência. Desprende-se do conceito da Teoria da Imprevisão a ideia de superveniência de acontecimentos extraordinários e imprevisíveis, com os quais se torna insuportável a um dos contratantes a execução do contrato. Neste contexto não se insere a hipótese de mera dificuldade financeira do devedor, mormente porque não restou comprovada onerosidade excessiva e/ou abusividade das cláusulas contratuais." (TJRS, Ap. Cív. 70053546263, 18ª CC, Rel. Des. Pedro Celso Dal Pra, julg. 23-5-2013); "Caso fosse possível a revisão em razão de dificuldades financeiras a segurança e o equilíbrio contratual restariam sempre violados." (TJRJ, Ap. Cív. 2006.001.32584, 8ª CC, Rel. Des. Odete Knaack de Souza, julg. 20-9-2006). V. tb. TJRJ, Ap. Cív. 2006.001.07346, 18ª CC, Rel. Des. Simone Gastesi Chevrand, julg. 28-3-2006; TJRJ, Ap. Cív. 2002.001.11585, 2ª CC, Rel. Des. Leila Mariano, julg. 2-10-2002.

[339] Sobre a previsibilidade da não obtenção de financiamento, vejam-se as seguintes decisões: "Eventual dificuldade na obtenção de financiamento para a execução do empreendimento, por ser fato mais do que previsível, não configura caso fortuito ou força maior, a excluir a responsabilidade da construtora, pelo atraso na entrega da coisa" (TJRJ, Ap. Cív. 0062858-02.1999.8.19.0001 (2002.001.14496), 13ª CC, Rel. Des. Nametala Machado Jorge, julg. 14-8-2002); "E não lhe é dado imputar a demora havida e a não obtenção do financiamento necessário à crise econômica que assolava o País precedentemente ao advento do Plano Real, já que essa crise não pode ser erigida à alçada de fato imprevisto, de molde a justificar o inadimplemento de construtora na entrega de unidade prometida à venda e cuja poupança foi integralmente paga." (TJSC, Ap. Cív. 88.089318-9 (51.467), 1ª CC., Rel. Des. Trindade dos Santos, julg. 4-5-1999).

[340] Nessa direção, cf. os seguintes precedentes: "Alegação de onerosidade excessiva e imprevisibilidade. Perda de emprego. Fato previsível. Não incidência do artigo 478 do Código Civil." (TJSP, Ap. Cív. 9267484-17.2008.8.26.0000, 24ª Câm. Dir. Priv., Rel. Des. Silvia Sterman, julg. 13-9-2012); "Indene de dúvida, o desemprego integra ou, pelo menos, deveria integrar, a esfera de previsibilidade de toda pessoa, não podendo ser enquadrado como acontecimento imprevisível a permitir a aplicação da Teoria da Onerosidade Excessiva para justificar a resolução do contrato. Exegese do artigo 478 do Código Civil. Precedentes deste Colendo Sodalício." (TJRJ, Ap. Cív. 0008468-52.2006.8.19.0061 (2009.001.08048), Rel. Des. Reinaldo P. Alberto Filho, julg. 20-2-2009); "A alegação da teoria da imprevisão pelo desemprego do Apelado jamais poderia ser aceita. Situações desse tipo se situam na trilha de previsibilidade de qualquer um." (TJRJ, Ap. Cív. 2006.001.02391, 15ª CC, Rel. Des. Ricardo Rodrigues Cardozo, julg. 8-3-2006).

desencadeando extrema vantagem para a contraparte. Por outras palavras, o fato extraordinário capaz de ensejar a excessiva onerosidade assim se caracteriza se ultrapassar a álea normal do contrato, situando-se fora da alocação de riscos efetuada pelos contratantes. O juízo quanto à extraordinariedade, portanto, se entrelaça com aquele sobre a imprevisibilidade do evento superveniente, já que, em regra, examinar se o evento é previsível ou imprevisível significa investigar se ele se insere na álea normal do contrato.[341] Consoante já se observou, segundo a doutrina tradicional, tal análise quanto à previsibilidade do evento superveniente deveria ser efetuada de acordo com a possibilidade de o homem médio antever o acontecimento no momento da estipulação do contrato.[342] O magistrado, nessa linha de entendimento, deveria apurar se o homem comum, uma vez situado nas mesmas condições do caso concreto, considerando a natureza do contrato, a capacidade dos contratantes, as condições de mercado e demais particularidades, teria condições de prever o evento superveniente.[343] Em caso positivo, o evento afigurar-se-ia previsível, de modo a excluir a aplicação da excessiva onerosidade. Entretanto, adota-se, para fins de análise quanto à previsibilidade do evento, a perspectiva objetiva, em que o juiz deverá verificar se os contratantes, ao atuarem em conformidade com o *standard* de conduta aplicável àquela atividade contratual concreta, e considerando as particularidades do caso, poderiam ou não antever o evento.[344] Caso as partes contratantes tenham agido em conformidade com o *standard* legitimamente esperado naquela atividade e nas específicas circunstâncias do caso concreto, e, ainda assim, não tenham previsto o evento, aludido evento deverá ser considerado imprevisível, autorizando-as a recorrerem à excessiva onerosidade.

---

[341] Vincenzo Roppo, *Il contratto*, cit., p. 1.026.

[342] Aldo Boselli, Eccessiva onerosità. In: *Novissimo digesto italiano*, v. 6, cit., p. 336; Luigi Mosco, Impossibilità sopravvenuta. In: *Enciclopedia del diritto*, v. 20, cit., p. 426.

[343] Vincenzo Roppo, *Il contratto*, cit., p. 1025.

[344] Na doutrina brasileira, sobre o conceito de imprevisibilidade, esclarece Judith Martins-Costa: "O que se quer afirmar que é o 'imprevisível' é o que não poderia ser *legitimamente* esperado pelos contratantes, concretamente considerados (*v.g.*, avaliando-se a qualidade das partes, a sua característica profissional, a natureza do negócio, as circunstâncias específicas do caso e o que a experiência indica ser o habitual) de acordo com a sua justa expectativa no momento da conclusão do ajuste, a ser objetivamente avaliada segundo os cânones fundamentais dos artigos 112 e 113 do Código Civil." (Do direito das obrigações. Do adimplemento e da extinção das obrigações (arts. 304 a 388). In: Sálvio de Figueiredo Teixeira (Coord.), *Comentários ao novo código civil*, v. 5, t. 1, cit., p. 309).

Insista-se: para que se qualifique o fato como extraordinário, há de se constatar que ele escapa da distribuição de riscos projetada pelos contratantes. Não romperá o equilíbrio do contrato o fato superveniente que se situe na álea normal do contrato, no âmbito dos riscos previsíveis, que contratualmente foram atribuídos a cada uma das partes. Ou seja: se as partes geriram o risco econômico superveniente, tal risco se insere na álea normal, sendo, por isso mesmo, ordinário e previsível, a afastar a aplicação da teoria da excessiva onerosidade.

Ainda sobre a extraordinariedade e a imprevisibilidade, anote-se que determinados eventos, embora se revelem previsíveis e ordinários em abstrato, poderão produzir, no caso concreto, consequências imprevisíveis e extraordinárias, a deflagrar a aplicação do mecanismo relativo à excessiva onerosidade.[345] Eis o caso da inflação[346] e da desvalorização monetária,[347] verificadas em determinados episódios da economia brasileira.

---

[345] Nessa esteira, cf. o enunciado nº 175 elaborado na III Jornada de Direito Civil: "A menção à imprevisibilidade e à extraordinariedade, insertas no art. 478 do Código Civil, deve ser interpretada não somente em relação ao fato que gere desequilíbrio, mas também em relação às consequências que ele produz." (Enunciado 175. In: Ruy Rosado de Aguiar Júnior (Org.), *Jornadas de direito civil I, II, III e IV*: enunciados aprovados, cit., p. 38). Como expressão dessa nova tendência, v. Gustavo Tepedino, A teoria da imprevisão e os contratos de financiamento firmados à época do chamado plano cruzado. In: *Revista Forense*, Rio de Janeiro: Forense, v. 301, p. 77-78, jan./mar. 1988.

[346] V., exemplificativamente, STJ, REsp. 4222, 3ª T., Rel. Min. Nilson Naves, julg. 4-9-1990; STJ, REsp. 8473, 4ª T., Rel. Min. Athos Gusmão, julg. 23-10-1991; STJ, REsp. 39686, 5ª T., Rel. Min. Cid Flaquer Scartezzini, julg. 14-4-1997; STJ, REsp. 135.151, 4ª T., Rel. Min. Ruy Rosado de Aguiar, julg. 8-10-1997; STJ, REsp. 7822, 4ª T., Rel. Min. Sálvio de Figueiredo Teixeira, julg. 29-10-2001; STJ, REsp. 46.532, 4ª T., Rel. Min. Aldir Passarinho Júnior, julg. 5-5-2005.

[347] V., nesta direção, STJ, REsp. 299.501, 3ª T., Rel. Min. Nancy Andrighi, julg. 14-8-2001; STJ, REsp. 268.661, 3ª T., Rel. Min. Nancy Andrighi, julg. 16-8-2001; STJ, REsp. 376.877, 3ª T., Rel. Min. Nancy Andrighi, julg. 6-5-2002; STJ, REsp. 343.617, 3ª T., Rel. Min. Antônio de Pádua Ribeiro, julg. 18-6-2002; STJ, REsp. 361.694, 3ª T., Rel. Min. Nancy Andrighi, julg. 26-2-2002; STJ, REsp. 370.598, 3ª T., Rel. Min. Nancy Andrighi, julg. 26-2-2002. V., ainda, nos tribunais inferiores, TJRJ, AI 1999.002.02041, 15ª CC, Rel. Des. Ademir Pimentel, julg. 26-5-1999; TJRJ, Ap. Cív. 1999.001.19636, 8ª CC, Rel. Des. Letícia Sardas, julg. 3-2-2000; TJRJ, Ap. Cív. 2001.001.01009, 5ª CC, Rel. Des. Thiago Ribas Filho, julg. 12-6-2001; TJRJ, Ap. Cív. 2001.001.18968, 7ª CC, Rel. Des. Marly Macedonio Franca, julg. 17-1-2002; TJRJ, Ap. Cív. 2001.001.11632, 2ª CC, Rel. Des. Fernando Cabral, julg. 20-2-.2002; TJRJ, Ap. Cív. 2002.001.11686, 11ª CC, Rel. Des. Antonio Felipe Neves, julg. 9-10-2002; TJRJ, Ap. Cív. 2003.001.07370, 8ª CC, Rel. Des. João Carlos Guimarães, julg. 9-9-2004; TJRJ, Ap. Cív. 2006.001.19068, 8ª CC, Rel. Des. Letícia Sardas, julg. 12-9-2006; TJRJ, Ap. Cív. 2006.001.59200, 8ª CC, Rel. Des. Letícia Sardas, julg. 27-2-2007.

O requisito da extrema vantagem,[348] por sua vez, representa decorrência necessária da excessiva onerosidade. De fato, a extrema dificuldade de cumprimento do contrato por uma das partes acarretará ao outro contratante, invariavelmente, posição sobremaneira vantajosa, inesperada e injustificável no concreto regulamento contratual. A extrema vantagem associa-se, portanto, ao desequilíbrio da equação econômica originária do contrato.[349]

Embora o art. 478 se refira apenas ao devedor como legitimado para invocar a onerosidade excessiva, também o credor poderá se valer do remédio caso haja desvalorização da prestação esperada. A rigor, o credor lamenta não por dever prestação que se tornou mais difícil ou custosa, mas por dever prestação em troca de contraprestação que, de modo imprevisível, perdeu parte do valor que havia no momento da celebração do contrato. Cuida-se da denominada onerosidade indireta, que atinge a contraprestação, em oposição à onerosidade direta, que se relaciona diretamente à prestação devida por quem invoca a excessiva onerosidade. O caso típico de onerosidade indireta consiste na desvalorização monetária. Se Fulano deve ainda sua prestação e aguarda a contraprestação em dinheiro de Sicrano, a superveniente desvalorização monetária reduz a quantia que Fulano receberá, tornando-lhe oneroso cumprir prestação que não se encontra mais adequadamente remunerada pela contraprestação.[350]

---

[348] Vale conferir, acerca da extrema vantagem, a reflexão de Arnoldo Medeiros da Fonseca, *Caso fortuito e teoria da imprevisão*, 2. ed., Rio de Janeiro: Imprensa Nacional, 1943, p. 235.

[349] Como ressalta Judith Martins-Costa: "Todavia, é de ser lembrado que são poucos os casos, nos contratos comutativos, em que o excessivo ônus para uma das partes não corresponde a uma vantagem para a outra. A equação está no equilíbrio, e como indica a figura da balança grega, se colocarmos maior peso num dos pratos, o outro certamente não restará imóvel." (A revisão dos contratos no código civil brasileiro. In: *Rivista Roma e America – Diritto Romano Comune*, Roma: [s.n.], v. 16, p. 160, 2003). V. tb. Antônio Junqueira de Azevedo, Natureza jurídica do contrato de consórcio (sinalagma indireto): onerosidade excessiva em contrato de consórcio: resolução parcial do contrato. In: Antônio Junqueira de Azevedo, *Novos estudos e pareceres de direito privado*, cit., p. 362. Sobre o ponto, cf., ainda, o Enunciado nº 365 da IV Jornada de Direito Civil: "A extrema vantagem do art. 478 deve ser interpretada como um elemento acidental da alteração de circunstâncias, que comporta a incidência da resolução ou revisão do negócio por onerosidade excessiva, independentemente de sua demonstração plena." (Enunciado 176. In: Ruy Rosado de Aguiar Júnior (Org.), *Jornadas de direito civil I, II, III e IV: enunciados aprovados*, cit., p. 57).

[350] Vincenzo Roppo, *Il contratto*, cit., p. 1022.

Também aqui a desvalorização da contraprestação há de ser objetiva, compreendida como perda de valor de mercado, não relevando que o devedor possa obter a mercadoria que será entregue a custos menores do que os previsíveis ao tempo do contrato, o que se circunscreveria à sua esfera subjetiva.[351] Além disso, a onerosidade indireta encontra-se subordinada à condição de que a contraprestação desvalorizada não tenha ainda se exaurido no momento da verificação do evento superveniente que acarreta a sua desvalorização, tampouco a prestação do credor tenha sido executada: o credor da contraprestação em espécie não pode invocar a excessiva onerosidade se a desvalorização monetária se opera quando já tenha recebido o dinheiro ou transferido o bem ao comprador.[352]

Verificada a excessiva onerosidade, a parte prejudicada poderá requerer ao juiz a revisão ou resolução do negócio, cujos efeitos retroagirão, por sentença, à data da citação. Como observado anteriormente, não obstante o art. 478 do Código Civil refira-se apenas ao pedido de resolução formulado pelo devedor, admite-se a *expansão subjetiva* e *objetiva* do pedido deduzido na hipótese de excessiva onerosidade.

Na esteira da modernização da experiência estrangeira, que autoriza o juiz a rever o contrato em caso de excessiva onerosidade a pedido da parte prejudicada[353] – de que são exemplos eloquentes os arts. 6.2.2 e 6.2.3 e o art. 6:111, respectivamente dos Princípios da *Unidroit* e dos Princípios de Direito Europeu dos Contratos –, o art. 478 do Código Civil há de ser interpretado extensivamente, do ponto de vista objetivo, no sentido de permitir que o devedor pleiteie, ao lado da resolução, também a revisão do contrato, com fundamento no princípio da conservação dos contratos e nos arts. 317, 480 e 620 do Código Civil (*expansão objetiva*).[354]

---

[351] Vincenzo Roppo, *Il contratto*, cit., p. 1.022.

[352] Vincenzo Roppo, *Il contratto*, cit., p. 1.022.

[353] No direito italiano, cf. Vincenzo Roppo, Il contratto, cit., p. 1047; e Paolo Gallo, Buona fede oggetiva e trasformazioni del contratto. In: *Rivista di diritto civile*, Padova: CEDAM, ano 48, primeira parte, p. 258-259, 2002.

[354] Como já decidiu o Superior Tribunal de Justiça: "Não obstante a literalidade do art. 478 do CC/02 – que indica apenas a possibilidade de rescisão contratual – é possível reconhecer onerosidade excessiva também para revisar a avença, como determina o CDC, desde que respeitados, obviamente, os requisitos específicos estipulados na Lei civil. Há que se dar valor ao princípio da conservação dos negócios jurídicos que foi expressamente adotado em diversos

Como visto, o princípio da conservação dos negócios jurídicos, expresso em diversas normas do ordenamento jurídico brasileiro, determina que o negócio seja preservado sempre que possível, a privilegiar a manutenção do contrato em detrimento da sua resolução. O art. 317 do Código Civil, por sua vez, ao permitir a revisão, a pedido da parte, da prestação, cujo valor oscilou de modo manifesto e desproporcional entre o momento de celebração do contrato e o de sua execução, em razão de evento imprevisível e superveniente à celebração do ajuste, amplia o alcance do art. 478, a autorizar, também na hipótese de excessiva onerosidade, o pedido do devedor de revisão do contrato.[355] Ao lado disso, o art. 480 do Código Civil, ao disciplinar a excessiva onerosidade em contratos unilaterais, isto é, não sinalagmáticos, estabelece que o devedor poderá pleitear a revisão de sua prestação, reduzindo o seu valor ou alterando o modo de executá-la, a justificar a possibilidade de revisão do contrato por excessiva onerosidade, a pedido do devedor, também nos contratos bilaterais sinalagmáticos. Por fim, o art. 620 do Código Civil autoriza, na empreitada a preço global, o pedido de revisão do preço contratual, formulado pelo dono da obra, caso haja a diminuição do preço da mão de obra ou dos materiais empregados pelo empreiteiro, em valor superior a um décimo do preço global acordado. Tal dispositivo denota que o devedor do preço, no caso o dono da obra, poderá requerer a revisão do preço do contrato de empreitada, em hipótese peculiar de excessiva onerosidade, em que se requer a redução do preço ajustado diante da desvalorização da contraprestação (*i.e.*, a entrega da obra), por força da diminuição do valor da mão de obra ou dos materiais empregados.

Sob o aspecto subjetivo, de outra parte, o art. 478 do Código Civil há de ser interpretado no sentido de admitir que também o credor formule o pedido de revisão ou resolução do negócio por excessiva onerosidade (*expansão subjetiva*), quando, como examinado, houver desvalorização objetiva da contraprestação a ser auferida e a prestação do credor ainda não tiver sido integralmente executada, a configurar onerosidade indireta. Afinal, em contratos bilaterais sinalagmáticos, as partes figuram reciprocamente como

---

outros dispositivos do CC/02, como no parágrafo único do art. 157 e no art. 170." (STJ, REsp. 977007, 3ª T., Rel. Min. Nancy Andrighi, julg. 24-11-2009).

[355] No mesmo sentido do texto, v. Orlando Gomes, *Contratos*, cit., p. 216; Ruy Rosado de Aguiar Júnior, Da extinção dos contratos (arts. 472 a 480). In: Sálvio de Figueiredo Teixeira (Coord.), *Comentários ao novo código civil*, v. 6, t. 2, cit., p. 925; e Gustavo Tepedino et al., *Código civil interpretado conforme a constituição da república*, v. 2, cit., p. 131.

credoras e devedoras de determinadas prestações. No exemplo citado, em contrato de compra e venda, o credor da prestação em dinheiro, desvalorizada monetariamente por evento superveniente, é, ao mesmo tempo, devedor da entrega da coisa. O evento superveniente atinge a contraprestação (*i.e.*, a prestação de dar dinheiro) e torna excessivamente oneroso ao credor desse valor pecuniário entregar o bem pactuado, ou seja, desempenhar seu dever de entregar a coisa, que não se encontra mais devidamente remunerada pela prestação em dinheiro. Além disso, o art. 620 do Código Civil, acima referido, consiste em exemplo expressivo de excessiva onerosidade invocada pelo credor. Como visto, nessa hipótese, o dono da obra – credor da obra e devedor do preço – poderá requerer a redução do preço global acordado caso haja desvalorização da contraprestação aguardada – ou seja, da entrega da obra –, em razão da diminuição do valor da mão de obra ou dos materiais empregados, em montante superior a um décimo do preço global convencionado, a fim de lhe assegurar essa diferença. Nesse cenário, pagar o preço originalmente ajustado acarretaria excessiva onerosidade ao credor da obra, a justificar o pleito de redução do preço acordado.

Aquele que invoca a excessiva onerosidade, segundo a doutrina tradicional, há de estar em dia com o cumprimento de suas obrigações.[356] O devedor em mora, nos termos do art. 399 do Código Civil,[357] responde pela impossibilidade superveniente da prestação em virtude de caso fortuito ou de força maior, salvo se provar ausência de culpa no inadimplemento ou que o dano sobreviria mesmo que a prestação tivesse sido oportunamente desempenhada. Se o dispositivo determina que o devedor em mora responde pela impossibilidade da prestação decorrente de caso fortuito ou de força maior, por maioria de razão – afirma-se –, haveria de se responsabilizar pelos eventos extraordinários e imprevisíveis que (não impossibilitam mas apenas) tornam excessivamente onerosa sua prestação. As consequências da onerosidade superveniente recairiam sobre o devedor inadimplente.[358] Entretanto, tal entendimento há de ser flexibilizado, pena de se esvaziar a utilidade da

---

[356] Orlando Gomes, *Contratos*, cit., p. 218.

[357] "Art. 399. O devedor em mora responde pela impossibilidade da prestação, embora essa impossibilidade resulte de caso fortuito ou de força maior, se estes ocorrerem durante o atraso; salvo se provar isenção de culpa, ou que o dano sobreviria ainda quando a obrigação fosse oportunamente desempenhada."

[358] Vincenzo Roppo, *Il contratto*, cit., p. 1020. V., na jurisprudência, TJRJ, Ap. Cív. 2000.001.13081, 14ª CC, Rel. Des. Walter D. Agostinho, julg. 10-4-2001.

teoria.[359] De fato, na maior parte dos casos, a mora decorre precisamente da onerosidade excessiva, que impossibilita o devedor de adimplir regularmente o contrato. Caso o devedor não possa invocar a excessiva onerosidade nessas hipóteses, o instituto restará com reduzidíssima importância prática. Daí a necessidade de se autorizar o devedor em mora a se valer da teoria da excessiva onerosidade para rever ou resolver o negócio, desde que a mora resulte do evento superveniente, que causa o desequilíbrio contratual, e que aludido evento não lhe seja imputável.[360]

No que tange aos contratos incompletos, há de se investigar se tais negócios sofrem a incidência da teoria da excessiva onerosidade, tendo em conta suas lacunas contratuais. Nesse particular, sob a equivocada premissa de que os contratos incompletos são desprovidos de equilíbrio, poder-se-ia cogitar da impossibilidade de se aplicar a teoria da excessiva onerosidade aos contratos incompletos. Dito por outros termos, justamente por não alocar *ex ante* os riscos de superveniência entre as partes, deixando-se em branco elementos contratuais que serão definidos posteriormente mediante repartição dos custos e benefícios das superveniências, afirma-se que aos contratos incompletos não se aplicam os remédios de reequilíbrio contratual, notadamente a teoria da excessiva onerosidade. Existiria mesmo incompatibilidade lógica entre a incompletude jurídica deliberada e a possibilidade de aplicação dos mecanismos legais de correção do desequilíbrio contratual. Nessa direção, no direito italiano, assinala Antonio Fici:

> "Já o fato de que o contrato deliberadamente incompleto constitui modalidade convencional de administração do risco contratual poderia ser argumento suficiente a excluir qualquer tentativa de considerar que a ele se aplica o art. 1467 do Código Civil. Há,

---

[359] Nesse sentido, v. Gustavo Tepedino, *A teoria da imprevisão e os contratos de financiamento firmados à época do chamado plano cruzado*, cit., p. 79-80.

[360] Esse parece ser o entendimento de Ruy Rosado de Aguiar Júnior: "Se a parte *já estiver em mora*, quando dos fatos extraordinários, não lhe cabe a defesa. O devedor em mora responde pelos riscos supervenientes, ainda que decorrentes de caso fortuito ou força maior (art. 399 do Código Civil). A onerosidade é um aspecto da teoria da superveniência, e nela se afirma o princípio da responsabilidade do devedor moroso pela impossibilidade posterior" (*Extinção dos contratos por incumprimento do devedor (resolução)*, 2. ed., Rio de Janeiro: Aide Editora, 2004, p. 157; grifou-se).

todavia, ainda mais radicalmente, uma incompatibilidade lógica entre a incompletude jurídica deliberada e a possibilidade de aplicar os remédios legais contra as superveniências. Se, com efeito, a questão da aplicabilidade do art. 1467 do Código Civil pode colocar-se (como, de fato, se coloca na realidade) com referência aos contratos flexíveis nos quais as cláusulas de adequação automática se demonstram *ex post* inadequadas a gerir as superveniências, a mesma questão é desprovida de significado quando o contrato seja deliberadamente incompleto. Neste último caso, de fato, falta uma determinação que possa ser alterada pelas superveniências, não existe uma alocação *ex ante* dos riscos que possa se revelar inadequada, não subsiste nenhum equilíbrio contratual cuja alteração o ordenamento deva estabelecer remédio, realizando-se tal equilíbrio apenas em seguida, no ato da determinação sucessiva. O art. 1467, como dito, pressupõe um contrato juridicamente completo, cuja completude põe um limite máximo e, portanto, é logicamente incompatível com contratos que, pela vontade das partes, são incompletos."[361]

Nessa linha de raciocínio, afastar-se-ia a aplicação da excessiva onerosidade aos contratos incompletos, sob o argumento de que inexistiria alocação *ex ante* dos riscos econômicos que pudesse ser afetada pelo evento superveniente. Vale dizer: os contratos incompletos não apresentariam equilíbrio cuja alteração superveniente devesse ser corrigida pelo ordenamento jurídico, precisamente por não distribuir originariamente os riscos econômicos, atribuindo essa decisão a momento futuro, após a concretização do risco, ocasião em que o equilíbrio é estabelecido.

Todavia, os contratos incompletos, assim como os negócios jurídicos não lacunosos, revelam-se equilibrados, sujeitando-se, por isso mesmo, à aplicação da teoria da excessiva onerosidade.

---

[361] Antonio Fici, *Il contrato 'incompleto'*, cit., p. 148-149; tradução livre.

Como analisado, ao efetuar a gestão negativa da álea normal dos contratos, o contrato incompleto estabelece uma equação econômica entre as prestações assumidas pelos contratantes, que revela o equilíbrio econômico do negócio, ainda que existam lacunas. Por outras palavras, em decorrência da gestão negativa da álea normal, há um equilíbrio econômico entre as posições contratuais assumidas no contrato incompleto, que fundamenta o sinalagma ou a correspectividade entre as prestações, a evidenciar a aplicação do princípio do equilíbrio contratual.

Além disso, no contrato incompleto, apenas alguns elementos do contrato se encontram em branco, estando inseridos em relação contratual mais ampla e complexa, que liga dois centros de interesses distintos, com diversos outros aspectos já definidos, em equilíbrio permanente.

Diante de tal constatação, há de se admitir a incidência da teoria da excessiva onerosidade aos contratos incompletos, mediante a aplicação do princípio do equilíbrio econômico dos pactos – que irradia, de modo determinante, seus efeitos aos negócios incompletos –, desde que o evento superveniente não se refira ao elemento contratual deixado em branco.

Com efeito, o contrato incompleto traduz negócio jurídico no qual os contratantes procedem à gestão negativa da álea normal, por meio de lacunas, no âmbito de prestações contratuais equilibradas assumidas pelas partes, que definem o sinalagma do negócio. Por se tratar de negócio provido de equilíbrio, o contrato incompleto sujeita-se à aplicação da teoria da excessiva onerosidade sempre que o evento superveniente extrapole a álea normal assumida pelos contratantes no caso concreto, constituindo evento extraordinário e imprevisível, que não atinja o elemento contratual lacunoso. Nessa hipótese, a causa em concreto incluirá como efeitos essenciais a gestão negativa da álea normal, que qualifica o negócio como incompleto, e a gestão positiva quanto a outros riscos econômicos previsíveis, incidindo o evento superveniente precisamente sobre esses últimos riscos alocados positivamente, cujas perdas e os ganhos já foram imputados aos contratantes nas prestações, as quais, por isso mesmo, restam abaladas pela superveniência.

Desse modo, os eventos supervenientes que se afigurem extraordinários, por excederem a álea normal do contrato, e imprevisíveis, afetando o equilíbrio entre as prestações dos negócios incompletos, deflagrarão a incidência da teoria da excessiva onerosidade. O dever de cooperação dos contratantes em negócios incompletos impõe que as partes preservem o equilíbrio do negócio, atentas ao evento superveniente que abale o sinalagma contratual.

Caso o evento superveniente, extraordinário e imprevisível, se refira ao elemento contratual em branco, a sua ocorrência não desencadeará, à evidência, a aplicação da excessiva onerosidade, pois o elemento ainda não se encontra determinado. Daí a afirmação de que a teoria da excessiva onerosidade não incide quando o evento atinge o elemento lacunoso. Entretanto, tal evento há de ser considerado pelas partes no momento da determinação da lacuna, com vistas a se distribuir as perdas e ganhos econômicos decorrentes desse evento superveniente. Mostra-se, assim, ao contrário do que poderia parecer, reforçada a incidência do princípio do equilíbrio contratual aos negócios incompletos, exigindo dos contratantes que levem em conta o evento superveniente, com vistas à preservação da alocação de riscos pretendida. Mais uma vez, aflora o dever de cooperação entre as partes que, embora não possam alterar o contrato com base na excessiva onerosidade, deverão considerar o evento superveniente no momento da integração do contrato, com o objetivo de atingir o escopo comum do regulamento contratual incompleto.

À guisa de exemplo, em contrato de seguro em que conste cláusula de negociação, determinando que as partes negociem o valor do prêmio, a desvalorização monetária superveniente há de ser levada em consideração no seu cálculo. Ou, ainda, em contrato de fornecimento de gás, em que o terceiro deva determinar o preço da *commodity*, a sua disparada em patamares jamais vislumbrados por qualquer especialista desse mercado deve ser analisada pelo terceiro no momento da determinação da lacuna.

Constatado, portanto, que os contratos incompletos sofrem o influxo do princípio do equilíbrio econômico dos pactos, tais negócios se subordinam à aplicação da teoria da excessiva onerosidade, a ensejar a revisão ou resolução do contrato, desde que o evento superveniente não se refira ao elemento contratual lacunoso. E mais: a insuficiência da disciplina dos riscos, no regulamento contratual incompleto, determina especial atenção dos contratantes ao equilíbrio do negócio, a intensificar a incidência do princípio do equilíbrio econômico dos pactos e a corroborar a aplicação da excessiva onerosidade.

3.2.1 O papel da boa-fé objetiva na integração da lacuna: o dever de renegociação das partes diante da excessiva onerosidade

> *"A resolução mata a relação contratual.
> A renegociação deveria servir a curá-la."*[362]

Conforme examinado, presente a excessiva onerosidade, a parte prejudicada poderá requerer ao juiz a revisão ou resolução do negócio, cujos efeitos retroagirão, por sentença, à data da citação. Ao lado desse mecanismo atribuído por lei para que as partes restabeleçam o equilíbrio contratual, poderão os contratantes convencionar, no momento da conclusão do contrato, a cláusula de *hardship*, segundo a qual, via de regra na hipótese de excessiva onerosidade, as partes se obrigam a renegociar as cláusulas contratuais diretamente atingidas pelo evento superveniente.

As cláusulas de *hardship*, como visto no item 1.3.3.1, operam a reabertura do regulamento contratual, na medida em que impõem às partes o dever de renegociar os termos contratuais atingidos pelo evento superveniente, extraordinário e, em regra, imprevisível, os quais, nesse novo cenário contratual, são considerados lacunosos. Tais lacunas decorrem, consoante o exposto, não de ausência originária de determinado elemento da relação contratual, deixado em branco pelos contratantes por ocasião da celebração do negócio, mas de lacuna superveniente, que surge diante do evento subsequente, normalmente imprevisível, extraordinário e alheio aos contratantes, que atinge as prestações do contrato. Considera-se, portanto, que os elementos do contrato, definidos sob determinadas circunstâncias que não mais subsistem em face do evento superveniente, se encontram ausentes nesta nova configuração, isto é, correspondem a lacunas, que deverão ser preenchidas em novos moldes pelos contratantes.

Essas lacunas contratuais hão de ser determinadas pelos contratantes mediante renegociação, com o objetivo de alocar os riscos, isto é, as perdas e os ganhos decorrentes do evento superveniente, não vislumbrado pelas partes no momento da contratação, por se revestirem de imprevisibilidade e

---

[362] Rodolfo Sacco e Giorgio De Nova, Il contratto. In: Rodolfo Sacco (Org.), *Trattato di diritto civile*, Torino: UTET, 2004. t. 2, p. 686; tradução livre.

extraordinariedade. Daí afirmar-se que as cláusulas de *hardship* caracterizam o negócio como regulamento contratual incompleto na modalidade de determinação por ambas as partes.

A noção de *hardship,* compreendida como a alteração fundamental do equilíbrio do contrato por força de circunstâncias supervenientes, imprevisíveis, que fogem ao controle das partes e não se inserem na alocação de riscos efetuada pelos contratantes, encontra-se presente em diversos sistemas jurídicos. No Brasil, o *hardship* corresponde à onerosidade excessiva, disciplinada nos arts. 478 e ss. do Código Civil.

Releva notar que, em determinados ordenamentos jurídicos, verificada a situação de *hardship,* impõe-se aos contratantes o dever de renegociação do conteúdo contratual, independentemente da existência da cláusula de *hardship.* Dito diversamente, por variados fundamentos teóricos, ideológicos ou mesmo fenomenológicos, determinados sistemas jurídicos determinam às partes a obrigação de renegociar as cláusulas contratuais atingidas pelo fenômeno do *hardship,* de modo a gerir as superveniências, a despeito da inexistência de previsão contratual nesse sentido.[363]

No âmbito da análise econômica do direito, desenvolvida sobretudo nos sistemas jurídicos da *common law,* a doutrina dos contratos incompletos sustenta a obrigação de renegociação das partes na hipótese de *hardship* com base no crescimento inusitado dos riscos, sob os aspectos quantitativo e qualitativo, na economia contemporânea e no novo mercado global, que exigem a flexibilização das relações contratuais.[364] Tais riscos afiguram-se

---

[363] De modo ainda mais abrangente, Francesco Macario defende a obrigação legal de as partes renegociarem o contrato, de modo a adaptá-lo às mudanças fáticas que o tornam inadequado à lógica econômica subjacente ao momento da contratação, independentemente da configuração da excessiva onerosidade, com base na equidade integrativa, em interpretação expansiva do art. 1374 do Código Civil italiano (Adeguamento e rinegoziazione nei contratti a lungo termine. In: Pietro Rescigno (Org.), *Biblioteca di diritto privato*, Napoli: Jovene Editore Napoli, 1996, v. 47, pp. 312-331). Sobre a obrigação de renegociar, v. tb. Francesco Gambino, Problemi del rinegoziare. In: Natalino Irti; Pietro Rescigno (Org.), *Studi di diritto civile. Università di Roma. Facoltà di giurisprudenza*, Milano: Giuffrè, 2004, *passim.*

[364] Mario Barcellona enumera, ao propósito, três principais aspectos que devem ser levados em consideração quanto ao aumento dos riscos: (i) o ritmo e a radicalidade das inovações tecnológicas, que aumentam o risco de a utilidade da prestação desaparecer no decorrer do tempo de execução do contrato; (ii) a mundialização do mercado, que expõe o sistema dos preços e os fluxos comerciais ao risco de andamentos imprevisíveis das relações políticas; e (iii) os processos de descentralização produtiva, que aumentam a interdependência entre as

imprevisíveis em razão da racionalidade limitada dos contratantes, a justificar, ao lado dos elevados custos de transação, regulamentos contratuais incompletos, que não estabeleçam disciplina exaustiva dos riscos, a impor aos contratantes a obrigação de renegociar o conteúdo contratual em face da verificação das superveniências.

De outra parte, a obrigação de renegociação fundamenta-se na teoria do *relational contract*,[365] elaborada também no ambiente da *common law*. Segundo essa teoria, os sujeitos do mercado não são operadores autônomos e independentes que, ocasionalmente, se encontram e concluem operações isoladas, mas constituem membros de uma comunidade, que estabelecem entre si relações associativas, de caráter continuado, marcadas pelo espírito de reciprocidade e solidariedade. Desse modo, a ideia presente nas codificações e nos grandes sistemas ocidentais de direito privado, segundo a qual cada contratante busca a maximização imediata da própria utilidade, a partir de modelo isolado e atomístico de troca, cede lugar à lógica associativa, em que os contratantes afiguram-se sujeitos que colaboram à obtenção do resultado comum.[366] Nessa perspectiva colaborativa e solidária, o contrato não disciplina *ex ante* todas as possíveis superveniências, mas remete o seu conteúdo à renegociação das partes com o propósito de adaptar o programa negocial às mudanças das circunstâncias fáticas verificadas no decorrer do tempo. A doutrina dos contratos relacionais propõe, assim, a obrigação de renegociação das partes com fundamento no princípio de solidariedade. Caso os contratantes atuem de modo oportunista e desleal, caberá a intervenção judicial no contrato, que garantirá a revisão do negócio e, por conseguinte, a sua conservação.

A obrigação de renegociação ganhou corpo também nos ordenamentos jurídicos de família romano-germânica. Nessa direção, os Princípios da *Unidroit*, nos arts. 6.2.2 e 6.2.3, e os Princípios de Direito Europeu dos Con-

---

empresas e, com isso, o risco de eficiência da relação entre investimentos e demanda (Appunti a proposito di obbligo di rinegoziazione e gestione delle sopravvenienze. In: Joachim Bonell; Carlo Castronovo; Adolfo di Majo; Salvatore Mazzamuto (Org.), *Europa e diritto privato*. *Rivista Trimestrale*, Milano: Giuffrè, p. 468-469, indice annata 2003).

[365] Sobre o tema, cf. Stewart Macauley, Non-contractual relations in business: a preliminary study. In: *American Sociological Review*, Law School, University of Wisconsin, v. 28, nº 1, p. 1-23, fev. 1963; e Charles J. Goetz; Robert E. Scott, Principles of Relational Contracts. In: *Virginia Law Review*, v. 67, nº 6, p. 1.089-1.150, set. 1981.

[366] Mario Barcellona, Appunti a proposito di obbligo di rinegoziazione e gestione delle sopravvenienze, cit., p. 469-470.

tratos, no art. 6:111, previram a hipótese de *hardship,* impondo às partes, nesse cenário, o dever de renegociar o contrato com vistas a se restabelecer o equilíbrio, independentemente de previsão contratual.[367]

Tais dispositivos pressupõem os deveres de boa-fé e solidariedade na execução do contrato, que justificam a obrigação das partes de renegociar o seu conteúdo, com o escopo de gerir as superveniências. Desse modo, os princípios da boa-fé objetiva e de solidariedade social consistem, nos sistemas da *civil law,* nos fundamentos teóricos e normativos da obrigação de renegociação na hipótese de *hardship.*[368]

Nessa esteira, cabe verificar se, no direito brasileiro, em contratos que não contenham cláusula de *hardship,* haveria o dever das partes de renegociar o seu conteúdo na hipótese de excessiva onerosidade. Por outras palavras, deve-se investigar se o art. 478 do Código Civil comporta interpretação extensiva, para impor, ao lado da possibilidade de revisão ou resolução judicial do negócio, o dever das partes de renegociar, no âmbito extrajudicial, as cláusulas contratuais atingidas pela excessiva onerosidade. Trata-se, portanto, de averiguar se há o dever bilateral dos contratantes de iniciar tratativas para a renegociação do contrato, em face da excessiva onerosidade, previamente à disputa judicial, que objetive a sua revisão.[369] Por conseguinte, apenas se frustrada a renegociação, poder-se-ia recorrer ao Poder Judiciário com o propósito de resolver ou rever o contrato.

---

[367] V., sobre o ponto, o item 1.4 deste livro.

[368] Mario Barcellona, *Appunti a proposito di obbligo di rinegoziazione e gestione delle sopravvenienze,* cit., p. 476.

[369] O tema é controvertido no direito italiano, em que o art. 1.467 do Código Civil, à semelhança do art. 478 do Código Civil brasileiro, admite apenas a possibilidade de o devedor requerer a resolução do contrato na hipótese de excessiva onerosidade, não já a revisão. Por tal circunstância, alguns autores defendem a inexistência da obrigação de renegociação em cenário de excessiva onerosidade, a qual resultaria na revisão do ajuste por iniciativa do devedor e em contrariedade à liberdade do credor. Nesse sentido, v. Tommaso Mauceri, Sopravvenienze perturbative e rinegoziazione del contratto. In: Joachim Bonell; Carlo; Castronovo; Adolfo di Majo; Salvatore Mazzamuto (Org.), *Europa e diritto privato. Rivista Trimestrale,* Milano: Giuffrè, espec. p. 1125 e ss., índice annata 2007, o qual admite a obrigação de renegociação apenas nas hipóteses (i) em que as partes ajustem cláusula de *hardship;* (ii) de contratos de empreitada, por força da previsão específica contida no art. 1.664 do Código Civil italiano, ou em contratos atípicos em que uma das prestações se assemelhe àquela assumida pelo empreiteiro; ou ainda (iii) nos casos em que a recusa, pelo credor, da revisão contratual, seja oportunista ou emulativa.

Como já anotado, o instituto da excessiva onerosidade fundamenta-se na equidade, a qual significa "sempre mais igualdade (equilíbrio) na troca".[370] Vale dizer: ao se pretender restabelecer o equilíbrio das prestações estabelecido originariamente pelas partes, o mecanismo da excessiva onerosidade se inspira no princípio do equilíbrio contratual, que concretiza a ideia de equidade.

De outra parte, a noção de equidade orienta-se, no direito contemporâneo, pelo princípio da boa-fé objetiva, que assume contornos cada vez mais decisivos na atualidade. Como adverte Francesco Donato Busnelli: "Ora, é a boa-fé que guia e orienta a equidade. Talvez tenha acabado o tempo de falar 'mais frequentemente em equidade e de modo menos frequente em boa-fé."[371]

O sistema jurídico brasileiro, embora já admitisse a incidência da cláusula geral da boa-fé objetiva às relações paritárias, introduziu-a textualmente apenas por ocasião do Código Civil de 2002. Na dicção do art. 422 do Código Civil: "Os contratantes são obrigados a guardar, assim na conclusão do contrato, como em sua execução, os princípios de probidade e boa-fé."

Aplicável, portanto, às fases pré-contratual, contratual e pós-contratual, a boa-fé objetiva traduz cláusula geral que expressa o liame com os valores basilares do sistema, sobretudo os princípios constitucionais. Sublinha com precisão Busnelli que: "Na sua qualidade de 'cláusula geral por excelência', essa se coloca como norma-ponte para a ligação com os princípios que expressam os valores fundantes do sistema, e em particular com os princípios constitucionais."[372]

Pode-se afirmar, nessa direção, que, no âmbito contratual, o princípio da boa-fé objetiva configura norma de conduta à qual as partes devem obediência, exprimindo princípio de ordem pública, informado pelos princípios constitucionais incidentes sobre a atividade econômica privada, especialmente o princípio constitucional da solidariedade social (art. 3º, I e III, C.R.).

---

[370] J. Gordley, Good faith in contract law in the medieval ius commune. In: R. Zimmerman; S. Whitaker (Org.), *Good faith in european contract law*, Cambridge: Cambridge University Press, 2000, p. 105.

[371] Francesco Donato Busnelli, Note in tema di buona fede ed equità. In: *Rivista di diritto civile*, Padova: CEDAM, ano 47, primeira parte, p. 541, 2001; tradução livre.

[372] Francesco Donato Busnelli, Note in tema di buona fede ed equità, cit., p. 556; tradução livre.

Por se tratar de cláusula geral, o princípio da boa-fé objetiva não impõe comportamento geral, de conteúdo preestabelecido, mas determina a conduta específica devida pelos contratantes à luz do concreto regulamento de interesses.[373] Destina-se a boa-fé objetiva, inspirada na exigência de solidariedade inerente à relação contratual, a criar, na feliz expressão de Pietro Perlingieri, "a *regula iuris* do caso concreto",[374] definindo as obrigações de parte a parte. Daí asseverar-se que a boa-fé objetiva exige condutas variadas, positivas ou omissivas, de acordo com as peculiaridades do caso concreto e o conteúdo específico do contrato.[375] Tais condutas (*v. g.* deveres de proteção, de segurança, de informação etc.), delineadas na hipótese concreta, materializam a obrigação de salvaguarda, no sentido de impor às partes o dever de proteger os interesses da contraparte, sem que isso, contudo, importe sacrifício do interesse individual.

A despeito da generalidade do conceito, a doutrina identifica o princípio da boa-fé objetiva como o dever imposto aos contratantes de considerar como conteúdo do contrato e, portanto, como norma vinculante, tudo aquilo derivado da finalidade da relação contratual, objetivamente compreendida e reconhecida,[376] a partir da vontade declarada dos contratantes, extraída da in-

---

[373] Ressalta Marco Mantello que a relação de conformidade entre o regulamento de interesses programado no contrato e a execução em boa-fé do negócio implica a redefinição da tutela da confiança das partes, que não se limita à mera lealdade de comportamento, mas concretiza "a proteção recíproca dos interesses dos contratantes que emergem em sede de interpretação funcional do negócio" (Interpretazione funzionale e rischio contrattuale: il problema dei presupposti del contratto nelle esperienze giuridiche di common law e civil law con particolare riguardo all'istituto della presupposizione. In: Pietro Rescigno (org.), *Bibilioteca di diritto privato*, Napoli: Jovene Editore Napoli, 2003, v. 53, p. 347; tradução livre).

[374] Pietro Perlingieri; Raffaella Messinetti, Buona fede nell'esecuzione dei contratti. In: Pietro Perlingieri, *Autonomia negoziale e autonomia contrattuale*, 2. ed., Napoli: Edizioni Scientifiche Italiane, 2000, p. 445.

[375] V., ao propósito, Massimo Bianca, *Diritto civile*, v. 3, cit., p. 473-474; e, seu artigo, La nozione di buona fede quale regola di comportamento contrattuale. In: *Rivista di diritto civile*. Padova: CEDAM, ano 29, primeira parte, p. 205-216, 1983. Na jurisprudência brasileira, cf. STJ, REsp. 758518, 3ª T., Rel. Min. Vasco Della Giustina, julg. 17-6-2010.

[376] Sobre a boa-fé, v. a página clássica de Karl Larenz: "A 'boa-fé' exige de cada um dos contratantes considerar declarado por ambos e vigente como conteúdo do contrato e, portanto, como conforme ao seu sentido, e como pactuado objetivamente, de igual forma que se resultasse exigido no próprio contrato, tudo aquilo derivado não só de seu teor literal, como também da finalidade objetiva recognoscível do contrato, da conexão com seu sentido e de sua ideia fundamental; atendendo, no caso concreto, aos usos do tráfego existentes e aos interesses dos contratantes." (*Derecho de obligaciones*, t. I, cit., p. 118-119; tradução livre).

terpretação sistemática das cláusulas contratuais. Por outros termos, a boa-fé objetiva obriga os contratantes a perseguirem o escopo econômico comum do contrato, depreendido da vontade declarada pelas partes, em detrimento da literalidade das disposições contratuais. Evita-se, assim, que os contratantes possam se entrincheirar por detrás da literalidade do contrato.[377]

Nessa esteira, a preservação do contrato atingido por evento que gere desequilíbrio entre as prestações, mediante a renegociação das cláusulas contratuais afetadas pela excessiva onerosidade, garante que o negócio concretize seus objetivos, em aplicação do princípio da boa-fé objetiva.

Na linha da doutrina alemã,[378] atribui-se, sistematicamente, à boa-fé objetiva, no âmbito contratual, três funções essenciais: (i) interpretativa do negócio jurídico; (ii) restritiva do exercício abusivo de posições jurídicas; e (iii) criadora de deveres anexos.

A função interpretativa do negócio jurídico, disciplinada nos arts. 112[379] e 113[380] do Código Civil, determina que o contrato seja interpretado em consonância com a vontade declarada pelas partes, considerando vinculantes, como mencionado, os deveres objetivamente extraídos da finalidade contratual ou do escopo econômico comum pretendido pelos contratantes com o negócio.

A interpretação contratual segundo a vontade declarada materializa as teorias da declaração e da confiança, que se destinam a tutelar o contratante destinatário da declaração, que nela confiou no momento da celebração do contrato e com base nela nutriu legítimas expectativas.[381]

Assinale-se, a propósito, que, embora os contratantes devam se comportar no sentido de realizar o escopo econômico comum pretendido com o contrato, tal não afasta a tutela de seus interesses privados individuais, le-

---

[377] A metáfora é empregada por Pietro Perlingieri e Vito Rizzo, Integrazione. In: Pietro Perlingieri, *Autonomia negoziale e autonomia contrattuale*, cit., p. 440.

[378] Franz Wieacker, *El principio general de la buena fé*. Tradução espanhola de Jose Luis de los Mozos, Madrid: Civitas, 1976, cap. IV.

[379] "Art. 112. Nas declarações de vontade se atenderá mais à intenção nelas consubstanciada do que ao sentido literal da linguagem."

[380] "Art. 113. Os negócios jurídicos devem ser interpretados conforme a boa-fé e os usos do lugar de sua celebração."

[381] Paolo Gallo, *Buona fede oggetiva e trasformazioni del contratto*, cit., p. 261.

gitimamente protegidos pelo princípio constitucional da autonomia privada (arts. 1º, IV; 170, *caput,* C.R.).[382] Faculta-se, assim, aos contratantes perseguirem, ao lado da finalidade comum, seus interesses individuais.

Ainda na função interpretativa da boa-fé objetiva, o art. 113 do Código Civil determina que se observem os usos do local da celebração do negócio na atividade de interpretação. Tais usos contratuais, como se verá adiante, hão de ser aferidos de acordo com a natureza e a finalidade do negócio, a capacidade econômica dos contratantes e outras peculiaridades da atividade econômica concreta.

Por outro lado, a função negativa ou restritiva do exercício abusivo de posições jurídicas, positivada no art. 187[383] do Código Civil, coíbe condutas contraditórias, que violem a legítima expectativa despertada na contraparte, especializando-se no princípio de vedação ao comportamento contraditório (*nemo potest venire contra factum proprium*).[384] Nesta função da boa-fé, incluem-se, ainda, dentre outras figuras, a teoria do adimplemento substancial, que objetiva a proteção do devedor que adimpliu praticamente todos os seus deveres contratuais, de modo a atingir o resultado útil pretendido com o negócio, afastando a possibilidade de resolução do contrato, pelo credor, diante de inadimplemento ínfimo. Neste caso, considera-se que a resolução contratual pelo credor representa exercício abusivo de direito.[385]

---

[382] Na feliz síntese de Paolo Gallo: "Eis por isso que não se deve reconhecer um contraste entre a boa-fé e autonomia privada. Boa-fé significa apenas que o contrato não pode se tornar o instrumento para impor condições iníquas; sem prejuízo da mais plena liberdade dos contratantes de perseguir os seus interesses individuais de acordo com as normas estabelecidas pelo ordenamento. Se trata, em outras palavras, apenas de evitar possíveis abusos, não já de reprimir e zerar a liberdade contratual." (*Buona fede oggetiva e trasformazioni del contratto*, cit., p. 263; tradução livre).

[383] "Art. 187. Também comete ato ilícito o titular de um direito que, ao exercê-lo, excede manifestamente os limites impostos pelo seu fim econômico ou social, pela boa-fé ou pelos bons costumes."

[384] Sobre a máxima *nemo potest venire contra factum proprium*, cf., na jurisprudência, STJ, REsp 1.143.216/RS, S1 – 1ª Seção, Rel. Min. Luiz Fux, julg. 24-3-2010. V. tb. as célebres decisões proferidas pelo Supremo Tribunal Federal, no julgamento do Recurso Extraordinário 86787/RS, 2ª T., Rel. Min. Leitão de Abreu, julg. 20-10-1978; e pelo Superior Tribunal de Justiça no exame dos Recursos Especiais 95539/SP, 4ª T., Rel. Min. Ruy Rosado de Aguiar Júnior, julg. 3-9-1996; e 47015/SP, 2ª T., Rel. Min. Adhemar Maciel, julg. 16-10-1997.

[385] Na jurisprudência do Superior Tribunal de Justiça, cf. STJ, REsp. 1309580, Decisão Monocrática, Rel. Min. Marco Buzzi, julg. 17-12-2013; STJ, REsp. 1200105, 3ª T., Rel. Min.

De outra parte, a terceira função da boa-fé objetiva determina que deveres anexos à prestação principal, como deveres de transparência, informação, honestidade, lealdade,[386] dentre outros, se incorporem ao conteúdo do negócio, de tal maneira que a violação a esses deveres configura inadimplemento contratual, assim como aquele decorrente da violação da prestação principal. Deste modo, o inadimplemento de deveres anexos à boa-fé objetiva autorizará à parte prejudicada se valer dos mecanismos postos à disposição pelo ordenamento jurídico para o inadimplemento em geral, como a exceção de contrato não cumprido (art. 476,[387] Código Civil), o direito à execução específica ou à resolução do negócio e o direito a pleitear perdas e danos (art. 475,[388] Código Civil).

Nessa terceira função da boa-fé objetiva, deve-se a Emilio Betti a significação da boa-fé objetiva como "espírito de lealdade", "espírito de colaboração", "espírito de cooperação", "respeito recíproco entre os contraentes", estabelecendo o liame com a solidariedade social, de índole constitucional.[389]

Precisamente na terceira função da boa-fé objetiva, situa-se o dever dos contratantes de renegociar as cláusulas contratuais atingidas pelo evento superveniente, extraordinário, imprevisível e não alocado originariamente pelas partes, no âmbito dos deveres de solidariedade, cooperação e lealdade contratuais.

Paulo de Tarso Sanseverino, julg. 19-6-2012; STJ, REsp. 1051270, 4ª T., Rel. Min. Luis Felipe Salomão, julg. 4-8-2011.

[386] Sublinha, ao propósito, Menezes Cordeiro: "Os deveres acessórios de informação têm uma proximidade ao vínculo contratual superior aos demais. Também aqui deve, contudo, evitar-se a vertigem contratual: não se requer uma profundidade de análise muito grande [...] para constar que, sob violações alegadas de deveres de informação, está a intenção judicial de proporcionar determinados conteúdos contratuais, de conseguir certas repartições do risco ou, muito simplesmente, de contornar dificuldades de prova. Os deveres acessórios de lealdade acompanham as particularidades assinaladas dos seus congêneres. Como houve oportunidade de explicar, a lealdade em jogo transcende o respeito pelo contrato; corporiza, antes, parâmetros diversos do sistema que afloram a pretexto do contrato." (*Da boa-fé no direito civil*, Lisboa: Almedina, 2001, p. 615-616).

[387] "Art. 476. Nos contratos bilaterais, nenhum dos contratantes, antes de cumprida a sua obrigação, pode exigir o implemento da do outro."

[388] "Art. 475. A parte lesada pelo inadimplemento pode pedir a resolução do contrato, se não preferir exigir-lhe o cumprimento, cabendo, em qualquer dos casos, indenização por perdas e danos."

[389] Emilio Betti, *Teoria generale delle obbligazioni*, cit., p. 106, 330, 348 e 404.

Desse modo, pode-se afirmar que o princípio da boa-fé objetiva, inspirado no princípio constitucional de solidariedade social, determina às partes o dever de renegociar o contrato diante da excessiva onerosidade, mesmo que não haja cláusula de *hardship*, adequando-o à nova realidade. Em contratos que contenham cláusula de *hardship*, esse dever legal de renegociação revela-se presente de modo ainda mais intenso, reforçado pelo regulamento contratual incompleto, que exige dos contratantes alto padrão de cooperação.

Os princípios da boa-fé objetiva e de solidariedade social impõem, portanto, a interpretação extensiva do art. 478 do Código Civil, para facultar à parte prejudicada pela excessiva onerosidade o direito de exigir da contraparte o desempenho da obrigação de renegociar o contrato, antes de submeter a matéria ao crivo do Poder Judiciário. Admite-se, assim, a cláusula de *hardship* implícita ao regulamento contratual, imposta pelos princípios da boa-fé objetiva e de solidariedade social, que determinará a reintegração ou adequação do contrato à nova realidade por meio do dever de renegociação das partes.

Uma vez violado o dever de renegociação, caberá à parte prejudicada requerer o ressarcimento pelas perdas e danos cabíveis, com fundamento na violação aos princípios da boa-fé objetiva e da solidariedade social. Deverá, ainda, o contratante lesado pleitear a resolução ou a revisão contratual com base na excessiva onerosidade, requerendo ao juiz, neste último caso, que altere as condições contratadas, adaptando o contrato ao novo cenário fático.

O reconhecimento do dever legal de renegociação do contrato atingido pela excessiva onerosidade prestigia a manutenção do negócio, que permanecerá em vigor com a renegociação, em respeito ao princípio da conservação dos negócios jurídicos. Assinale-se que, na atualidade, tem se observado a força expansiva do princípio da conservação dos negócios jurídicos.[390] Renegociar o contrato nada mais é do que manter o negócio em novas bases. A renegociação traduz, assim, solução equitativa, na qual se inspira o instituto da excessiva onerosidade, vez que permite, a um só tempo, o reequilíbrio contratual e a preservação dos investimentos efetuados pelos contratantes. Em muitos casos, inclusive, a prestação, por se destinar especificamente àquele contrato, não poderá ser realocada no mercado.

---

[390] Francesco Macario, *Rischio contrattuale e rapporti di durata nel nuovo diritto dei contratti*, cit., p. 76.

O princípio da boa-fé objetiva, portanto, inspirado no princípio de solidariedade social, impõe aos contratantes o dever de renegociação diante da excessiva onerosidade, ainda que o contrato não contenha cláusula de *hardship*, por traduzir resposta obrigatória e equitativa que prestigia os princípios do equilíbrio contratual e da conservação dos negócios jurídicos. Caso o contrato contenha cláusula de *hardship*, as partes terão evidentemente maior segurança em requerer o adimplemento do dever de renegociação, intensificado pelo dever contratual, que, de todo modo, fundamenta-se nos princípios legais da boa-fé objetiva e de solidariedade social.

3.3 Problema da integração das lacunas na hipótese de inadimplemento contratual

> *"Em um Estado Social de Direito, contrato e controle são destinados a conviver."*[391]

Para além da questão da reforçada incidência dos princípios do equilíbrio contratual e da boa-fé objetiva que se acabou de analisar, no âmbito da execução dos contratos incompletos estuda-se a repercussão, em termos de disciplina, do inadimplemento do dever de integração da lacuna. Por outras palavras, impõe-se o exame, nos regulamentos contratuais incompletos, acerca da possibilidade de se requerer a execução específica na hipótese de violação do dever de determinação da lacuna por uma das partes, por ambos os contratantes ou por terceiro. Ou, ainda, caso não seja possível a execução específica da obrigação de preenchimento da lacuna pelo contratante faltoso, investiga-se se o juiz poderá integrar essa lacuna, em substituição da parte ou do terceiro, de modo a participar da elaboração da disciplina contratual; ou se a solução será a extinção do negócio, com o retorno das partes ao estado anterior à celebração do contrato.

A violação ao dever de determinação da lacuna por uma ou ambas as partes ou, ainda, por terceiro, representa o momento patológico do contrato incompleto, quando resta frustrado o seu escopo de gestão negativa da álea normal. Tal cenário há de ser evitado pelos contratantes que, em obediência aos novos

---

[391] Pietro Perlingieri, Nuovi profili del contratto. In: *Rivista critica del diritto privatto*, Napoli: Casa Editrice Dott. Eugenio Jovene S.R.L., nº 2-3, ano 19, p. 229, jun./set. 2001; tradução livre.

princípios contratuais e ao dever de solidariedade social, hão de agir de modo solidário e leal no alcance do escopo comum do contrato incompleto. Como se viu, tais princípios incidem de modo mais intenso no contrato incompleto, o qual, em razão da ausência de disciplina detalhada dos riscos, exige elevado padrão de cooperação entre os contratantes na determinação da lacuna e, em consequência, na consecução da alocação de riscos almejada.

Entretanto, caso o contratante atue de modo desonesto, em desrespeito aos deveres de cooperação e, em violação ao dever de determinação da lacuna, o ordenamento jurídico disponibilizará soluções das quais o contratante prejudicado poderá se valer na hipótese de inadimplemento. Tais soluções, a que se dedicam os próximos itens, consistirão na execução específica do dever de preenchimento da lacuna; na atividade de integração, pelo magistrado, do regulamento contratual; ou, ainda, na resolução do contrato, com as perdas e danos cabíveis.

3.3.1 A execução específica do contrato incompleto e a atividade de integração do juiz

Identifica-se, no direito obrigacional contemporâneo, como assinalado, a regra da execução específica das obrigações inadimplidas. Na esteira da reforma processual que introduziu as normas contidas nos arts. 461 e 461-A[392] do Código de Processo Civil, que disciplinam, respectivamente, a execução específica das obrigações de fazer e não fazer e das obrigações de dar, o direito civil brasileiro alterou o tratamento conferido, por longos anos, à matéria de inexecução das obrigações, passando a propugnar pela execução específica do dever contratual violado em detrimento das perdas e danos. A execução específica permite ao credor, assim, obter a satisfação do seu direito tal como alcançaria se não tivesse ocorrido o inadimplemento.[393]

---

[392] Tais dispositivos correspondem, respectivamente, aos arts. 497 e 498 do Novo Código de Processo Civil.

[393] Nas palavras de Cândido Rangel Dinamarco: "Hoje não só as leis do processo mas a própria ordem jurídica como um todo querem que as obrigações sejam satisfeitas tal e qual houverem sido constituídas, quer as cumpra o obrigado, quer a execução se faça por obra do Estado-juiz; é sempre preferível oferecer a quem tem um direito à situação jurídica final que constitui objeto de uma obrigação específica *precisamente aquela situação jurídica final que ele tem o direito de obter* (Chiovenda), reservando-se as conversões pecuniárias para casos extremos." (*Instituições de direito processual civil*, v. 4, cit., p. 514).

Desse modo, distanciando-se de outros ordenamentos jurídicos, como o francês, nos quais o inadimplemento da obrigação investe o credor do poder de requerer apenas as perdas e danos em face do devedor, o direito civil brasileiro consagrou, no art. 475 do Código Civil, a regra da execução específica da obrigação inadimplida.

Assim sendo, diante de determinada violação contratual, caberá ao credor, à luz do critério do interesse útil na prestação (art. 395, parágrafo único, Código Civil), verificar se julga conveniente a manutenção do vínculo contratual a despeito do inadimplemento, hipótese em que se configurará a mora do devedor, sendo-lhe autorizado requerer a execução específica da obrigação inadimplida acompanhada das perdas e danos. Por outro lado, se o credor considerar que o contrato, em razão do inadimplemento, se tornou inútil aos seus interesses, restará configurado o inadimplemento absoluto do devedor, a autorizar a resolução do negócio, com o pedido das perdas e danos cabíveis.[394]

Na hipótese em que o credor pleiteia a execução específica da obrigação violada, o juiz determinará à parte inadimplente que cumpra a obrigação, podendo inclusive fixar pena que constranja o devedor a adimpli-la, denominada *astreintes*,[395] a qual consiste em multa periódica computada até a satisfação da obrigação pelo devedor (art. 461, §§ 4º e 6º,[396] CPC).

Com vistas a efetivar a tutela específica, o juiz poderá, ainda, de ofício ou a requerimento da parte, determinar medidas que assegurem o resultado prático equivalente ao perseguido pelo credor, como imposição de multa por tempo de atraso, busca e apreensão, remoção de pessoas e coisas, desfazimento de obras e impedimento de atividade nociva, se necessário com

---

[394] Sobre o conceito de utilidade da prestação, v. Ruy Rosado de Aguiar Júnior, *Extinção dos contratos por incumprimento do devedor (resolução)*, cit., p. 131-132.

[395] Concebida pelos tribunais franceses como meio de induzir o obrigado ao adimplemento das obrigações específicas, as *astreintes* "atuam no sistema mediante o agravamento da situação do obrigado renitente, onerando-o mais e mais a cada hora que passa, a cada dia, mês ou ano, ou a cada ato indevido que ele venha a repetir, ou mesmo quando com um só ato ele descumprir irremediavelmente o comando judicial – sempre com o objetivo de criar em seu espírito a consciência de que lhe será mais gravoso descumprir do que cumprir a obrigação emergente do título executivo" (Cândido Rangel Dinamarco, *Instituições de direito processual civil*, v. 4, cit., p. 535).

[396] Dispositivo correspondente ao art. 537, *caput*, e § 1º, do Novo Código de Processo Civil.

requisição de força policial, dentre outras (art. 461, § 5º,[397] CPC). Aludido poder do juiz de determinar providências que assegurem o resultado prático equivalente consagra o princípio da concentração dos poderes de execução do juiz, segundo o qual ao magistrado se confere o poder de determinar a medida executiva adequada de acordo com as peculiaridades do caso concreto, de sorte que as medidas enumeradas no § 5º, art. 461, CPC, afiguram-se meramente exemplificativas.[398]

Nesse sistema, a obrigação apenas se converterá em perdas e danos se o credor assim o requerer ou se a tutela específica ou a obtenção do resultado prático equivalente se tornar impossível (art. 461, § 1º,[399] CPC), do ponto de vista físico ou jurídico.

A prestigiosa regra da execução específica das obrigações inadimplidas também incide no caso de inadimplemento do dever de determinar a lacuna nos contratos incompletos, assumido por uma ou ambas as partes ou, ainda, por terceiro. Diga-se, entre parênteses, que não se suscita tal questão nos contratos incompletos na modalidade de determinação por fatores externos, vez que a determinação da lacuna prescinde do comportamento de determinado sujeito, a depender tão somente da verificação do fator externo ao contrato, previsto pelos contratantes.

Nas demais modalidades de contrato incompleto, nas quais a determinação da lacuna depende da conduta de uma ou ambas as partes ou de terceiro, o inadimplemento do dever de determinação do elemento deixado em branco pelos contratantes investe o credor do direito de requerer ao juiz a sua execução específica, impondo-se a uma ou ambas as partes ou a terceiro o cumprimento coercitivo dessa obrigação.

Nesse cenário, caso o devedor não cumpra a ordem jurisdicional, de modo a tornar impossível a tutela específica, há de se verificar se o juiz, no âmbito do seu poder de efetivação do resultado prático equivalente à execução específica, poderá integrar o contrato, em substituição da parte ou do terceiro. Do ponto de vista substantivo, a resposta a essa indagação passa pela análise do poder de integração do magistrado nos regulamentos

---

[397] Dispositivo correspondente ao art. 536, § 1º, do Novo Código de Processo Civil.

[398] Luiz Guilherme Marinoni e Sérgio Cruz Arenhart, *Curso de processo civil*: execução, São Paulo: Revista dos Tribunais, 2008, v. 3, p. 172-173.

[399] Dispositivo correspondente ao art. 499, do Novo Código de Processo Civil.

contratuais incompletos, examinando-se se sua atuação no preenchimento da lacuna se mostra possível sem que haja violação ao princípio fundamental da autonomia privada.

O papel de integração dos contratos desempenhado pelo juiz remete à discussão quanto às fontes do regulamento contratual. No direito brasileiro dos contratos, a manifestação de vontade das partes constitui a fonte contratual por excelência, da qual decorrem os direitos e deveres dos contratantes, isto é, o conteúdo do acordo de vontades. Daí se afirmar que o princípio da autonomia privada, segundo o qual as partes são livres para escolher o que, com quem e de que forma contratar, constitui princípio basilar do direito contratual,[400] a despeito da alteração qualitativa sofrida por esse princípio em razão da nova ordem de valores inaugurada pela Constituição da República.[401] Todavia, a vontade das partes não consiste em fonte única do regulamento contratual. Além da manifestação de vontade, pode-se indicar como fontes de integração do contrato a lei, os usos contratuais e a equidade.

A lei consubstancia-se em fonte heterônoma ao contrato, a qual representa a intervenção do Estado na atividade privada. Em determinados casos, a lei imporá preceitos cogentes, os quais serão obrigatoriamente obedecidos pela autonomia privada em suas contratações. Justapõem-se, assim, ao lado do regulamento contratual fruto da autonomia privada, normas cogentes que irão disciplinar o objeto do negócio,[402] em fenômeno denominado, na doutrina italiana, de *fonti di integrazioni contrattuali*.[403] Assinale-se, ainda, a

---

[400] Na concepção contratual clássica, compreende-se que "todo o edifício do contrato assenta na vontade individual, que é a razão de ser de uma força obrigatória. As partes não se vinculam senão porque assim o quiseram e o papel da lei resume-se em consagrar esse entendimento. Nada pode o juiz ante essa vontade soberana; a sua função limita-se a assegurar-lhe o respeito, na proporção da inexistência de qualquer vício do consentimento ou de qualquer vulneração às regras de ordem pública" (Miguel Maria de Serpa Lopes, *Curso de direito civil*: fontes das obrigações: contratos, v. 3, cit., p. 19).

[401] Como assinala Pietro Perlingieri: "A autonomia privada não é um valor em si e, sobretudo, não representa um princípio subtraído ao controle de sua correspondência e funcionalização ao sistema das normas constitucionais." (*Perfis do direito civil*: introdução ao direito civil-constitucional, cit., p. 277).

[402] Sobre o ponto, recorra-se à lição de Gustavo Tepedino, A incidência imediata dos planos econômicos e a noção de direito adquirido. Reflexões sobre o art. 38 da Lei nº 8.880/94 (Plano Real). In: Gustavo Tepedino, *Temas de direito civil*, t. 2, cit., p. 217.

[403] Cf. Stefano Rodotà, *Le fonti di integrazione del contratto*, Milano: Giuffrè, 1969, *passim*.

existência de normas supletivas, que regulam os direitos e obrigações das partes, seja na parte geral dos contratos, seja na disciplina dos tipos contratuais, que poderão compor o conteúdo do contrato.

Os usos e costumes contratuais, por sua vez, consistem em fonte contratual nas hipóteses não reguladas expressamente pela lei ou pelo contrato e nos casos em que a própria norma determina a sua observância. O art. 113 do Código Civil, ao propósito, determina que "os negócios jurídicos devem ser interpretados conforme a boa-fé e os usos do lugar de sua celebração". Em decorrência do princípio da boa-fé objetiva, o intérprete, ao examinar a vontade declarada das partes, deverá interpretar as cláusulas negociais tendo em conta os usos contratuais.[404] Além dessa norma, o Código Civil contém diversos outros dispositivos que aludem aos usos contratuais, a exemplo do art. 628, parágrafo único, o qual determina que, no silêncio da lei e do contrato, o juiz poderá recorrer aos usos, com vistas a definir a remuneração do depositário nos contratos de depósito onerosos; ou, ainda, do art. 658, parágrafo único, que cuida da remuneração do mandatário no contrato de mandato oneroso, em norma de idêntico teor. Invoque-se, ainda, o art. 4º[405] das Normas de Introdução ao Direito Brasileiro, que autoriza ao juiz, na omissão da lei, a recorrer ao costume, que pode ser compreendido, no âmbito contratual, como os usos contratuais. Sublinhe-se que os usos contratuais hão de ser percebidos sempre à luz das particularidades do caso concreto, devendo-se observar qual o *standard* de conduta[406] esperado naquela atividade específica, desempenhada por sujeitos que detêm especialidade semelhante

---

[404] Ao propósito dos usos contratuais como fonte de integração do contrato, confira-se a doutrina especializada: Marcos de Campos Ludwig, *Usos e costumes no processo obrigacional*, São Paulo: Revista dos Tribunais, 2005, p. 141-142. V. tb. Eduardo Ribeiro de Oliveira, Dos bens: dos fatos jurídicos: do negócio jurídico: disposições gerais: da representação: da condição: do termo e do encargo (arts. 79 a 137). In: Sálvio de Figueiredo Teixeira (Coord.), *Comentários ao novo código civil*, Rio de Janeiro: Forense, 2003, v. 2, p. 225.

[405] "Art. 4º. Quando a lei for omissa, o juiz decidirá o caso de acordo com a analogia, os costumes e os princípios gerais de direito."

[406] A boa-fé objetiva estabelece *standards* de conduta que devem ser observados pelos contratantes no caso concreto. Como ressalta Judith Martins-Costa: "Já por 'boa-fé objetiva' se quer significar [...] modelo de conduta social, arquétipo ou *standard* jurídico, segundo o qual 'cada pessoa deve ajustar a própria conduta a esse arquétipo, obrando como obraria um homem reto: com honestidade, lealdade, probidade'. Por este modelo objetivo de conduta levam-se em consideração os fatores concretos do caso, tais como o *status* pessoal e cultural dos envolvidos, não se admitindo uma aplicação mecânica do *standard*, de tipo meramente subsuntivo." (*A boa-fé no direito privado:* sistema e tópica no processo obrigacional, cit., p. 411).

àquela dos contratantes e atuam no mesmo mercado.[407] Recorre-se, aqui, à regra do bom pai de família, porém com viés contemporâneo e objetivo, compreendida como *standard* de conduta adotado em determinada atividade.[408] O magistrado, ao recorrer aos usos e costumes com vistas a integrar o contrato, deverá perquirir qual o *standard* de conduta da atividade específica que se está a investigar, aplicando-o ao caso concreto, de acordo com suas particularidades (sujeitos envolvidos, capacidade econômica, *expertise* dos contratantes, o mercado em que atuam, dentre outras).

A equidade,[409] de outra parte, consiste em fonte supletiva e excepcional do contrato, representada pela norma do caso concreto, criada pelo juiz em hipóteses específicas autorizadas por lei. Aqui o magistrado exerce sua atividade de integração ao contrato, a qual, por ser dotada de caráter excepcional, convive harmoniosamente com o princípio da autonomia privada.[410] Tal recurso à equidade, opera-se, portanto, dentro do ordenamento jurídico, não remetendo a elementos extrajurídicos que pudessem revelar arbítrio do juiz, mas, ao revés, expressando os valores integrantes do sistema.[411]

Dito diversamente, a atividade de integração do juiz apenas se revelará legal e legítima se exercida dentro dos limites impostos pela lei, em casos

---

[407] Enzo Roppo, *O contrato*. Tradução de Ana Coimbra e M. Januário C. Gomes, Coimbra: Almedina, 1988, p. 188-189.

[408] Sobre o ponto, v. Anderson Schreiber, *Novos paradigmas da responsabilidade civil: da erosão dos filtros da reparação à diluição dos danos*, São Paulo: Atlas, 2007, p. 41. Seja, ainda, consentido remeter a Paula Greco Bandeira, Notas sobre o parágrafo único do art. 944 do código civil. In: *Civilística.com. Revista eletrônica de direito civil*, [S.l.: s.n.], nº 2, ano 1, p. 10, 2012. Disponível em: <http://www. http://civilistica.com/>. Acesso em: 23 jul. 2014.

[409] Embora discutido há aproximadamente dois mil e trezentos anos, o conceito de equidade permanece misterioso. Para explicar a noção de equidade, mostra-se frequente o recurso à fórmula atribuída à Aristóteles, segundo a qual a equidade consiste na "justiça do caso concreto". Sobre o tema, v. Francesco Galgano, Degli effetti del contratto. In: Francesco Galgano (Org.), *Commentario del codice civile Scialoja-Branca: degli effetti del contratto: della rappresentanza: del contratto per persona da nominare (arts. 1372-1405)*, Bologna: Zanichelli Editore, 1993, p. 82 e ss.

[410] Na definição de Francesco Galgano: "Fundamentalmente, integrar um contrato segundo equidade significa completar, ou corrigir, a vontade contratual das partes na justa proporção dos valores de mercado. [...] A medida segundo a qual ele opera são sempre os valores de mercado, de acordo com os quais é excepcionalmente autorizado a corrigir a vontade das partes." (*Degli effetti del contratto*, cit., p. 93; tradução livre).

[411] Pietro Perlingieri, *O direito civil na legalidade constitucional*, cit., p. 223-225 e 227.

excepcionais, em que se autoriza a intervenção jurisdicional nos contratos, sem, contudo, infringir o princípio fundamental da autonomia privada. O juiz, nessas hipóteses, poderá alterar o conteúdo do contrato pactuado pelas partes como medida de equidade, ou, ainda, integrar determinado elemento lacunoso, nos exatos termos autorizados pelo legislador.

Dentre tais hipóteses de interferência judicial no próprio conteúdo do regulamento de interesses, destaca-se, no direito brasileiro, a teoria da excessiva onerosidade (art. 478 e ss., Código Civil), anteriormente examinada, a qual autoriza o juiz a rever ou resolver o negócio cujo equilíbrio restou flagrantemente alterado, em razão de fato superveniente à contratação, imprevisível e extraordinário, para o qual as partes não concorreram, de modo a acarretar extrema vantagem a um dos contratantes. A revisão ou resolução do contrato pelo magistrado, em modificação dos termos contratuais acordados pela autonomia privada, representa autêntica solução de equidade permitida pelo sistema jurídico, em caráter excepcional, como forma de reequilibrar as prestações contratuais, abaladas pelo evento superveniente.

Além da excessiva onerosidade, o sistema jurídico brasileiro regulamentou a lesão, no art. 157 do Código Civil, vício do consentimento que se configura quando uma das partes, aproveitando-se da necessidade ou inexperiência da contraparte, celebra negócio com prestações manifestamente desproporcionais. Em caso de lesão, o juiz poderá rever o negócio mediante a redução do proveito, caso haja concordância da parte favorecida, ou o oferecimento, por esta última, de suplemento, de modo a equilibrar as prestações.[412] Mais uma vez, o magistrado cria a norma do caso concreto, alterando o regulamento de interesses, de sorte a equacionar, de modo equitativo, os interesses em jogo, mediante autorização legal.

Ressalte-se, ainda, a possibilidade de o juiz reduzir a cláusula penal se a obrigação principal tiver sido cumprida em parte ou a penalidade se revelar manifestamente excessiva, tendo em conta a natureza e a finalidade do negócio (art. 413, Código Civil).[413] Também aqui o juiz intervém no contrato

---

[412] Cf., sobre a matéria, o formidável trabalho de Caio Mário da Silva Pereira, *A Lesão nos contratos*, 3. ed., Rio de Janeiro: Forense, 1993, *passim*, elaborado sob a égide do Código Civil de 1916, época em que a lesão se encontrava regulamentada apenas em leis especiais de combate à usura.

[413] A despeito da dicção do dispositivo remeter notadamente à cláusula penal compensa-

e altera a cláusula penal pactuada pelas partes, a partir de juízo de equidade autorizado pelo legislador.

Ainda com relação às normas de direito material que atribuem ao juiz a tarefa de integrar o contrato, indiquem-se aquelas, anteriormente referidas, que atribuem ao magistrado o poder de arbitrar a remuneração nos contratos de prestação de serviços, depósito, mandato, comissão e corretagem (arts. 596, 628, 658, 701 e 724, Código Civil), determinando, assim, o elemento lacunoso, em observância aos critérios legais dos usos contratuais e da natureza do negócio, conforme o caso.

Mencione-se, na mesma linha, a norma contida no art. 488 do Código Civil, relativa ao contrato de compra e venda, a qual permite ao juiz, nos negócios de compra e venda sem fixação do preço, integrar o contrato, estabelecendo o preço do tabelamento oficial, se houver; o preço corrente nas vendas habituais do vendedor ou, na falta de habitualidade do vendedor e, não tendo as partes chegado a um acordo, o preço médio de mercado.

Da mesma forma, mostra-se eloquente, em tema de integração do contrato, a regra do art. 464 do Código Civil, a qual confere ao magistrado, em sede de contrato preliminar, o poder de suprir a vontade da parte inadimplente, que se recusa a celebrar o contrato definitivo, salvo se isso contrariar a natureza da obrigação, em genuína execução específica do contrato preliminar. Na dicção do preceito legal:

> "Art. 464. Esgotado o prazo, poderá o juiz, a pedido do interessado, suprir a vontade da parte inadimplente, conferindo caráter definitivo ao contrato preliminar, salvo se a isto se opuser a natureza da obrigação."[414]

---

tória, nada obsta que também a cláusula penal moratória possa ser reduzida pelo juiz, caso se configure uma das hipóteses descritas na norma. Sobre o ponto, v. Gustavo Tepedino *et al.*, Código civil interpretado conforme a constituição da república, v. 1, cit., p. 760; e Judith Martins-Costa, Do inadimplemento das obrigações (arts. 389 a 420). In: Sálvio de Figueiredo Teixeira (Coord.), *Comentários ao novo código civil*, v. 5, t. 2, cit., p. 693.

[414] Essa norma reflete, em sede de contrato preliminar, as disposições contidas nos arts. 466-A e 466-B, CPC. Tais dispositivos, embora introduzidos pela Lei nº 11.232, de 22 de dezembro de 2005, se limitavam a reproduzir as regras anteriormente dispostas nos arts. 639 e 641 do CPC. No Novo Código de Processo Civil, tais dispositivos foram unificados na regra do art. 501.

Como se vê, a lei autoriza o magistrado, mediante pedido da parte interessada, a celebrar o contrato definitivo objeto do contrato preliminar, substituindo a vontade da parte inadimplente, exceto se a obrigação for infungível e, por isso mesmo, não permitir aludida substituição. Discute-se, nesse particular, como exposto no Capítulo 1 (item 1.5.2), se o juiz poderá conferir caráter definitivo ao contrato preliminar apenas se nele estiverem presentes todos os elementos essenciais do contrato definitivo;[415] ou se, ao revés, o juiz está autorizado a integrar o contrato preliminar lacunoso, em que ainda se encontrem pendentes de definição determinados elementos da relação contratual.[416] Sem embargo dessa controvérsia doutrinária acerca da amplitude do papel de integração do magistrado, pode-se afirmar que o juiz se encontra autorizado por lei a exercer relevante atividade de integração em contrato preliminar, conferindo-lhe caráter definitivo, a representar exemplo expressivo de intervenção judicial na autonomia privada.

Nesse cenário, mostra-se fundamental, no âmbito dos contratos incompletos, investigar se o juiz encontra-se autorizado a integrar a lacuna, diante do inadimplemento de terceiro, de uma ou de ambas as partes, do dever de determinar o elemento contratual em branco.

Observe-se, por oportuno, que não há, no direito brasileiro, norma substantiva expressa, semelhante àquela do art. 1.349 do Código Civil italiano, que conceda ao magistrado o poder de determinar o objeto contratual lacu-

---

[415] Nessa direção, o Supremo Tribunal Federal decidiu, no famoso caso Disco, já comentado, que a execução específica apenas seria cabível nos casos em que todos os elementos essenciais do contrato definitivo já estivessem previstos no contrato preliminar. Nas hipóteses de contratos preliminares lacunosos, restaria à parte prejudicada apenas o pedido das perdas e danos. Na doutrina, v. José Carlos Barbosa Moreira, Aspectos da 'execução' em matéria de obrigação de emitir declaração de vontade. In: *Temas de direito processual*, 6ª série, São Paulo: Saraiva, 1997, p. 233; e Antônio Junqueira Azevedo, Contrato preliminar. Distinção entre eficácia forte e fraca para fins de execução específica da obrigação de celebrar o contrato definitivo. Estipulação de multa penitencial que confirma a impossibilidade de execução específica. In: Antônio Junqueira Azevedo, *Novos estudos e pareceres de direito privado*, cit., p. 257.

[416] No sentido de admitir a possibilidade de integração, pelo magistrado, das lacunas do contrato preliminar, v. António Menezes Cordeiro, *Tratado de direito civil português*, Coimbra: Almedina, 2010, v. 2, t. 2, p. 416; Ana Prata, *O contrato-promessa e o seu regime civil*, Coimbra: Almedina, 2001, p. 898; e Mário Júlio de Almeida Costa, *Direito das obrigações*, 12. ed., Coimbra: Almedina, 2009, p. 427. Na doutrina brasileira, cf. Araken de Assis; Ronaldo Alves de Andrade; Francisco Glauber Pessoa Alves, Do direito das obrigações (arts. 421 a 578). In: Arruda Alvim; Thereza Alvim (Coord.), *Comentários ao código civil brasileiro*, v. 5, cit., p. 467.

noso, na hipótese de inadimplemento do dever de preencher a lacuna pela parte ou pelo terceiro.

Embora inexista previsão explícita no sentido de atribuir ao juiz o poder de integrar o contrato incompleto, o sistema jurídico brasileiro, como visto, em matéria obrigacional, orienta-se pela execução específica das disposições contratuais, sempre que possível, coadunando-se com o princípio da conservação dos negócios jurídicos. Nessa esteira, pode-se afirmar que, nos contratos incompletos, revela-se legal e legítima a integração da lacuna pelo juiz, na hipótese de inadimplemento do dever de determiná-la pela parte ou pelo terceiro, desde que os critérios para a sua determinação estejam suficientemente claros no contrato, de modo a preservar a vontade manifestada pela autonomia privada, pilar fundamental do direito privado. Tais critérios para a determinação da lacuna poderão se encontrar literalmente descritos no negócio ou, ainda, decorrerem da vontade declarada dos contratantes, extraídos implicitamente da interpretação sistemática e teleológica das cláusulas contratuais.

Vale dizer: caso haja inadimplemento do dever de determinação da lacuna por uma ou ambas as partes ou por terceiro, o juiz poderá, a pedido da parte prejudicada, exercer a atividade de integração do contrato incompleto, se substituindo às partes ou ao terceiro na determinação do elemento faltante, sem que constitua violação ao princípio da autonomia privada, desde que os critérios contratuais para o preenchimento da lacuna se encontrem predefinidos pelas partes.

Registra, ao propósito, Sconamiglio, que o juiz não poderá se substituir às partes, definindo o elemento em branco, a partir de juízo de equidade, mas deverá, ao revés, obedecer aos critérios contratuais fixados pelos contratantes:

> "A relevância também prática da questão emerge precisamente para o caso de falta de acordo, no qual não se pode, na nossa opinião, considerar, com uma inadmissível e injustificada violação da liberdade contratual, que a determinação seja efetuada pelo juiz segundo a equidade. Situações diversas se apresentam e a solução deve mudar, quando as partes fixam os critérios suficientemente rigorosos segundo os quais

a determinação do acordo deva ocorrer, ou se reconstroem, sem dúvida, em uma resolução por equidade; de modo que o juiz possa se substituir à determinação faltante das partes."[417]

Assim sendo, o juiz, ao integrar o contrato incompleto, irá obedecer rigorosamente aos critérios estabelecidos pelos contratantes para a determinação da lacuna, de modo que sua atividade valorativa se revela limitada, circunscrevendo-se àquilo de antemão acordado pelas partes, a preservar o princípio da autonomia privada.

Revelam-se frequentes, nessa direção, em disputas submetidas à arbitragem, disposições contratuais que atribuem ao árbitro esse papel de integrar a lacuna na hipótese de inadimplemento da parte ou de terceiro, ou de falha na negociação entre as partes, desde que obedecidos os critérios pactuados.[418] No mais das vezes, o árbitro, para a determinação da lacuna, irá recorrer a peritos, que apresentarão pareceres técnicos, auxiliando-o na tarefa de integrar o contrato.

Em contrapartida, se os critérios para a determinação da lacuna não estiverem descritos de modo preciso no negócio, o árbitro juiz não poderá integrar o contrato, pois, nesse caso, estará definindo o elemento contratual faltante segundo critérios subjetivos, em juízo de equidade não autorizado por lei, elaborando o conteúdo do contrato em usurpação dos poderes das

---

[417] Renato Sconamiglio, Dei contratti in generale (Art. 1321-1352): disposizione preliminare: dei requisiti del contratto, cit., p. 362; tradução livre. V. tb., sobre o ponto, Massimiliano Granieri, *Il tempo e il contratto*: itinerario storico-comparativo sui contratti di durata, Milano: Giuffrè, 2007, p. 424-425, o qual defende a intervenção judicial na hipótese de as partes falharem na renegociação do contrato deflagrada pelo desequilíbrio contratual superveniente, desde que estejam delimitados os critérios para a sua revisão.

[418] Vislumbre-se, a título exemplificativo, cláusula que concede ao Tribunal Arbitral o poder de determinar o preço do prêmio adicional em endosso de contrato de seguro, caso as partes falhem em seu dever de negociar a lacuna contratual, nos seguintes termos: na hipótese de as Partes, no prazo de 30 dias contados da assinatura desta Transação, não chegarem a um acordo quanto ao montante do prêmio adicional devido, calculado segundo critérios técnicos e de mercado conforme Cláusula 1ª, as Partes acordam desde logo que esta divergência será resolvida através de Arbitragem, durante a qual as coberturas objeto do Endosso ficarão mantidas, cujo procedimento será regido pelo estabelecido na Cláusula 5. Caso não haja pagamento do prêmio fixado pela sentença arbitral no prazo de 30 dias contados de sua prolatação ou, caso venha a ser solicitado pedido de esclarecimentos, da decisão do Tribunal Arbitral acerca de tal pedido, as coberturas deixarão de vigorar retroativamente à Data Efetiva do Endosso.

partes contratantes, o que representaria violação ao princípio da autonomia privada. A rigor, do ponto de vista técnico, na ausência de critérios claros estabelecidos pelos contratantes para a determinação da lacuna, o contrato incompleto se revelará inválido, por impossibilidade de determinação de seu objeto, de modo que o juiz declarará desfeito o contrato por invalidade, com o retorno das partes ao estado anterior à sua celebração e o ressarcimento das perdas e danos eventualmente cabíveis. O juiz poderá, contudo, ao decretar a invalidade do negócio, preservar alguns efeitos da relação contratual desfeita, caso entenda conveniente na hipótese concreta.

Desta feita, no contrato incompleto por determinação unilateral, caso a parte que assumiu a obrigação de preencher a lacuna não determine o elemento pendente, o juiz poderá integrar o negócio segundo os critérios contratuais, em substituição ao contratante faltoso. O inadimplemento da parte poderá ter gerado prejuízos ao outro contratante, hipótese em que caberá o seu ressarcimento.

Da mesma forma, no contrato incompleto por determinação de ambas as partes, em que conste cláusula de negociação, caso as partes não atinjam o acordo de negociação quanto ao elemento em branco, o juiz poderá integrar a lacuna segundo os critérios contratuais.[419] Nessa ocasião, o juiz irá apurar se uma das partes se recusou a negociar o elemento lacunoso, o que representaria, para além do inadimplemento contratual culposo, violação autônoma ao princípio da boa-fé objetiva,[420] com a consequente condenação do contratante faltoso nas perdas e danos cabíveis. Na apuração do montante indenizatório, o juiz deverá considerar o fato de que as partes, ao estipularem cláusula de negociação ou renegociação, nutriram a expectativa legítima

---

[419] Sobre o ponto, sustenta Judith Martins-Costa que, verificados critérios objetivos para implementar a modificação prevista nas cláusulas de renegociação, "impõe-se a manutenção do contrato, cominada à sua devida recomposição, podendo o julgador determinar, de imediato, o cumprimento, pois se tratará meramente de aplicar determinações de antemão contidas na declaração negocial. Considera-se, nesse caso, que o poder de manter o contrato, por via de sua revisão, tem fundamento no que determinou o ajuste, incidindo, além do respeito à autonomia privada, o princípio da conservação do negócio útil, a ser concretizado em vista do interesse do credor à prestação [...] Não há, assim, substituição indevida pelo Tribunal Arbitral à vontade das partes, mas integração e cumprimento do estabelecido, por ambos os contraentes, como conduta devida" (A cláusula de *hardship* e a obrigação de renegociar nos contratos de longa duração, cit., p. 29-30).

[420] Judith Martins-Costa, A cláusula de *hardship* e a obrigação de renegociar nos contratos de longa duração, cit., p. 27.

de readequação do contrato à mutação das circunstâncias, deixando de efetuar alocação positiva dos riscos econômicos, que eventualmente pudesse mitigar os riscos assumidos.[421]

Por outro lado, se do contrato incompleto constar cláusula de *hardship*, caso as partes não cheguem a um acordo de renegociação dos termos contratuais, o juiz poderá rever o negócio, integrando a lacuna superveniente, de acordo com os parâmetros contratuais. Se a cláusula de *hardship* se referir a eventos imprevisíveis, o juiz poderá integrar a lacuna mesmo que os critérios de renegociação não estejam descritos no negócio, desde que reste caracterizada a excessiva onerosidade. Nesse caso, o juiz se valerá de pareceres técnicos que lhe auxilie na definição de novas condições contratuais. Como se viu no Capítulo 1, as cláusulas de *hardship*, no sistema jurídico brasileiro, em regra, se aplicam na hipótese em que se configura a excessiva onerosidade ou a imprevisão, autorizando-se ao juiz, nos art. 478 e ss. do Código Civil, a possibilidade de intervenção no contrato e de revisão de suas cláusulas, com vistas ao restabelecimento de seu equilíbrio originário. O juiz poderá ainda, a critério da parte prejudicada, resolver o negócio, modulando os efeitos do contrato.

Cabe assinalar que, tal como nas cláusulas de negociação, na hipótese de *hardship*, caso uma das partes se recuse a renegociar os termos contratuais abalados pela excessiva onerosidade, o juiz poderá condenar a parte recalcitrante a indenizar a outra parte por violação ao princípio da boa-fé objetiva, o qual, inspirado no princípio de solidariedade social, impõe, como visto, o dever dos contratantes em se dispor a negociar ou renegociar o contrato.

No contrato incompleto na modalidade de determinação por terceiro, por sua vez, há de se distinguir a hipótese em que os contratantes não alcançam o consenso quanto à designação do terceiro daquela em que o terceiro, uma vez indicado, não cumpre o seu dever de determinação da lacuna.

Caso haja discordância quanto à nomeação do terceiro e as partes não cheguem a um acordo, há de se verificar se as partes concluíram contrato incompleto ou se estão ainda na fase de negociação, tratando-se de formação progressiva do contrato. Se o contrato ainda não se concluiu e seu aperfeiçoamento depende da nomeação de terceiro, o não acordo quanto ao

---

[421] No sentido do texto, v. Judith Martins-Costa, A cláusula de *hardship* e a obrigação de renegociar nos contratos de longa duração, cit., p. 34.

terceiro acarreta a não conclusão do contrato. Com efeito, o contrato não pode ser considerado concluído "enquanto as partes não tenham alcançado acordo sobre todos os pontos deduzidos na tratativa".[422]

Se, ao contrário, as partes concluíram acordo definitivo, restando apenas pendente a designação do terceiro, na hipótese de discordância das partes quanto à sua eleição, o juiz poderá nomeá-lo para que este proceda à determinação da lacuna, caso seja possível sua designação segundo os critérios contratuais.[423] Entretanto, caso os critérios para a nomeação do terceiro não estejam suficientemente descritos no contrato, o juiz não poderá integrar o negócio mediante a escolha de terceiro, por ensejar violação ao princípio da autonomia privada, vez que estará fazendo as vezes de parte, elaborando o conteúdo do negócio segundo seus próprios critérios, a prescindir dos contratantes. Nessa hipótese, o contrato se resolverá e as partes retornarão ao estado anterior, com o ressarcimento das perdas e danos eventualmente cabíveis.

Por outro lado, há de se perquirir se o juiz poderá decidir diretamente acerca do elemento contratual faltante, caso as partes não cheguem a acordo quanto ao terceiro que irá determinar a lacuna do contrato, mas tenham concluído negócio definitivo. Caso seja possível determinar diretamente o elemento lacunoso segundo os critérios contratuais, o juiz poderá efetuar esse juízo de integração, a pedido da parte interessada. Se, por outro lado, os critérios não forem precisos, e uma das partes requerer ao juiz a integração da lacuna, a ação será julgada improcedente, vez que o contrato será considerado inválido, pois seu objeto não se mostrará determinável, tendo em conta a inexistência de critérios que permitam a sua determinação.

---

[422] Massimo Bianca, *Diritto civile*, v. 3, cit., p. 333; tradução livre.

[423] A matéria é controvertida no direito italiano. Parte da doutrina sustenta a possibilidade de o juiz decidir quanto ao terceiro que irá determinar o elemento contratual faltante ou, ainda, integrar diretamente o contrato, com base na aplicação analógica da norma do art. 1.473 do Código Civil italiano, que cuida da compra e venda, nos seguintes termos: "Art. 1.473. Determinação do preço confiada a um terceiro. As partes podem confiar a determinação do preço a um terceiro, eleito no contrato ou a ser eleito posteriormente. Se o terceiro não quer ou não pode aceitar o encargo, ou, ainda, as partes não chegam a um acordo quanto à sua nomeação ou à sua substituição, a nomeação, a requerimento de uma das partes, é feita pelo presidente do tribunal do lugar em que foi concluído o contrato (1349; disposições transitórias 82, 170)" (tradução livre). De outra parte, afirma-se que o art. 1.473 deve ser aplicado restritivamente ao preço da compra e venda e não a qualquer elemento de qualquer espécie negocial. Sobre a discussão, v. Enrico Gabrielli, *L'oggetto del contratto*, cit., p. 227-228.

De outra parte, na hipótese em que o terceiro, uma vez nomeado, não queira ou não possa desempenhar o encargo, as partes deverão nomear outra pessoa, em consonância com o disposto no art. 485 do Código Civil, ou requerer ao juiz que faça referida nomeação.[424]

Se o terceiro nomeado descumprir seu dever de determinar a lacuna ou cumpri-lo de modo imperfeito, responderá apenas pelas perdas e danos, caso não seja possível, a pedido da parte prejudicada, a execução específica, nos termos do art. 461[425] do Código de Processo Civil, com a resolução do contrato entre as partes e o terceiro.[426] Nesse caso, as partes poderão nomear outra pessoa para exercer a função de integrar a lacuna. Ou, ainda, os contratantes poderão requerer ao juiz que determine a lacuna, em obediência aos mesmos critérios estabelecidos para a atuação do terceiro.[427]

3.4 Limites impostos à autonomia privada na escolha pela incompletude

> *"Certo é que a autonomia privada não pode significar direito indiscriminado de lesar os outros, de desfrutar da ignorância alheia, da boa-fé, ou ainda de impor condições iníquas ou vexatórias. O contrato deve ser o máximo possível equânime e correto, mas ao mesmo tempo livre."*[428]

---

[424] Sobre o ponto, o art. 6:106 dos Princípios de Direito Europeu dos Contratos presume que as partes tenham investido o juiz do poder de nomear outra pessoa para exercer o papel de determinar a lacuna, caso o terceiro não possa ou não queira desempenhar o encargo. V. item 1.4 supra.

[425] Dispositivo correspondente ao art. 497 do Novo Código de Processo Civil.

[426] De modo semelhante, no direito italiano, v. Enrico Gabrielli, *L'oggetto del contratto*, cit., p. 243.

[427] No direito italiano, a possibilidade de integração da lacuna pelo juiz em substituição do terceiro mostra-se admitida apenas no *arbitrium boni viri*, em que as partes estabelecem os limites para a atuação do terceiro. Nessa hipótese, o juiz, ao anular o ato praticado por terceiro, poderá efetuar "nova determinação do objeto na mesma sentença, mas fazendo uso dos mesmos poderes que as partes conferiram ao árbitro" (Enrico Gabrielli, *L'oggetto del contratto*, cit., p. 243; tradução livre).

[428] Paolo Gallo, Buona fede oggetiva e trasformazioni del contratto, cit., p. 263; tradução livre.

Examinadas as peculiaridades que orientam a execução dos contratos incompletos, afigura-se imprescindível enfrentar, em chave conclusiva, os limites da autonomia privada na escolha da incompletude. O exame da questão remete a diversas diretrizes da metodologia civil-constitucional adotada por este livro, anteriormente explicitadas, e determina que o olhar do intérprete se volte para os novos contornos que assume, na atualidade, a autonomia privada.[429]

Os regulamentos contratuais incompletos, com efeito, figuram, na contemporaneidade, como escolha da autonomia privada atenta ao perfil funcional do contrato, que permite sua remodelação para atender aos interesses das partes no caso concreto, a evidenciar as mudanças pelas quais passou o direito civil de modo geral e a autonomia privada em particular nos últimos séculos. Pode-se mesmo se referir hodiernamente aos *novos confins da autonomia privada*.

A autonomia privada, como se sabe, vem sofrendo transformações profundas desde o século XIX até o presente, assumindo novos contornos no direito civil contemporâneo. A compreensão dos móveis confins da autonomia privada que se verificam na atualidade depende do estudo das diferentes acepções atribuídas, no decorrer do tempo, ao negócio jurídico e sobretudo ao contrato, sua manifestação mais significativa.

Nas codificações oitocentistas do século XIX, a autonomia privada representava o valor primordial do sistema jurídico, marcadamente voluntarista e individualista. A vontade individual consubstanciava o motor do direito privado. Verificava-se o absoluto domínio da vontade na obtenção de efeitos jurídicos. Contrato e propriedade consistiam nos pilares do direito civil: a tutela jurídica voltava-se ao proprietário, o qual, por meio do

---

[429] Sobre as locuções *autonomia privada* e *autonomia contratual*, convém mencionar a crítica de Pietro Perlingieri, no sentido de que essas expressões não manifestam a vasta gama de exteriorizações que a autonomia pode assumir, sugerindo, portanto, a locução *autonomia negocial*, "enquanto capaz também de se referir às hipóteses dos negócios com estrutura unilateral e dos negócios com conteúdo não patrimonial. Querendo, pois, propor um conceito de autonomia (não privada ou contratual, porém) negocial mais aderente à dinâmica das hodiernas relações jurídicas, pode-se descrever o referido conceito como o poder reconhecido ou atribuído pelo ordenamento ao sujeito de direito público ou privado de regular com próprias manifestações de vontade, interesses privados ou públicos, ainda que não necessariamente próprios" (*O direito civil na legalidade constitucional*, cit., p. 338).

contrato, veículo máximo de expressão da vontade individual, fazia circular os bens e as riquezas.[430]

Nessa perspectiva, os institutos de direito civil revelavam perfil estático, relacionado à estrutura dos direitos subjetivos, que expressavam os poderes atribuídos aos titulares de direitos. O contrato, nesse cenário, despontava como instrumento apto a dispor sobre qualquer conteúdo, no qual figuravam quaisquer contratantes, que contratavam do modo que entendessem conveniente, desde que não houvesse violação às normas de ordem pública. Desse modo, a ordem pública consistia no único limite à atuação da autonomia privada.

O perfil estático ou estrutural dos fatos jurídicos inibia as potencialidades criativas da autonomia privada. Os particulares limitavam-se a reproduzir a estrutura dos direitos subjetivos prevista pelo legislador, desatentos às finalidades do exercício dos direitos e aos valores passíveis de realização.

A partir do reconhecimento da aplicação direta das normas constitucionais às relações privadas, as categorias de direito privado sofreram alteração qualitativa, sendo remodeladas e redesenhadas à luz dos valores constitucionais. A família, a propriedade, a empresa, os bens e também o contrato se encontram funcionalizados à realização dos valores constitucionais, sobretudo à dignidade da pessoa humana. Inexistem, nos espaços privados, zonas francas de atuação da autonomia privada, imunes à incidência axiológica da Constituição da República.[431]

Em consequência, o contrato, expressão do ato de autonomia privada por excelência, não mais representa livre-arbítrio, mas merece tutela apenas se realizar, em concreto, valores constitucionais. A autonomia privada assume, em uma palavra, relevância constitucional, expressão, nas situações patrimoniais, do valor social da livre-iniciativa (arts. 1º, IV; 170, *caput*, C.R.).

Por outras palavras, a autonomia privada, no âmbito das situações patrimoniais, em que se verifique simetria de informações, passa a fundamentar-se na utilidade social. Surge, a partir daí, o limite interno ao direito de

---

[430] V. a página clássica de Michele Giorgianni, O direito privado e suas atuais fronteiras. In: *Revista dos Tribunais*, São Paulo: Revista dos Tribunais, v. 747, ano 87, p. 39, 1998, a respeito do sistema jurídico-positivo da época das codificações.

[431] Gustavo Tepedino, *Normas constitucionais e direito civil na construção unitária do ordenamento*, cit., p. 310-311.

contratar imposto pela função social do contrato, a qual determina que o exercício da liberdade contratual atenda, não apenas aos interesses dos contratantes, mas aos valores extracontratuais, socialmente relevantes, de natureza constitucional, atingidos pelo contrato. Como sustentado, a liberdade de contratar apenas merecerá tutela se concretizar tais interesses extracontratuais socialmente relevantes ou, em síntese, se atender à função social.

Tal transformação da autonomia privada ocorre em contexto em que se constata a intervenção, cada vez mais frequente, do Poder Público na vida econômica e na livre-iniciativa. Interpenetram-se os espaços públicos e privados, a configurar aquilo que se denominou crise da dicotomia entre direito público e direito privado.[432] Alguns doutrinadores, ao propósito, aludiram, de modo alarmante, à publicização ou socialização do direito privado.[433]

No âmbito contratual, assiste-se, na expressão de Michele Giorgianni, à erosão do papel da vontade no negócio jurídico.[434] O domínio absoluto da vontade na produção dos efeitos jurídicos cede lugar a um negócio em que, ao lado das cláusulas introduzidas pelos particulares, se justapõem preceitos legais cogentes e, por vezes, disposições judiciais que expressam a integração efetivada pelo magistrado.

O contrato sofre, ainda, o influxo do princípio da boa-fé objetiva, lastreado na solidariedade social, coibindo-se o exercício abusivo da liberdade de contratar. O abuso do direito, assim, expressa o controle valorativo do ato de autonomia privada, que deverá ser exercido em consonância com os valores do ordenamento que fundamentam a atribuição do direito.[435]

Entretanto, a despeito da referência alarmista à fuga ou mesmo à morte do contrato,[436] mostra-se inegável que, em uma economia de mercado, cada

---

[432] Pietro Pelingieri, *Perfis do direito civil:* introdução ao direito civil constitucional, cit., p. 52-53.

[433] V., por todos, René Savatier, *Les metamorfoses économiques et sociales du droit privé d'aujourd'hui (seconde série)*, Paris: [s.n.], 1959, p. 43.

[434] Michele Giorgianni, Relazione introduttiva. In: Massimo Paradiso (Org.), *I mobili confini dell'autonomia privata*, Milano: Giuffrè, 2005, p. 5.

[435] Pietro Perlingieri, *Perfis de direito civil:* introdução ao direito civil constitucional, cit., p. 19 e 228.

[436] A expressão foi cunhada na *common law* por Grant Gilmore, *The death of contract*, Columbus, Ohio: Ohio State University Press, 1974, *passim*. V., sobre a contribuição do trabalho

vez mais transnacional, o contrato (e, portanto, a autonomia privada) desempenha papel imprescindível às trocas realizadas.[437] Constata-se, a rigor, o redimensionamento da autonomia privada, a partir de controle valorativo pautado na tábua axiológica da Constituição.

Tal redimensionamento opera-se no âmbito do sistema jurídico aberto, permeável, portanto, à míriade de valores sociais, em constante mutação, que integram o ordenamento. Daí a irresistível superação da análise econômica do direito, que se restringe à persecução de um valor primordial – a eficiência –, se descurando de diversos outros valores e princípios fundamentais à solução do caso concreto. O exercício da autonomia privada, nessa direção, há de ser confrontado com o inteiro ordenamento jurídico, a fim de se identificar, na complexidade de fontes normativas, a disciplina adequada, sempre orientada à realização dos valores constitucionais.

Note-se que aludido controle valorativo dos atos de autonomia privada apenas se torna possível a partir do estudo do perfil funcional do fato jurídico. Releva, portanto, na legalidade constitucional, o perfil funcional ou

---

de Gilmore, o texto de Guido Alpa, La "morte" del contratto. Dal principio dello scambio eguale al dogma della volontà nella evoluzione della disciplina negoziale del "common law". In: Guido Alpa; Mario Bessone (Org.), *Causa e consideration*: quaderni di diritto comparato, Padova: CEDAM, 1984. p. 247-273. Segundo Alpa, a crítica de Gilmore evidencia o declínio da concepção clássica, abstrata e geral do contrato na sociedade capitalista amadurecida. Nas palavras de Alpa, "a inutilidade de um instrumento negocial destinado a regular por enquanto apenas as operações econômicas de modesta relevância, enquanto outros tipos de 'acordos' se entrelaçam no mundo do comércio e das finanças para as operações de grande importância; a absoluta incompatibilidade de instrumento contratual e barganha coletiva, que também nos seus traços originários é modelado com base no primeiro; a progressiva acentuação da intervenção estatal nos serviços públicos e sociais, com a difusão de novas figuras de contrato que aparentam desnaturar o significado autêntico, como o 'contrato imposto', são todos fatores que incidem profundamente na fisionomia tradicional do contrato, que se diz inspirado em princípios de liberdade e autonomia, e fundamentado em bases individualistas" (ibidem, p. 248-249; tradução livre). Sobre a evolução da teoria contratual, cf. Mario Bessone, Terza apendice. Il controlo sociale, l'analisi economica del diritto, e i nuovi studi di teoria contrattuale. In: Guido Alpa; Francesco Pulitini; Stefano Rodotà; Franco Romani (Org.), *Interpretazione giuridica e analisi economica*, Milano: Giuffrè, 1982, p. 429-440.

[437] Como atesta Pietro Barcellona acerca dos novos contornos do direito dos contratos na economia global, a renovar sua importância nesse novo momento histórico: "uma literatura sempre mais abundante tende a ver no desenvolvimento do mercado global o início de uma virada conceitual e hermenêutica na configuração da relação entre contrato e lei ou de qualquer modo instituições extramercantis" (Autonomia privata e diritto sovranazionale. In: Massimo Paradiso (Org.), *I mobili confini dell'autonomia privata*, cit., p. 693; tradução livre).

dinâmico dos institutos de direito privado, os quais servem à realização de determinado escopo ou à produção de certos efeitos essenciais.

Por conseguinte, o contrato não se limita, como outrora, à mera descrição de poderes atribuídos aos sujeitos ativo e passivo, mas passa a ser concebido como ligação entre duas situações jurídicas subjetivas complexas, que se destina à concretização de determinados efeitos essenciais. Tais efeitos essenciais, identificados no caso concreto, compõem a causa contratual.

A relevância da função do ato de autonomia privada acarreta o esmorecimento da distinção entre ato e negócio jurídico, baseada na vontade negocial, importando não mais a vontade suprema direcionada à produção de determinados efeitos jurídicos, mas a função do fato jurídico ou da atividade desempenhada pelos particulares.

Referida perspectiva funcional impulsionou a criatividade dos particulares em suas contratações, os quais, a partir das mais inusitadas combinações de efeitos essenciais de diversos tipos contratuais, deram origem a negócios inovadores, de formas exóticas, com diversas finalidades.

É a perspectiva funcional, portanto, que permite a construção de critérios para a caracterização do contrato incompleto, o qual traduz, como visto, negócio jurídico que emprega a técnica de gestão negativa da álea normal do contrato, além de propiciar o estabelecimento dos parâmetros interpretativos que lhe são aplicáveis. A função do regulamento contratual incompleto consiste em permitir às partes não alocar *ex ante* os efeitos decorrentes da variação da álea normal do contrato, remetendo essa decisão para momento futuro, como forma de gestão dos riscos econômicos previsíveis relativos às operações negociais, a denotar solução que melhor atende aos interesses dos particulares no caso concreto.

Como antes anotado, os tipos contratuais tradicionais disponibilizados pelo ordenamento jurídico se mostram, não raro, insuficientes à proteção dos interesses da autonomia privada no exercício de suas atividades. Máxime em complexas operações econômicas que se protraem no tempo e se desenvolvem em contexto de incerteza, marcadas por questões contingenciais, com possibilidade de superveniência de diversos riscos econômicos.

A autonomia privada elegerá, nessas hipóteses, o contrato incompleto, com o escopo de gerir negativamente a álea normal do contrato, protegendo os interesses dos particulares contra a sua oscilação, tendo em conta que poderão, após aludida variação, distribuir as perdas e ganhos econômicos dela decorrentes entre as partes contratantes, mediante o preenchimento da lacuna, de acordo com os critérios estabelecidos originariamente.

A escolha do contrato incompleto representa, portanto, a solução da autonomia privada que melhor realiza os seus interesses *in concreto* em relações jurídicas duradouras, que se caracterizam por incertezas ou contingências – que poderão se materializar e atingir as prestações contratuais –, nas quais os contratantes preferem não alocar *ex ante* esses riscos. Desse modo, a decisão quanto à distribuição das perdas e ganhos econômicos operar-se-á *ex post*, após a concretização do risco (*rectius*, oscilação da álea normal), consoante os critérios estabelecidos *ex ante* no contrato.

Em princípio, não haverá óbice para a autonomia privada na celebração de contratos incompletos, em materialização do princípio constitucional da livre-iniciativa (arts. 1º, IV; 170, *caput*, C.R.). Como se observou, os particulares poderão, em regra, deixar em branco qualquer elemento da relação obrigacional, desde que os critérios para a determinação da lacuna em momento futuro estejam suficientemente claros e a lei ou a causa *in concreto* não exija a definição antecipada do elemento deixado em branco.

Todavia, existirão alguns limites legais e axiológicos na escolha da incompletude. O primeiro deles, já enunciado, consiste no controle legal quanto à determinabilidade do objeto do contrato incompleto. Os particulares poderão deixar em branco determinado elemento da relação contratual até o limite em que o objeto se mostre passível de determinação. Por outras palavras, a lacuna contratual revela-se válida, desde que o objeto do contrato possa ser determinado no futuro, de acordo com os critérios contratuais estabelecidos pelas partes no momento da contratação. O objeto do negócio incompleto (isto é, seu conteúdo), assim, há de ser determinável, sob pena de nulidade do contrato.

Além disso, o contrato incompleto encontra limite no exercício abusivo do direito. Por conseguinte, a atuação dos contratantes no preenchimento da lacuna contratual, seja de forma conjunta ou individual (por apenas uma das partes), ou, ainda, a conduta de terceiro na integração da lacuna há de representar o exercício regular de um direito, de modo a observar o substrato axiológico-normativo que fundamenta a sua atribuição. Em outros termos, o exercício do direito de integrar a lacuna há de ser, ao mesmo tempo, lícito e merecedor de tutela, promovendo os valores que fundamentam a atribuição desse direito a seu titular, em obediência aos seus fins econômicos e sociais, à boa-fé e aos bons costumes (art. 187, Código Civil). Conforme registrado, a conduta dos contratantes ou de terceiro no sentido de preencher a lacuna em contrariedade às finalidades econômicas e sociais que fundamentam a atribuição do direito, embora lícita, representará exercício abusivo de posição jurídica, devendo, por isso mesmo, ser coibida. Repita-se que o controle de abusividade se mostrará ainda mais intenso no contrato incompleto na modalidade de determinação unilateral, em que um dos contratantes preenche unilateralmente a lacuna, segundo os critérios contratuais, devendo a contraparte confiar na sua atuação regular.

Os contratos incompletos subordinam-se, ainda, à reforçada incidência dos princípios da função social, da boa-fé objetiva e do equilíbrio econômico dos contratos. Consoante se verificou, a autonomia privada, ao deixar em branco determinados elementos da relação contratual como forma de gerir os riscos econômicos supervenientes, não estabelece regulamento contratual que discipline, de modo abrangente, os previsíveis riscos futuros. À míngua de regulamento que preveja todos os riscos contratuais previsíveis, as partes confiam na cooperação mútua para o alcance do escopo comum pretendido com o contrato incompleto. Por outras palavras, os contratantes deverão reunir esforços no sentido de colmatar as lacunas, em obediência aos critérios contratuais estabelecidos para sua determinação, respeitando a alocação de riscos pretendida.

Desse modo, no âmbito da execução do contrato incompleto, sobressai a incidência do princípio de solidariedade social (art. 3º, I e III, C.R.) e dos novos princípios contratuais, cujos efeitos se espraiam de modo mais intenso nos negócios incompletos relativamente aos contratos em que ocorre a gestão positiva da álea normal.

O atendimento à função social, como visto, impõe aos contratantes o dever de observar e proteger interesses extracontratuais socialmente relevantes, de estatura constitucional, alcançados pelo contrato. A incompletude do regulamento contratual, portanto, apenas merecerá tutela se atender, além dos interesses dos contratantes em gerir negativamente a álea normal dos contratos, ao princípio da função social.

O princípio da boa-fé objetiva, por sua vez, determina que as partes persigam, ao lado de seus interesses individuais, o escopo econômico comum pretendido com a avença, precisamente a gestão negativa da álea normal do contrato. A boa-fé objetiva impõe, assim, que os contratantes busquem essa finalidade, seja atribuindo às cláusulas contratuais o sentido mais consentâneo ao escopo econômico comum, seja exercendo suas posições jurídicas de forma regular, seja observando os deveres anexos de informação, transparência, honestidade e lealdade contratuais. Tais deveres anexos assumem relevo especialmente na definição do elemento em branco e dos critérios para sua determinação futura, exigindo-se elevado grau de cooperação entre as partes na integração da lacuna, a fim de que se preserve a alocação de riscos objetivada.

Em sede de execução dos contratos incompletos, portanto, o princípio da boa-fé objetiva obriga os contratantes a atuarem no sentido de preencher as lacunas em consonância com os critérios estabelecidos no negócio, com o escopo de realizar os efeitos essenciais almejados, quais sejam, a gestão negativa da álea normal, com a repartição dos efeitos de sua variação (perdas e ganhos econômicos) entre os contratantes, em momento futuro, após o implemento do risco. Caso a lacuna seja integrada por critérios externos, os contratantes devem, ainda, interpretar esses critérios e sua verificação à luz do princípio da boa-fé objetiva, isto é, à vista da finalidade contratual externada pelas partes no negócio, e sempre em observância aos deveres de lealdade, solidariedade, cooperação, transparência e honestidade contratuais.

Por outro lado, também no contrato incompleto na modalidade de determinação da lacuna por terceiro, esse terceiro alheio ao contrato há de colaborar com as partes, agindo com o intuito de concretizar o escopo econômico comum almejado pelos contratantes, de modo a cumprir sua obrigação de integrar o contrato em observância aos critérios estabelecidos pelas partes.

O princípio da boa-fé objetiva, inspirado no princípio de solidariedade social, importa, ainda, na criação do dever dos contratantes de renegociar as cláusulas contratuais atingidas pela excessiva onerosidade, que provoque desequilíbrio entre as prestações, mesmo que os contratos não contenham cláusula de *hardship*.

Indica-se, adicionalmente, como limite à escolha da incompletude, o respeito ao princípio do equilíbrio econômico dos contratos, o qual determina que os negócios incompletos contenham equação econômica equilibrada, a partir de determinada alocação de riscos, que define o sinalagma ou a correspectividade entre as prestações, e que há de ser observada no decorrer de sua inteira execução. Por conseguinte, de um lado, ao se pactuar o regulamento contratual incompleto, as partes não podem celebrar negócio lesivo, no qual a incompletude camufle desproporção exagerada entre as prestações, estabelecida mediante o aproveitamento de situação de necessidade ou inexperiência de uma das partes pela outra. Ao revés, o contrato incompleto há de conter equação econômica equilibrada, com distribuição legítima dos ganhos e das perdas econômicas entre as partes, sem qualquer vício que possa afetar sua validade. Por outro lado, os contratos incompletos, justamente por se revestirem de equilíbrio, hão de se sujeitar à incidência da teoria da excessiva onerosidade. Com efeito, o fato superveniente, extraordinário e imprevisível, para o qual não tenham concorrido os contratantes, que não atinja o elemento deixado em branco, mas outros elementos já definidos no contrato, há de autorizar a parte prejudicada a invocar a teoria da excessiva onerosidade, com vistas ao reequilíbrio do contrato incompleto, com base no princípio do equilíbrio econômico dos pactos.

O respeito ao princípio da solidariedade social e aos novos princípios contratuais traduz, de modo implícito, o limite primordial à escolha da incompletude: a obrigatória observância aos valores constitucionais. Afinal, o contrato incompleto, como qualquer ato de autonomia privada, merecerá tutela apenas se concretizar, para além dos interesses dos contratantes, os valores constitucionais.

Respeitados os limites legais e valorativos na escolha da incompletude, o regulamento contratual incompleto se revelará lícito e merecedor de tutela, devendo ser estimulado o seu emprego nas diversas contratações entre particulares, como forma de atendimento aos interesses concretos da autonomia privada. Referido negócio jurídico tem o condão de contornar a insuficiente técnica legislativa regulamentar, protegendo, de modo mais adequado, os interesses dos particulares no exercício de suas atividades econômicas e servindo de mola propulsora para novas e criativas espécies de contratação. O contrato incompleto consiste, em definitivo, em mais uma nítida demonstração dos novos confins da autonomia privada na legalidade constitucional.

CONCLUSÃO

Na contemporaneidade, assiste-se à Era do Risco, no âmbito da qual o contrato desponta como o instrumento jurídico posto à disposição da autonomia privada para disciplinar os riscos econômicos previsíveis relativos às operações negociais que se protraem no tempo. Tais riscos econômicos previsíveis, que se materializam em ganhos ou perdas econômicas, repercutem sobre as prestações contratuais e, por isso mesmo, hão de ser geridos pelo contrato, que irá alocar esses riscos entre as partes contratantes.

Não obstante a generalidade do conceito de risco e a insuficiente regulamentação da matéria, constata-se, de modo geral, que os riscos se encontram intimamente relacionados aos contratos, os quais, em definitivo, buscam reger, no limite do possível, os seus efeitos, no tempo, sobre as prestações.

Contratar é *se arriscar*: não há contrato sem risco. Ao contratar, as partes, precisamente em razão da incerteza quanto ao implemento do risco, desconhecem o resultado econômico final do negócio, não sabem se irão lucrar ou perder economicamente; se o negócio é bom ou ruim. A incerteza quanto às perdas e aos ganhos econômicos se mostra intrínseca aos contratos. Diz-se, por isso mesmo, que o risco se revela como componente inseparável da vida negocial.

O risco se mostra presente, portanto, em qualquer espécie negocial, seja aleatória – assim qualificada pela identificação da álea jurídica como elemento integrante de sua causa, embora também sofra a influência da álea normal –, seja comutativa – caracterizada exclusivamente pela álea normal –, sendo, portanto, objeto de gestão pelos contratantes. Daí a indagação recorrente, na linguagem vulgar, diante de determinado contrato, de *qual é o risco do negócio* assumido pelas partes.

Em matéria de risco negocial, avulta, assim, em importância, a repartição de riscos efetuada pela autonomia privada no concreto regulamento de interesses. As partes, ao contratarem, efetuam certa alocação de riscos, que define o sinalagma contratual e que, portanto, há de ser observada no decorrer de sua inteira execução, como corolário dos princípios da obrigatoriedade dos pactos e do equilíbrio econômico dos contratos.

Neste cenário, o contrato incompleto exsurge como o negócio jurídico mediante o qual os particularem gerem negativamente a álea normal dos contratos. Do ponto de vista técnico-jurídico, o contrato incompleto traduz *negócio jurídico que emprega a técnica de gestão negativa dos riscos econômicos*, vale dizer, da álea normal, vez que os contratantes, deliberadamente, deixam em branco determinados elementos da relação contratual (lacuna em sentido técnico), como forma de gerir os riscos de superveniência. Ao assim proceder, os contratantes não distribuem *ex ante* as perdas e os lucros econômicos decorrentes do implemento do risco superveniente, cuja alocação será efetuada em momento futuro – *ex post* –, por ocasião de sua verificação, a partir da determinação da lacuna por uma ou ambas as partes, pelo terceiro ou mediante fatores externos, aplicando-se o procedimento fixado antecipadamente pelas partes no contrato. A incompletude pode se manifestar na conclusão do contrato (incompletude inicial) ou apenas sucessivamente (incompletude sucessiva), a depender se a lacuna já se encontra presente ou surja em momento posterior à contratação, sujeita a termo ou condição.

As partes recorrem frequentemente ao contrato incompleto em complexas operações econômicas, caracterizadas pela incerteza dos resultados e pela significativa duração no tempo, vez que os contratos que pretendem discipliná-las de modo exaustivo tornam-se, no mais das vezes, inadequados frente à mutação das circunstâncias. Por representar solução obrigatória, porém flexível, o contrato incompleto permite aos contratantes se exporem aos riscos de superveniência, revelando-se opção que melhor atende, em muitos casos, aos interesses da autonomia privada *in concreto*, não raro desprotegidos pela insuficiente técnica legislativa regulamentar. Sob a perspectiva funcional, o contrato incompleto consubstancia negócio jurídico com escopo de gestão negativa da álea normal do contrato. Diz-se negativa, pois os contratantes voluntariamente decidem não alocar *ex ante* o risco econômico superveniente que poderá atingir as prestações contratuais, postergando essa decisão para momento futuro, indicado pelas partes no contrato, a partir da determinação da lacuna, consoante os critérios estabelecidos originariamente.

Supera-se, assim, a concepção de contrato incompleto adotada pela análise econômica do direito, segundo a qual o contrato afigura-se incompleto não por apresentar lacuna em sentido técnico e desempenhar a função de gestão negativa da álea normal, mas em razão de não disciplinar todos os riscos ou contingências que possam atingir suas prestações no curso de sua execução. De acordo com essa corrente de pensamento, rechaçada por este trabalho, as partes fundamentam sua escolha na celebração de contratos incompletos para alcançar a solução mais eficiente, notadamente por força da racionalidade limitada dos contratantes e da redução dos custos de transação.

Todavia, embora a análise econômica do direito ofereça importante contribuição ao legislador e ao intérprete, que, por vezes, irão se valer do critério de eficiência, respectivamente, na elaboração das leis e na solução dos casos concretos, a eficiência não constitui valor único do sistema jurídico, sobretudo do ordenamento personalista e solidarista vigente na legalidade constitucional, cujo valor central consiste na dignidade da pessoa humana (art. 1º, III, C.R.).

O sistema jurídico afigura-se unitário, dinâmico, histórico-relativo e aberto, permeável, por isso mesmo, aos valores fundamentais da sociedade que se modificam no decurso do tempo e que hão de ser promovidos pela iniciativa privada. A cada geração, diversos valores antagônicos e de mesma importância axiológica adquirem estatura constitucional e hão de merecer tutela nas hipóteses concretas. Os padrões de eficiência propostos pela economia, desse modo, não esgotam a complexidade de valores do ordenamento, cuja unitariedade é assegurada pela Constituição da República.

Adota-se, portanto, a perspectiva funcional dos fatos jurídicos, propugnada pela metodologia do direito civil-constitucional, que, a um só tempo, orienta a construção de critérios para a caracterização do contrato incompleto e de parâmetros interpretativos que guiarão a sua execução, além de permitir a promoção dos valores constitucionais, realizando os concretos interesses dos particulares.

No âmbito dos modos de alocação de riscos econômicos nos contratos, situa-se, ao lado da gestão negativa da álea normal por meio de contratos incompletos, a gestão positiva da álea normal, na qual as partes alocam *ex ante*, no momento da celebração do contrato, os ganhos e perdas econômicas decorrentes de determinado evento (*rectius*, do implemento do risco econômico superveniente). O modo de alocação de riscos empregado pelos contratantes será identificado a partir da interpretação da vontade declarada das partes, que poderá ser expressa ou implícita, extraída da interpretação sistemática das cláusulas contratuais.

Na hipótese em que as partes não gerem os riscos econômicos supervenientes, de modo positivo ou negativo, o implemento do risco econômico superveniente se caracterizará necessariamente pela imprevisibilidade e extraordinariedade, e, verificados os demais pressupostos, configurar-se-á hipótese de excessiva onerosidade, permitindo aos contratantes se valer dos mecanismos para a revisão ou resolução do contrato.

De fato, o risco econômico não alocado pelo contrato será inevitavelmente imprevisível e extraordinário. Afinal, *tertius non datur:* ou bem os contratantes vislumbraram o risco econômico superveniente e decidiram geri-lo de modo positivo, mediante a distribuição dos ganhos e das perdas nas cláusulas contratuais, ou de modo negativo, por intermédio de lacunas, cuja integração ocorrerá, em momento futuro, aplicando-se o procedimento previsto no contrato; ou bem os contratantes não anteviram o risco econômico superveniente, o qual, por isso mesmo, se revela imprevisível e extraordinário, a deflagrar os mecanismos previstos para a onerosidade excessiva. Neste contexto, o risco econômico mal gerido, que atribui mais perdas a uma das partes, não tem o condão de ensejar a resolução ou revisão do contrato. Por outras palavras, inexistindo lesão (vício de consentimento originário) ou outro vício de invalidade, o risco econômico alocado *ab initio*, de modo desequilibrado, entre os contratantes, não autoriza a revisão ou resolução do contrato. Tampouco enseja a aplicação da teoria da excessiva onerosidade, tendo em conta que o desequilíbrio não decorre de evento superveniente, imprevisível e extraordinário, mas da vontade dos particulares, livremente manifestada. Daí afirmar-se que o direito brasileiro não protege o contratante contra o mau negócio, não socorrendo os particulares que geriram de maneira insatisfatória os riscos econômicos relacionados ao contrato.

Em síntese, os particulares poderão, no caso concreto, *alocar positivamente os riscos econômicos*, distribuindo, no momento da celebração do contrato, os ganhos e perdas relacionados a determinado evento superveniente, de acordo com as cláusulas contratuais, dando origem, muitas vezes, a contratos atípicos; ou, ainda, *alocar negativamente os riscos econômicos*, mediante contratos incompletos, deixando determinados elementos da relação contratual em branco, de modo a permitir que a decisão acerca da alocação de riscos se dê em momento futuro, por ocasião da verificação de determinando evento previsto pelos contratantes, segundo os critérios contratuais.

No âmbito da gestão negativa dos riscos, os contratos incompletos, do ponto de vista estrutural, poderão assumir diferentes modalidades, de acordo com a forma de preenchimento da lacuna, que poderá ser integrada por terceiro, por uma ou ambas as partes ou, ainda, mediante a aplicação de fatores externos definidos no contrato.

Na normativa internacional, os Princípios da *Unidroit* e os Princípios de Direito Europeu dos Contratos disciplinam, em diversas disposições, o contrato incompleto, a denotar que se cuida de negócio jurídico que emprega moderna técnica contratual, a representar tendência no direito contratual contemporâneo.

Não obstante o contrato incompleto se assemelhe, do ponto de vista estrutural, a diversas outras figuras presentes no direito contratual, como o contrato aleatório, o contrato preliminar, a formação progressiva dos contratos, os contratos de derivativos e as cláusulas de adequação automática, tais fatos jurídicos se afiguram inteiramente diversos, em razão da função prático-social distinta que desempenham no ordenamento jurídico.

O perfil funcional dos fatos jurídicos, com efeito, guiará o intérprete nos conflitos de interesses, permitindo, a partir da identificação da mínima unidade de efeitos essenciais do fato, a sua interpretação e qualificação e, após o seu confronto com o inteiro ordenamento jurídico, a definição da disciplina jurídica aplicável. No momento da definição da normativa do caso concreto, portanto, aplica-se todo o ordenamento jurídico – complexo e unitário –, sobretudo as normas constitucionais, com o predomínio das situações jurídicas existenciais sobre as patrimoniais.

O acolhimento da perspectiva funcional do contrato incompleto impede, nessa direção, que a *lex mercatoria* dite os critérios interpretativos na solução do caso concreto, tornando legítimos ou ilegítimos, unicamente em razão da eficiência, os contratos incompletos, de modo a se descurar dos demais valores e princípios que integram o ordenamento jurídico, o que não se pode admitir na legalidade constitucional.

Sob o perfil jurídico-funcional, a não alocação *ex ante* dos riscos econômicos supervenientes, mediante lacunas, a serem integradas em momento futuro, por uma ou ambas as partes, por terceiro ou mediante fatores externos, quando (e se) houver a verificação do risco, traduz os efeitos essenciais que qualificam o concreto negócio como contrato incompleto. O traço distintivo da causa do contrato incompleto corresponde, portanto, à gestão negativa da álea normal do contrato.

No procedimento unitário de interpretação e qualificação do fato jurídico, há de se investigar a causa *in concreto*, ou seja, a *função econômico-individual* ou *função prático-social*, considerada objetivamente, e identificada no caso concreto, que exprime a racionalidade desejada pelos contratantes. A função econômico-individual do contrato incompleto há de abranger, desse modo, o escopo dos contratantes em gerir negativamente a álea normal do contrato.

A álea normal há de ser compreendida, no direito brasileiro, como o *risco externo aos contratos*, normalmente comutativos, de natureza previsível, variável em razão do funcionamento do mercado, que, embora não integre a causa do negócio, com ela mantém *relação de pertinência*, repercutindo diretamente no valor das prestações, a influenciar no resultado econômico final do negócio. Dito por outros termos, a álea normal ou ordinária consiste no *risco econômico previsível* pertinente à causa do negócio entabulado pelas partes, identificada no caso concreto de acordo com o específico regulamento de interesses, o qual corresponde, precisamente, à oscilação de valor de prestações já determinadas em contratos de execução diferida ou continuada. Tal oscilação de valor, ditada pelo mercado, revela-se normal e previsível naquele determinado tipo contratual eleito pelas partes, e exercerá influência sobre o resultado econômico final do negócio. Identifica-se, portanto, a álea normal de cada negócio no caso concreto, de acordo com a causa concreta, moldada pelos particulares, e não com a causa em abstrato. Cada contrato apresentará uma álea normal diversa, embora o tipo em abstrato indique a variação econômica ordinariamente previsível naquela espécie negocial. Assim sendo, embora a álea normal consista em risco externo à causa dos contratos, a sua gestão pelos particulares constitui efeito essencial que os contratantes objetivam realizar. Ou seja, a gestão da álea normal integra a causa dos contratos.

No âmbito do direito brasileiro, verificou-se que diversas normas do ordenamento, dentre as quais os arts. 485; 596; 628, parágrafo único; 658, parágrafo único; 701 e 724 do Código Civil, consagram o contrato incompleto. Entretanto, tais preceitos não esgotam as possibilidades de contratos incompletos que podem se configurar no direito contratual brasileiro, deles se podendo extrair a autorização para a prática de diversos outros contratos incompletos – típicos ou atípicos –, que concretizarão as potencialidades funcionais desse regulamento contratual lacunoso.

Os particulares, desse modo, para atingir a função do contrato incompleto, poderão se valer da estrutura de contrato típico, como, por exemplo, a empreitada, a compra e venda ou a locação, deixando em branco determinado elemento que entenda conveniente, de modo a inserir na causa concreta o escopo de gestão negativa da álea normal; ou, ainda, firmarão negócio atípico, cuja causa *in concreto* também contenha os efeitos essenciais que qualificam os negócios como incompletos.

A autonomia privada encontra, assim, nessa seara, amplo espaço de atuação para explorar suas potencialidades criativas, por meio da celebração de diversas espécies de regulamento contratual incompleto, com o intuito de concretizar os seus interesses merecedores de tutela. Entretanto, tal atuação não se mostra irrestrita, sujeitando-se a diversas espécies de controle, legais e axiológicos, por parte do ordenamento jurídico.

O primeiro controle legal a que se subordina o contrato incompleto consiste naquele acerca da determinabilidade do objeto (art. 104, II, Código Civil). Em consequência, o negócio incompleto apenas se mostrará válido e eficaz se os contratantes estabelecerem com precisão, no momento da conclusão do negócio, os critérios que serão adotados no preenchimento da lacuna em momento futuro, a permitir que o objeto do negócio seja passível de determinação futura. Tais critérios poderão constar textualmente do contrato incompleto ou decorrerem, de modo implícito, da interpretação das cláusulas contratuais, a partir da vontade declarada dos contratantes.

A despeito dessa exigência legal, os particulares encontram amplas possibilidades para o estabelecimento de regulamentos contratuais incompletos, os quais, em linha de princípio, poderão conter qualquer elemento da relação contratual lacunoso, exceto nas hipóteses em que a lei ou a causa do negócio concreto exijam a definição antecipada de determinado elemento.

No âmbito do controle de validade e eficácia do negócio jurídico incompleto, para além da determinabilidade do objeto, releva a incidência dos princípios da boa-fé objetiva, da função social, do equilíbrio econômico dos pactos e da solidariedade social, que irradiam de forma mais intensa nos contratos incompletos relativamente aos contratos em que se opera a gestão positiva da álea normal. Os contratos incompletos, justamente por representarem o esmorecimento voluntário da técnica regulamentar, exigem elevados padrões de cooperação entre os contratantes na integração e execução do contrato. Em negócios incompletos, em que há gestão negativa da álea normal, à míngua de disciplina abrangente para todos os riscos contratuais previsíveis, as partes confiam na cooperação para o alcance do escopo comum. Exsurge, nesse cenário, o espírito de solidariedade constitucional (art. 3º, I e III, C.R.). Diante disso, os contratantes deverão reunir esforços no sentido de colmatar as lacunas, respeitando a alocação de riscos pretendida. Por conseguinte, o respeito aos princípios da boa-fé objetiva, da função social e do equilíbrio contratual determinará a validade e eficácia do regulamento contratual incompleto no direito brasileiro.

Em sede de execução dos contratos incompletos, embora, à primeira vista, se pudesse cogitar da ausência de equilíbrio, tais negócios se sujeitam à incidência do princípio do equilíbrio econômico dos pactos. Ao se proceder à gestão negativa da álea normal, o contrato incompleto estabelece uma equação econômica entre as prestações assumidas pelos contratantes, que revela o equilíbrio econômico do negócio, ainda que existam lacunas. Ou seja, subjacente à gestão negativa da álea normal efetuada em contratos incompletos, há uma lógica econômica entre as posições contratuais ocupadas pelas partes, que fundamenta o sinalagma ou a correspectividade entre as prestações.

Além disso, no regulamento contratual incompleto, apenas alguns elementos do contrato se encontram em branco, estando inseridos em relação contratual mais ampla e complexa, que liga dois centros de interesses distintos, em perspectiva dinâmica da relação obrigacional, na qual se reúnem diversos direitos, obrigações, faculdades, ônus, interesses, de parte a parte. A relação jurídica obrigacional, compreendida como ligação entre situações jurídicas subjetivas, ainda que contenha lacunas contratuais, exprime equação econômica equilibrada entre os dois centros de interesses, que há de ser preservada no decorrer da execução contratual.

Diante de tal constatação, há de se admitir a incidência da teoria da excessiva onerosidade aos contratos incompletos, desde que o evento superveniente extrapole a álea normal assumida pelos contratantes no caso concreto, constituindo evento extraordinário e imprevisível, que não atinja o elemento contratual lacunoso. Nessa hipótese, a causa em concreto incluirá como efeitos essenciais a gestão negativa da álea normal, que qualifica o negócio como incompleto, e a gestão positiva quanto a outros riscos econômicos previsíveis, incidindo o evento superveniente precisamente sobre esses últimos riscos alocados positivamente, cujas perdas e os ganhos já foram imputados aos contratantes nas prestações, as quais, por isso mesmo, restam abaladas pela superveniência.

Caso o evento superveniente, extraordinário e imprevisível se refira ao elemento contratual em branco, a sua ocorrência não desencadeará, à evidência, a aplicação da excessiva onerosidade, pois o elemento ainda não se encontra determinado. Entretanto, tal evento há de ser considerado pelas partes no momento da determinação da lacuna, com vistas a se distribuir as perdas e ganhos econômicos decorrentes desse evento superveniente. Aqui, desponta o dever de cooperação entre as partes que, embora não possam alterar o contrato com base na excessiva onerosidade, deverão considerar o evento superveniente no momento da integração da lacuna, com o objetivo de atingir o escopo comum do regulamento contratual incompleto. Mostra-se, assim, ao contrário do que poderia parecer, reforçada a incidência do princípio do equilíbrio contratual aos negócios incompletos, exigindo dos contratantes que levem em conta o evento superveniente, com vistas à preservação da alocação de riscos pretendida.

De outra parte, o princípio da boa-fé objetiva, inspirado no princípio constitucional de solidariedade social, determina às partes o dever de renegociar o contrato diante da excessiva onerosidade, mesmo que não haja cláusula de *hardship*, adequando-o à nova realidade. Tais princípios impõem, portanto, a interpretação extensiva do art. 478 do Código Civil, para facultar à parte prejudicada pela excessiva onerosidade o direito de exigir da contraparte o desempenho da obrigação de renegociar o contrato, antes de submeter a matéria ao crivo do Poder Judiciário. Em contratos que contenham cláusula de *hardship*, esse dever legal de renegociação revela-se presente de modo ainda mais intenso, reforçado pelo regulamento contratual incompleto, que exige dos contratantes alto padrão de cooperação. Uma vez violado o dever de renegociação, caberá à parte prejudicada requerer o ressarcimento pelas perdas e danos cabíveis, com fundamento na violação aos princípios da boa-fé objetiva e da solidariedade social. Importa, ainda, o princípio da boa-fé objetiva para o controle de abusividade da conduta dos contratantes ou de terceiro na integração da lacuna, bem como na imposição às partes do dever de perseguirem, ao lado de seus interesses individuais, o escopo comum pretendido com o contrato incompleto, precisamente a gestão negativa da álea normal.

Por outro lado, os regulamentos contratuais incompletos, como qualquer outro ato de autonomia negocial, devem obediência ao princípio da função social dos contratos para que possam merecer tutela por parte do ordenamento jurídico, devendo, por isso mesmo, promover não só os interesses de seus titulares, como também os interesses extracontratuais socialmente relevantes por eles atingidos.

De modo geral, no curso da execução do contrato incompleto, a violação ao dever de determinação da lacuna por uma ou ambas as partes ou, ainda, por terceiro, representa o seu momento patológico, quando resta frustrado o seu escopo de gestão negativa da álea normal. Diante do inadimplemento do dever de integração do elemento deixado em branco, autoriza-se à parte prejudicada requerer a execução específica da prestação inadimplida, na esteira da tendência do direito obrigacional contemporâneo que privilegia a execução específica em detrimento das perdas e danos.

Caso o devedor não cumpra a ordem jurisdicional, de modo a tornar impossível a tutela específica, o sistema jurídico brasileiro autoriza o juiz a integrar a lacuna, desde que os critérios para a sua determinação estejam suficientemente claros e descritos no contrato, de modo expresso ou implícito, a preservar a vontade manifestada pela autonomia privada, pilar fundamental do direito privado.

Em contrapartida, se os critérios para a determinação da lacuna não estiverem descritos de modo preciso no negócio, o juiz não poderá integrar o contrato, pois, nesse caso, estará definindo o elemento contratual faltante segundo critérios subjetivos, em juízo de equidade não autorizado por lei, elaborando o conteúdo do contrato em usurpação dos poderes das partes contratantes, o que representaria violação ao princípio da autonomia privada. A rigor, do ponto de vista técnico, na ausência de critérios claros estabelecidos pelos contratantes para a determinação da lacuna, o contrato incompleto se revelará inválido, por impossibilidade de determinação de seu objeto, de modo que o juiz declarará desfeito o contrato por invalidade, com o retorno das partes ao estado anterior à sua celebração e o ressarcimento das perdas e danos eventualmente cabíveis. O juiz poderá, contudo, ao decretar a invalidade do negócio, preservar alguns efeitos da relação contratual desfeita, caso entenda conveniente na hipótese concreta.

Estabelecidas as peculiaridades da execução do contrato incompleto, verificaram-se os limites impostos à autonomia privada na escolha da incompletude. Tais limites consistem, em síntese, no respeito (i) à determinabilidade do objeto; (ii) ao exercício regular de posições jurídicas; (iii) aos novos princípios contratuais da função social, da boa-fé objetiva e do equilíbrio econômico dos contratos, inspirados no princípio constitucional de solidariedade social, que incidem, de modo reforçado, nos contratos incompletos; e (iv) aos princípios e valores constitucionais em geral, integrantes do sistema. Afinal, o contrato incompleto, como qualquer ato de autonomia privada, merecerá tutela apenas se concretizar, para além dos interesses dos contratantes, os valores constitucionais.

Respeitados os limites legais e valorativos na escolha da incompletude, o regulamento contratual incompleto se revelará lícito e merecedor de tutela, devendo ser estimulado o seu emprego nas diversas contratações entre particulares, como forma de atendimento aos interesses concretos da autonomia privada. Referido negócio jurídico tem o condão de contornar a insuficiente técnica legislativa regulamentar, protegendo, de modo mais adequado, os interesses dos particulares no exercício de suas atividades econômicas e servindo de mola propulsora para novas e criativas espécies de contratação. O contrato incompleto, em uma palavra, evidencia os novos confins da autonomia privada na legalidade constitucional.

REFERÊNCIAS

AGAMBEN, Giorgio. *O que é o contemporâneo?* e outros ensaios. Chapecó: Argos, 2009.

AGHION, Philippe; BOLTON, Patrick. An incomplete contracts approach to financial contracting. In: BOLTON, Patrick (Org.). *The economics of contracts*. Cheltenham: Edward Elgar Publishing Limited, 2008. v. 2.

AGUIAR JÚNIOR, Ruy Rosado de. Da extinção do contrato (arts. 472 a 480). In: TEIXEIRA, Sálvio de Figueiredo (Coord.). *Comentários ao novo código civil*. Rio de Janeiro: Forense, 2003. v. 6. t. 2.

_____. *Extinção dos contratos por incumprimento do devedor (resolução)*. 2. ed. Rio de Janeiro: Aide Editora, 2004.

ALPA, Guido. Rischio. In: *Enciclopedia del diritto*. Milano: Giuffrè, 1989. v. 40.

_____. La causa nei suoi profili attuali (materiali per una discussione). In: ALPA, Guido; BESSONE, Mario (Org.). *Causa e consideration*: quaderni di diritto comparato. Padova: CEDAM, 1984.

_____. La "morte" del contratto. Dal principio dello scambio eguale al dogma della volontà nella evoluzione della disciplina negoziale del "common law". In: ALPA, Guido; BESSONE, Mario (Org.). *Causa e consideration*: quaderni di diritto comparato. Padova: CEDAM, 1984.

ALVIM, Agostinho. *Da compra e venda e da troca*. Rio de Janeiro: Forense, 1961.

AMARAL, Francisco. *Direito civil*: introdução. Rio de Janeiro: Renovar, 2003.

ASCARELLI, Tullio. Arbitri ed arbitratori. In: *Studi in tema di contratti*. Milano: Giuffrè, 1952. 588 p.

ASSIS, Araken de; ANDRADE, Ronaldo Alves de; ALVES, Francisco Glauber Pessoa. Do direito das obrigações (arts. 421 a 578). In: ALVIM, Arruda; ALVIM, Thereza (Coord.). *Comentários ao código civil brasileiro*. Rio de Janeiro: Forense, 2007. v. 5.

AZEVEDO, Antônio Junqueira de. Contrato preliminar: distinção entre eficácia forte e fraca para fins de execução específica da obrigação de celebrar o contrato definitivo: estipulação de multa penitencial que confirma a impossibilidade de execução específica. In: AZEVEDO, Antônio Junqueira de. *Novos estudos e pareceres de direito privado*. São Paulo: Saraiva, 2009.

_____. Inexistência de erro quanto ao motivo determinante: inaplicabilidade do princípio da contagiação a contratos com conexidade fraca: cláusula penal como limite às perdas e danos. In: _____. *Novos estudos e pareceres de direito privado*. São Paulo: Saraiva, 2009.

_____. Interpretação do contrato pelo exame da vontade contratual: o comportamento das partes posterior à celebração: interpretação e efeitos do contrato conforme o princípio da boa-fé objetiva: impossibilidade de *venire contra factum proprium* e de utilização de dois pesos e duas medidas (*tu quoque*): efeitos do contrato e sinalagma: a assunção pelos contratantes de riscos específicos e a impossibilidade de fugir do 'programa contratual'. In: _____. *Estudos e pareceres de direito privado*. São Paulo: Saraiva, 2004.

_____. Natureza jurídica do contrato de consórcio: classificação dos atos jurídicos quanto ao número de partes e quanto aos efeitos: os contratos relacionais: a boa-fé nos contratos relacionais: contratos de duração: alteração das circunstâncias e onerosidade excessiva: sinalagma e resolução contratual: resolução parcial do contrato: função social do contrato. In: *Revista dos Tribunais,* São Paulo: Revista dos Tribunais, v. 832, ano 94, p. 115-137, fev. 2005.

_____. Natureza jurídica do contrato de consórcio (sinalagma indireto). Onerosidade excessiva em contrato de consórcio. Resolução parcial do contrato. In: _____. *Novos Estudos e pareceres de direito privado*. São Paulo: Saraiva, 2009.

_____. *Negócio Jurídico:* existência, validade e eficácia. 4. ed. São Paulo: Saraiva, 2008.

BALESTRA, Luigi. *Il contratto aleatorio e l'alea normale*. Padova: CEDAM, 2000.

BANCO CENTRAL DO BRASIL. Circular nº 3.082, de 30 de janeiro de 2002. [S.l.: s.n.], 2002. Disponível em: <https://www3.bcb.gov.br/normativo/detalharNormativo.do?N=102016364&method=detalharNormativo>. Acesso em: 24 abr. 2014.

BANDEIRA, Paula Greco. *Contratos aleatórios no direito brasileiro*. Rio de Janeiro: Renovar, 2010.

BANDEIRA, Paula Greco. Fundamentos da responsabilidade civil do terceiro cúmplice. In: *Revista Trimestral de Direito Civil*, Rio de Janeiro: Padma, v. 30, p. 79-127, abr./jun. 2007.

_____. Notas sobre o parágrafo único do art. 944 do código civil. In: *Civilística. com. Revista eletrônica de direito civil*, [S.l.: s.n.], nº 2, ano 1, 26 p., 2012. Disponível em: <http://www. http://civilistica.com/>. Acesso em: 23 jul. 2014.

_____. Enunciado 440. In: Ruy Rosado de Aguiar Júnior (Org.). *V Jornada de Direito Civil*. Brasília: CJF, 2012. 388 p. Disponível em: <http://www. cjf.jus.br/CEJ-Coedi/jornadas-cej/enunciados-aprovados-da-i-iii-iv-e-v-jornada-de-direito-civil/jornadas-cej/v-jornada-direito-civil/VJornadadireitocivil2012.pdf>. Acesso em: 23 jul. 2014.

BARBOZA, Heloisa Helena. Reflexões sobre a autonomia negocial. In: TEPEDINO, Gustavo; FACHIN, Luiz Edson (Coord.). *O direito e o tempo:* embates jurídicos e utopias contemporâneas: estudos em homenagem ao Professor Ricardo Pereira Lira. Rio de Janeiro: Renovar, 2008.

BARCELLONA, Mario. Appunti a proposito di obbligo di rinegoziazione e gestione delle sopravvenienze. In: BONELL, Joachim; CASTRONOVO, Carlo; MAJO, Adolfo di; MAZZAMUTO, Salvatore (Org.). *Europa e diritto privato. Rivista Trimestrale*, Milano: Giuffrè, p. 467-501, indice annata 2003.

BARCELLONA, Pietro. Autonomia privata e diritto sovranazionale. In: PARADISO, Massimo (Org.). *I mobili confini dell'autonomia privata*. Milano: Giuffrè, 2005. p. 693-713.

BARONE, Antonio. Il diritto del rischio. In: MARINO, Maria (Org.). *Diritto degli enti locali e delle regioni*. 2. ed. Milano: Giuffrè, 2006.

BARROSO, Luís Roberto. *Curso de direito constitucional contemporâneo*. São Paulo: Saraiva, 2009.

BECK, Ulrich. *Risk society:* towards a new modernity. Tradução de M. Ritter. London: Sage, 1992.

BELLANTUONO, Giuseppe. Contratti incompleti e norme sociali. In: *Rivista critica del diritto privato*. Napoli: Casa Editrice Dott. Eugenio Jovene S.R.L., nº 2-3, ano 19, p. 261-282, jun./set. 2001.

_____. *I contratti incompleti nel diritto e nell'economia*. Milano: CEDAM, 2000.

BESSONE, Mario. *Adempimento e rischio contrattuale*. Milano: Giuffrè, 1969.

BESSONE, Mario. Terza apendice: il controlo sociale, l'analisi economica del diritto, e i nuovi studi di teoria contrattuale. In: ALPA, Guido; PULITINI, Francesco; RODOTÀ, Stefano; ROMANI, Franco (Org.). *Interpretazione giuridica e analisi economica*. Milano: Giuffrè, 1982.

BESSONE, Mario; ROPPO, Enzo. La causa nei suoi profili attuali (materiali per una discussione). In: ALPA, Guido; BESSONE, Mario (Org.). *Causa e consideration*: quaderni di diritto comparato. Padova: CEDAM, 1984.

BETTI, Emilio. *Teoria generale del negozio giuridico*. 2. ed. Napoli: Edizione Scientifiche Italiane, 1994.

BEVILAQUA, Clovis. *Código civil dos Estados Unidos do Brasil*. Rio de Janeiro: Editora Rio, 1956. v. 1.

_____. *Código civil dos Estados Unidos do Brasil*. Rio de Janeiro: Editora Rio, 1975, v. 2.

BIANCA, Massimo. *Diritto civile*. Milano: Giuffrè, 1987. v. 3.

_____. La nozione di buona fede quale regola di comportamento contrattuale. In: *Rivista di diritto civile*, Padova: CEDAM, ano 29, primeira parte, p. 205-216, 1983.

BIONDI, Biondo. Donazione (diritto civile). In: *Novissimo Digesto Italiano*. 3. ed. Torino: UTET, 1957. v. 6.

BOBBIO, Norberto. Lacune del diritto. In: *Novissimo Digesto Italiano*. 3. ed. Torino: UTET, 1957. v. 9.

_____. *O positivismo jurídico*: lições de filosofia do direito. São Paulo: Ícone, 2006.

BODIN DE MORAES, Maria Celina. A causa dos contratos. In: *Revista Trimestral de Direito Civil*. Rio de Janeiro: Padma, v. 21, p. 95-119, jan./mar. 2005.

_____. *Na medida da pessoa humana*: estudos de direito civil-constitucional. Rio de Janeiro: Renovar, 2010.

BOSELLI, Aldo. Alea. In: *Novissimo digesto italiano*. 3. ed. Torino: UTET, 1957. v. 1.

_____. Eccessiva onerosità. In: *Novissimo digesto italiano*. Torino: UTET, 1957. v. 6.

BUSNELLI, Francesco Donato. Note in tema di buona fede ed equità. In: *Rivista di diritto civile,* Padova: CEDAM, ano 47, primeira parte, p. 537-559, 2001.

CALABRESI, Guido. *The new economic analysis of law*: scholarship, sophistry or self-indulgence. London: The British Academy, 1983.

CAMILLETTI, Francesco. Profili del problema dell'equilibrio contrattuale. In: *Collana diritto privato*: università Degli Studi di Milano: dipartamento Giuridico--Politico: sezione di diritto privato. Milano: Giuffrè, 2004. v. 1.

CANARIS, Claus-Wilhelm. *Pensamento sistemático e conceito de sistema na ciência do direito*. Lisboa: Fundação Calouste Gulbenkian, 2002.

CAPALDO, Giuseppina. *Contratto aleatorio e alea*. Milano: Giuffrè, 2004.

_____. *Profili civilistici del rischio finanziario e contratto di swap*. Milano: Giuffrè, 1999.

CARNELUTTI, Francesco. Formazione progressiva del contratto. In: *Rivista di diritto commerciale*. Milano: [s.n.], v. 2. 1916.

CARPENA, Heloísa. *Abuso do direito nos contratos de consumo*. Rio de Janeiro: Renovar, 2001.

CARRESI, Franco. Il contratto. In: CICU, Antonio; MESSINEO, Francesco; continuado por MENGONI, Luigi (Org.). *Trattato di diritto civile e commerciale*. Milano: Giuffrè, 1987. v. 21. t. 1.

CARVALHO SANTOS, J. M. de. *Código civil brasileiro interpretado*. Rio de Janeiro: Freitas Bastos, 1952. v. 2.

_____. *Código civil brasileiro interpretado*. 8. ed. Rio de Janeiro: Freitas Bastos, 1964. v. 14.

_____. *Código civil brasileiro interpretado*. Rio de Janeiro: Freitas Bastos, 1961. v. 16.

CASTRONOVO, Carlo. *Principi di diritto europeo dei contratti*: parte I e II. Milano: Giuffrè, 2001.

CHEUNG, Steven N.S. Economic organization and transaction costs. In: EATWELL, John; MILGATE, Murray; NEWMAN, Peter (Org.). *The new palgrave:* a dictionary of economics. London: The Macmillan Press Limited, 1987. v. 2.

_____. Transaction costs, risk aversion, and the choice of contractual arrangements. In: DE GEEST, Gerrit; VAN DEN BERGH, Roger (Org.). *Comparative law and economics*. Cheltenham: Edward Elgar Publishing Limited, 2004. v. 2.

CIAN, Giorgio; TRABUCCHI, Alberto. Dei contratti in generale: dei requisiti del contratto. In: CIAN, Giorgio (Org.). *Commentario breve al codice civile*: complemento giurisprudenziale. Milano: Cedam, 2011.

CLERICO, Giuseppe. Incompletezza del contrato e responsabilità delle parti. In: *Rivista critica del diritto privato,* Napoli: Casa Editrice Dott. Eugenio Jovene S.R.L., nº 3, ano 23, p. 593-621, set. 2005.

COASE, Ronald Harry. *The firm, the market and the law.* Chicago: The University of Chicago Press, 1988.

COELHO, Fábio Ulhoa. *Curso de direito civil.* São Paulo: Saraiva, 2005. v. 3.

COOTER, Robert; ULEN, Thomas. *Law and economics.* 4. ed. New York: Pearson Addison Wesley, 2003.

CORDEIRO, António Menezes. *Da boa-fé no direito civil.* Lisboa: Almedina, 2001.

_____. *Tratado de direito civil português.* Coimbra: Almedina, 2010. v. 2. t. 2.

CORRADO, Renato. Borsa (contratti di borsa valori). In: *Novissimo digesto italiano.* Torino: UTET, 1957. v. 2.

COSTA, Mário Júlio de Almeida. *Direito das obrigações.* 12. ed. Coimbra: Almedina, 2009.

COUTO E SILVA, Clovis V. do. *A obrigação como processo.* Rio de Janeiro: Editora FGV, 2006.

DANTAS, San Tiago. *Direito civil.* [S. l.: s. n., 19-?]. v. 3.

DE PAGE, Henri. *Traité élémentaire de droit civil belge.* Bruxelles: Establissements Émile Bruylant, 1948. t. 2.

_____. *Traité élémentaire de droit civil belge.* Bruxelles: Établissements Émile Bruylant, 1943. t. 4.

DEGNI, Francesco. *Lezioni di diritto civile:* la compra vendita. Milano: Cedam, 1930.

DELFINI, Francesco. *Autonomia privata e rischio contrattuale.* Milano: Giuffrè, 1999.

DELGADO, José Augusto. Das várias espécies de contrato: da constituição de renda: do jogo e da aposta: da fiança: da transação: do compromisso (artigos 693 a 817). In: TEIXEIRA, Sálvio de Figueiredo (Coord.). *Comentários ao novo código civil.* Rio de Janeiro: Forense, 2003. v. 11. t. 2.

DINAMARCO, Cândido Rangel. *Instituições de direito processual civil.* 3. ed. São Paulo: Malheiros, 2009. v. 4.

DOUGLAS, Mary; WILDAVSKY, Aaron. *Risco e cultura:* um ensaio sobre a seleção de riscos tecnológicos e ambientais. Tradução de Cristiana Serra. Rio de Janeiro: Elsevier, 2012.

ENUNCIADO 175. In: Ruy Rosado de Aguiar Júnior (Org.). *Jornadas de direito civil I, II, III e IV: enunciados aprovados,* Brasília: CJF, 2012, 135 p. Disponível em: <http://www.cjf.jus.br/cjf/CEJ-Coedi/jornadas-cej/enunciados-aprovados-da-i-iii-iv-e-v--jornada-de-direito-civil/compilacaoenunciadosaprovados1-3-4jornadadircivilnum.pdf>. Acesso em: 23 jul. 2014.

ENUNCIADO 176. In: Ruy Rosado de Aguiar Júnior (Org.). *Jornadas de direito civil I, II, III e IV: enunciados aprovados,* Brasília: CJF, 2012, 135 p. Disponível em: <http://www.cjf.jus.br/cjf/CEJ-Coedi/jornadas-cej/enunciados-aprovados-da-i-iii-iv-e-v--jornada-de-direito-civil/compilacaoenunciadosaprovados1-3-4jornadadircivilnum.pdf>. Acesso em: 23 jul. 2014.

ENUNCIADO 365. In: Ruy Rosado de Aguiar Júnior (Org.), *Jornadas de direito civil I, II, III e IV: enunciados aprovados,* Brasília: CJF, 2012, 135 p. Disponível em: <http://www.cjf.jus.br/cjf/CEJ-Coedi/jornadas-cej/enunciados-aprovados-da-i-iii-iv-e-v--jornada-de-direito-civil/compilacaoenunciadosaprovados1-3-4jornadadircivilnum.pdf>. Acesso em: 23 jul. 2014.

ENUNCIADO 367. In: AGUIAR JÚNIOR, Ruy Rosado de (Org.). *Jornadas de direito civil I, II, III e IV: enunciados aprovados.* Brasília: CJF, 2012, 135 p. Disponível em: <http://www. cjf.jus.br/cjf/CEJ-Coedi/jornadas-cej/enunciados-aprovados-da-i-iii-iv-e-v-jornada-de-direito-civil/compilacaoenunciadosaprovados1-3-4jornadadircivilnum.pdf>. Acesso em: 23 jul. 2014.

ESPINOLA, Eduardo. *A lei de introdução ao código civil brasileiro comentada.* Rio de Janeiro: Freitas Bastos, 1943. v. 1.

FACHIN, Luiz Edson. *Direito civil:* sentidos, transformações e fim. Rio de Janeiro: Renovar, 2015.

_____. *Teoria crítica do direito civil.* Rio de Janeiro: Renovar, 2012.

FERRARI, Vincenzo. Il problema dell'alea contrattuale. In: *Quaderni del dipartimento di Organizzazione Aziendale e Amministrazione Pubblica*: università degli Studi della Calabria: Facoltà di Economia. Napoli: Edizioni Scientifiche Italiane, 2001.

FERREIRA DA SILVA, Luis Renato. *Revisão dos contratos:* do código civil ao código do consumidor. Rio de Janeiro: Forense, 2001.

FERRI, Giovanni Battista. Considerazioni sul problema della formazione del contratto. In: *Rivista di Diritto Commerciale,* Padova: Piccin Nuova Libraria S.p.A., 5-6, p. 187 e ss., 1969.

_____. Motivi, presupposizione e l'idea di meritevolezza. In: BONELL, Joachim; CASTRONOVO, Carlo; MAJO, Adolfo di; MAZZAMUTO, Salvatore (Org.). Europa e diritto privato. *Rivista Trimestrale,* Milano: Giuffrè, v. 4, p. 331-378, 2009.

FERRI, Giovanni Battista. Tema di formazione progressiva del contratto e di negozio formale 'per relationem'. In: *Rivista di Diritto Commerciale.* Padova: Piccin Nuova Libraria S.p.A., 5-6, p. 192 e ss., 1964.

FICI, Antonio. *Il contrato 'incompleto'.* Torino: G. Giappichelli Editore, 2005.

FONSECA, Arnoldo Medeiros da. *Caso fortuito e teoria da imprevisão*. Rio de Janeiro: Imprensa Nacional, 1943.

FONTAINE, M.; DELY, F. Droit des contrats internationaux. In: *Analyse et rédaction de clauses*. 2. ed. Bruxelles: Bruyant, 2003.

FORCHIELLI, Paolo. Contratto preliminare. In: *Novissimo Digesto Italiano*. 3. ed. Torino: UTET, 1957. v. 4.

FRANZONI, Luigi Alberto. *Introduzione all'economia del diritto*. Bologna: Mulino, 2003.

FRIED, Charles. *Contract as promisse*: a theory of contractual obligation. Cambridge Massachusetts; London England: Harvard University Press, 1981.

FRIEDMAN, David. Law and economics. In: EATWELL, John; MILGATE, Murray; NEWMAN, Peter (Org.). *The new palgrave:* a dictionary of economics. London: The Macmillan Press Limited, 1987, v. 3.

GABRIELLI, Enrico. *Alea e rischio nel contratto:* studi. Napoli: Edizioni Scientifiche Italiane, 1997.

_____. Alea e svalutazione monetaria nell'offerta di riduzione ad equità. In: *Rassegna di Diritto Civile,* Napoli: Edizione Scientifique Italiane, nº 3, p. 720 e ss., 1983.

_____. L'oggetto del contratto (artt. 1346-1349). In: SCHLESINGER, Piero (Org.). *Il codice civile*. Milano: Giuffrè, 2001.

GALGANO, Francesco. Degli effetti del contratto. In: GALGANO, Francesco (Org.). *Commentario del codice civile Scialoja-Branca: degli effetti del contratto: della rappresentanza: del contratto per persona da nominare (arts. 1372-1405)*. Bologna: Zanichelli Editore, 1993.

_____. *Trattato di diritto civile*. Padova: CEDAM, 2009, v. 1.

_____. Vendita (dir. priv.). In: *Enciclopedia del diritto*. Milano: Giuffrè, 1993. v. 46.

GALLO, Paolo. Buona fede oggetiva e trasformazioni del contratto. In: *Rivista di diritto civile,* Padova: CEDAM, ano 48, primeira parte, p. 239-263, 2002.

GALLO, Paolo. *Sopravvenienza contrattuale e problemi di gestione del rischio*. Milano: Giuffrè, 1992.

GAMA JR., Lauro. *Contratos internacionais à luz dos princípios da Unidroit 2004:* soft law, arbitragem e jurisdição. Rio de Janeiro: Renovar, 2006.

GAMBINO, Agostino. *L'assicurazione nella teoria dei contratti aleatori.* Milano: Giuffrè, 1964.

_____. *Normalità dell'alea e fatti di conoscenza.* Milano: Giuffrè, 2001.

_____. Problemi del rinegoziare. In: IRTI, Natalino; RESCIGNO, Pietro (Org.). *Studi di diritto civile*: università di Roma: facoltà di giurisprudenza. Milano: Giuffrè, 2004.

GIANDOMENICO, Giovanni Di. I contratti speciali: i contratti aleatori. In: BESSONE, Mario (Org.). *Trattato di diritto privato.* Torino: G. Gianppichelli Editore, 2005. v. 14.

GILMORE, Grant. *The death of contract.* Columbus: Ohio State University Press, 1974.

GIORGI, Giorgio. *Teoria delle obbligazioni nel diritto moderno italiano.* 6. ed. Firenze: Casa Editrice Libraria "Fratelli Cammelli", 1903. v. 3.

GIORGIANNI, Michele. O direito privado e suas atuais fronteiras. In: *Revista dos Tribunais,* São Paulo: Revista dos Tribunais, v. 747, ano 87, p. 35-55, jan. 1998.

_____. Relazione introduttiva. In: PARADISO, Massimo (Org.). *I mobili confini dell'autonomia privata.* Milano: Giuffrè, 2005.

GIRINO, Emilio. *I contratti derivati.* Milano: Giuffrè, 2001.

GODOY, Claudio Luiz Bueno de. Contratos (em espécie) (arts. 653 a 853). In: PELUSO, Ministro Cezar (Coord.). *Código civil comentado.* 7. ed. São Paulo: Manole, 2013.

_____. Função social do contrato: os novos princípios contratuais. In: LOTUFO, Renan (Coord.). Coleção professor Agostinho Alvim. 4. ed. São Paulo: Saraiva, 2012.

GOETZ, Charles J.; SCOTT, Robert E. Principles of Relational Contracts. In: *Virginia Law Review.* v. 67, nº 6, p. 1089-1150, set. 1981.

GOMES, Orlando. *Contratos.* 26. ed. Rio de Janeiro: Forense, 2007.

GORDLEY, J. Good faith in contract law in the medieval ius commune. In: ZIMMERMAN, R.; WHITAKER, S. (Org.). *Good faith in european contract law.* Cambridge: Cambridge University Press, 2000.

GRANIERI, Massimiliano. *Il tempo e il contratto*: itinerario storico-comparativo sui contratti di duratta. Milano: Giuffrè, 2007.

HART, Oliver. Incomplete contract. In: EATWELL, John; MILGATE, Murray; NEWMAN, Peter (Org.). *The new palgrave:* a dictionary of economics. London: The Macmillan Press Limited, 1987. v. 2.

HESPANHA, António Manuel. *Cultura jurídica europeia*. Mira-Sintra: Mem Martins Publicações Europa-América, 2003.

INTERNATIONAL INSTITUTE FOR THE UNIFICATION OF PRIVATE LAW (Italy). *Unidroit principles of international commercial contracts 2010*. Rome, 2011.

KAYE, Tim. Law and risk: an introduction. In: WOODMAN, Gordon R.; KLIPPEL, Diethelm (Org.). *Risk and the law*. New York: Routledge-Cavendish, 2009.

KISS, Alexandre. Droit et risque. In: *Archives de philosophie du droit*: droit et science. Paris: Sirey, 1991. t. 36.

KONDER, Carlos Nelson. Causa do contrato x função social do contrato: estudo comparativo sobre o controle da autonomia negocial. In: *Revista trimestral de direito civil*. Rio de Janeiro: Padma, v. 43, p. 33-75, jul./set. 2010.

LA ROCCA, Gioacchino. *Autonomia privata e mercato dei capitali:* la nozione civilista di 'strumento finanziario'. Torino: G. Giappichelli Editore, 2009.

LARENZ, Karl. *Derecho de obligaciones*. Madrid: Editorial Revista de Derecho Privado, 1958. t. 1.

LIRA, Ricardo. *A obrigação alternativa e a obrigação acompanhada de prestação facultativa:* dúvidas e soluções em face do código civil brasileiro. 1970. 121f. Tese (Livre-Docência em Direito Civil) – Faculdade de Direito, Universidade do Estado do Rio de Janeiro, Rio de Janeiro, 1970.

LÔBO, Paulo Luiz Netto. *Direito civil:* contratos. São Paulo: Saraiva, 2011.

_____. Parte especial: das várias espécies de contratos: da compra e venda: da troca ou permuta: do contrato estimatório: da doação (arts. 481 a 564). In: AZEVEDO, Antônio Junqueira de (Coord.). *Comentários ao código civil*. São Paulo: Saraiva, 2003. v. 6.

LOCKWOOD, B. Pareto efficiency. In: EATWELL, John; MILGATE, Murray; NEWMAN, Peter (Org.). *The new palgrave*: a dictionary of economics. London: The Macmillan Press Limited, 1987. v. 3.

LOPES, Miguel Maria de Serpa. *Curso de direito civil:* fontes das obrigações: contratos. Rio de Janeiro: Livraria Freitas Bastos, 1964. v. 3.

_____. *Curso de direito civil:* fontes das obrigações: contratos. Rio de Janeiro: Freitas Bastos, 1962. v. 4.

LOPEZ, Teresa Ancona. Parte especial: das várias espécies de contratos: da locação de coisas: do empréstimo: da prestação de serviço: da empreitada: do depósito (arts 565 a 652). In: AZEVEDO, Antônio Junqueira de (Coord.). *Comentários ao código civil*. São Paulo: Saraiva, 2003. v. 7.

LUDWIG, Marcos de Campos. *Usos e costumes no processo obrigacional.* São Paulo: Revista dos Tribunais, 2005.

MACARIO, Francesco. Rischio contrattuale e rapporti di durata nel nuovo diritto dei contratti. In: *Rivista di diritto civile.* Padova: CEDAM, ano 48, primeira parte, p. 63-95, 2002.

_____. Adeguamento e rinegoziazione nei contratti a lungo termine. In: RESCIGNO, Pietro (org.). *Biblioteca di diritto privato.* Napoli: Jovene Editore Napoli, 1996. v. 47.

MACAULEY, Stewart. Non-contractual relations in business: a preliminary study. In: *American Sociological Review.* Law School, University of Wisconsin, v. 28, n. 1, p. 1-23, fev. 1963.

MAINE, Henry Sumner. *Ancient law.* London: John Murray, 1912.

MANTELLO, Marco. Interpretazione funzionale e rischio contrattuale: il problema dei presupposti del contratto nelle esperienze giuridiche di common law e civil law con particolare riguardo all'istituto della presupposizione. In: RESCIGNO, Pietro (org.). *Bibilioteca di diritto privato.* Napoli: Jovene Editore Napoli, 2003. v. 53.

MARASCO, Gerardo. La rinegoziazione del contratto: strumenti legali e convenzionali a tutela dell'equilibrio negoziale. In: GALGANO, Francesco (Org.). *Le monografie di contratto e impresa.* Padova: CEDAM, 2006.

MARESCA, Giovanni. *Alea contrattuale e contratto di assicurazione.* Napoli: Giannini Editore, 1979.

MARINONI, Luiz Guilherme; ARENHART, Sérgio Cruz. *Curso de processo civil:* execução. 2. ed. São Paulo: Revista dos Tribunais, 2008. v. 3.

MARTINS-COSTA, Judith. *A boa-fé no direito privado:* sistema e tópica no processo obrigacional. São Paulo: Revista dos Tribunais, 2000.

_____. A cláusula de *hardship* e a obrigação de renegociar nos contratos de longa duração. In: *Revista de arbitragem e mediação.* São Paulo: Revista dos Tribunais, nº 25, p. 11-39, abr./jun. 2010.

_____. A revisão dos contratos no código civil brasileiro. In: *Rivista Roma e America – Diritto Romano Comune*, Roma: [s.n.], v. 16, p. 135-172, 2003.

_____. Do direito das obrigações: do adimplemento e da extinção das obrigações (arts. 304 a 388). In: TEIXEIRA, Sálvio de Figueiredo (Coord.). *Comentários ao novo código civil.* 2. ed. Rio de Janeiro: Forense, 2006. v. 5. t. 1.

_____. Do inadimplemento das obrigações (arts. 389 a 420). In: TEIXEIRA, Sálvio de Figueiredo (Coord.). *Comentários ao novo código civil.* Rio de Janeiro: Forense, 2009. v. 5. t. 2.

MATRAY, Didier; VIDTS, Françoise. Les clauses d'adaptation de contrats. In: LESGUILLONS, Henry (Org.). *Les grandes clauses des contrats internationaux: 55º séminaire de la comission droit et vie des affaires*, Bruxelles: Établissements Emille Bruylant S.A., 2005.

MATTEI, Ugo et al. *Il mercato delle regole:* analisi economica del diritto civile. Bologna: Società editrice il Mulino, 1999.

MAUCERI, Tommaso. Sopravvenienze perturbative e rinegoziazione del contratto. In: BONELL, Joachim; CASTRONOVO, Carlo; MAJO, Adolfo di; MAZZAMUTO, Salvatore (Org.). *Europa e diritto privato. Rivista Trimestrale,* Milano: Giuffrè, p. 1.096-1.127, indice annata 2007.

MESSINEO, Francesco. Contratto (dir. priv.). In: *Enciclopedia del diritto.* Milano: Giuffrè, v. 9, p. 784-979, 1958.

MIRANDA, Pontes de. *Tratado de direito privado*. Rio de Janeiro: Editor Borsoi, 1970. t. 3.

_____. *Tratado de direito privado*. São Paulo: Revista dos Tribunais, 1984. t. 39.

MOREIRA, José Carlos Barbosa. Aspectos da 'execução' em matéria de obrigação de emitir declaração de vontade. In: *Temas de direito processual*. 6ª série. São Paulo: Saraiva, 1997.

MOSCO, Luigi. Impossibilità sopravvenuta. In: *Enciclopedia del diritto.* Milano: Giuffrè, 1970. v. 20.

MÜLLER, Christian; TIETZEL, Manfred. Property rights and their partitioning. In: BACKHAUS, Jürgen G. (Org.). *The Elgar companion to law and economics*. Cheltenham: Edward Elgar Publishing Limited. 1999.

NICOLÒ, Rosario. Alea. In: *Enciclopedia del diritto*. Milano: Giuffrè, v. 1. p. 1024-1031, 1954.

OLIVEIRA, Eduardo Ribeiro de. Dos bens: dos fatos jurídicos: do negócio jurídico: disposições gerais: da representação: da condição: do termo e do encargo (arts. 79 a 137). In: TEIXEIRA, Sálvio de Figueiredo (Coord.). *Comentários ao novo código civil*. Rio de Janeiro: Forense, 2003. v. 2.

OSTI, Giuseppe. Contratto. In: *Novíssimo digesto italiano*. Torino: UTET, 1959. v. 4.

PARISI, Francesco. Coase theorem and transaction cost economics in law. In: *The Elgar companion to law and economics*. Cheltenham: Edward Elgar Publishing Limited, 1999.

PARISI, Francesco. Scuole e metodologie dell'analisi economica del diritto. In: *Rivista critica del diritto privato*. Napoli: Casa Editrice Dott. Eugenio Jovene S.R.L., nº 3, ano 23, p. 377-399, set. 2005.

PATTERSON, Edwin W. The apportionment of business risk through legal devices. In: *Columbia law review*. New York: [s.n.], 1924. v. 24.

PEREIRA, Caio Mário da Silva. *A lesão nos contratos*. 3. ed. Rio de Janeiro: Forense, 1993.

_____. *Instituições de direito civil*. Rio de Janeiro: Forense, 2003. v. 3.

PERLINGIERI, Pietro. Complessità e unitarietà dell'ordinamento giuridico vigente. In: *Rassegna di diritto civile*. Napoli: Edizioni Scientifiche Italiane, v. 1, p. 188-216, 2005.

_____. *Il diritto civile nella legalità costituzionale secondo il sistema italo-comunitario delle fonti*. 3. ed. Napoli: Edizioni Scientifiche Italiane, 2006.

_____. *Manuale di diritto civile*. Napoli: Edizione Scientifiche Italiane, 1997.

_____. Nuovi profili del contratto. In: *Rivista critica del diritto privatto*. Napoli: Casa Editrice Dott. Eugenio Jovene S.R.L., nº 2-3, ano 19, p. 223-246, jun./set. 2001.

_____. *O direito civil na legalidade constitucional*. Tradução de Maria Cristina de Cicco. Rio de Janeiro: Renovar, 2008.

_____. *Perfis de direito civil:* introdução ao direito civil constitucional. 2. ed. Rio de Janeiro: Renovar, 2002.

_____. *Profili del diritto civile*. 3. ed. Napoli: Edizioni Scientifiche Italiane, 1994.

_____. *Scuole, tendenze e metodi:* problemi del diritto civile. Napoli: Edizioni Scientifiche Italiane, 1989.

PERLINGIERI, Pietro; MESSINETTI, Raffaella. Buona fede nell'esecuzione dei contratti. In: PERLINGIERI, Pietro. *Autonomia negoziale e autonomia contrattuale*. 2. ed. Napoli: Edizioni Scientifiche Italiane, 2000.

PERLINGIERI, Pietro; RIZZO, Vito. Integrazione. In: PERLINGIERI, Pietro. *Autonomia negoziale e autonomia contrattuale*. 2. ed. Napoli: Edizioni Scientifiche Italiane, 2000.

PINHEIRO, Armando Castelar; SADDI, Jairo. *Direito, economia e mercados*. Rio de Janeiro: Elsevier, 2005.

PINTO, José Emilio Nunes. O mecanismo multietapas de solução de controvérsias. [S.l.: s.n., 20--]. 2p. Disponível em: <http://www.ambito-juridico.com.br/site/index.php?n_link=revista_artigos_leitura&artigo_id=4510>. Acesso em: 29 mar. 2014.

POSNER, Richard A. *Economic analysis of law*. Boston: Little, Brown and Company, 1972.

_____. *Economic analysis of law*. 7. ed. New York: Aspen Publishers, 2007.

_____. Prefácio. In: FAURE, Michael; POSNER, Richard A.; VAN DEN BERGH, Roger (Org.). *Essays in law and economics:* corporations, accident prevention and compensation for losses. Antwerpen: MAKLU, 1989.

PRADO, Mauricio Almeida. *Le hardship dans le droit du commerce international*. Bruxelles: Bruyant, 2003.

PRATA, Ana. *O contrato-promessa e o seu regime civil*. Coimbra: Almedina, 2001.

PRIETO, Catherine. Chapitre VI: contenu et effets. In: _____. *Regards croisés sur les principes du droit européen du contrat et sur le droit français*. Aix-En-Provence: Presses Universitaires D'Aix-Marseille – PUAM, 2003.

PUGLIATTI, Salvatore. *Diritto civile:* metodo – teoria – pratica. Milano: Giuffrè, 1951.

REALE, Miguel. Um artigo chave do código civil. [S.l.: s.n., 20--]. 1 p. Disponível em: <in: http://www.miguelreale.com.br/artigos/artchave.htm>. Acesso em: 22 abr. 2014.

RICCIUTO, Vincenzo. *Formazione progressiva del contratto e obblighi a contrarre*. Torino: UTET, 1999.

RODOTÀ, Stefano. *Le fonti di integrazione del contratto*. Milano: Giuffrè, 1969.

RODRIGUES JUNIOR, Otavio Luiz. Compra e venda. Troca: contrato estimatório (arts. 481 a 537). In: VILLAÇA AZEVEDO, Álvaro (Coord.). Código civil comentado. São Paulo: Atlas, 2008. v. 6. t. 1.

RODRIGUES, Silvio. *Direito civil*. 30. ed. São Paulo: Saraiva, 2006. v. 3.

ROPPO, Enzo. *O contrato*. Tradução de Ana Coimbra e M. Januário C. Gomes. Coimbra: Almedina, 1988.

ROPPO, Vincenzo. Il contrato. In: IUDICA, Giovanni; ZATTI, Paolo (Org.). *Trattato di diritto privato*. Milano: Giuffrè, 2001.

RUBINO, Domenico. *La compravendita*. Milano: Giuffrè, 1950.

RUGGIERO, Roberto de. *Istituzioni di diritto civile:* diritti di obbligazione: diritto ereditario. Milano: Casa Editrice Giuseppe Principato, 1935. v. 3.

SACCO, Rodolfo; NOVA, Giorgio De. Il contratto. In: SACCO, Rodolfo (Org.). *Trattato di diritto civile*. Torino: UTET, 2004. t. 2.

SALANDRA, Vittorio. Dell'assicurazione. In: SCIALOJA, Antonio; BRANCA, Giuseppe (Org.). *Commentario del codice civile*: delle obbligazioni (art. 1861-1932). Bologna-Roma: Nicola Zanichelli, 1966. Libro quarto.

SARMENTO, Daniel. O neoconstitucionalismo no Brasil: riscos e possibilidades. In: _____. *Por um constitucionalismo inclusivo:* história constitucional brasileira, teoria da constituição e direitos fundamentais. Rio de Janeiro: Lumen Juris, 2010.

SAVATIER, René. *Les metamorfoses économiques et sociales du droit privé d'aujourd'hui (seconde série)*. Paris: [s.n.], 1959.

SCALFI, Gianguido. *Corrispettività e alea nei contratti*. Milano: Istituto Editoriale Cisalpino, 1960.

SCHREIBER, Anderson. *Novos paradigmas da responsabilidade civil:* da erosão dos filtros da reparação à diluição dos danos. São Paulo: Atlas, 2007.

SCONAMIGLIO, Renato. Dei contratti in generale (art. 1321-1352): disposizione preliminare: dei requisiti del contratto. In: SCIALOJA, Antonio; BRANCA, Giuseppe (Org.). *Commentario del codice civile*. Bologna: Nicola Zanichelli Editore, 1972. Livro 4.

SCURO, Nicola; SCURO, Ugo. Il contratto a formazione progressiva: struttura, casistica e tecniche di redazione. In: *Teoria e pratica del diritto:* sezione I: diritto e procedura civile. Milano: Giuffrè, 2009. v. 150.

SOUZA, Sebastião de. *Da compra e venda*. Rio de Janeiro: Forense, 1956.

STEIGER, Otto. Ex ante and ex post. In: EATWELL, John; MILGATE, Murray; NEWMAN, Peter (Org.). *The new palgrave*: a dictionary of economics. London: The Macmillan Press Limited, 1987, v. 2.

STOLF, Nicola. *Diritto civile:* i contratti speciali. Torino: UTET, 1934. v. 4.

TAMBURRINO, Giuseppe. I vincoli unilaterali nella formazione progressiva del contratto. In: *Libera Università Internazionale degli Studi Sociali Roma:* collana di studi giuridici. 2. ed. Milano: Giuffrè, 1991. v. 16.

TARTAGLIA, Paolo. Onerosità eccessiva. In: *Enciclopedia del diritto*. Milano: Giuffrè, 1958. v. 30.

_____. L'adeguamento del contratto alle oscillazioni monetarie. In: NICOLÒ, Rosario; SANTORO-PASSARELLI, Francesco. *Studi di diritto civile*. Milano: Giuffrè, 1987, v. 35.

TEPEDINO, Gustavo. A incidência imediata dos planos econômicos e a noção de direito adquirido: reflexões sobre o art. 38 da Lei nº 8.880/94 (Plano Real). In: _____. *Temas de direito civil*. Rio de Janeiro: Renovar, 2006. t. 2.

TEPEDINO, Gustavo. A teoria da imprevisão e os contratos de financiamento firmados à época do chamado plano cruzado. In: *Revista Forense*. Rio de Janeiro: Forense, v. 301, p. 73-85, jan./mar. 1988.

_____. Atividade sem negócio jurídico fundante e a formação progressiva dos contratos. In: *Revista Trimestral de Direito Civil*. Rio de Janeiro: Padma, v. 44, p. 19-30, out./dez. 2010.

_____. Autonomia privada e obrigações reais. In: _____. *Pareceres:* soluções práticas de direito. São Paulo: Revista dos Tribunais, 2012. v. 2.

_____. Das várias espécies de contratos: do mandato: da comissão: da agência e distribuição: da corretagem.: do transporte (arts. 653 a 756). In: TEIXEIRA, Sálvio de Figueiredo (Coord.). *Comentários ao novo código civil*. Rio de Janeiro: Forense, 2008. v. 10.

_____. Hermenêutica contratual no equilíbrio econômico dos contratos. In: _____. *Pareceres:* soluções práticas de direito. São Paulo: Revista dos Tribunais, 2012. v. 2.

_____. Liberdades, tecnologia e teoria da interpretação. In: *Revista Forense*, São Paulo: Editora Forense. v. 419, 2014.

_____. Normas constitucionais e direito civil na construção unitária do ordenamento. In: DE SOUZA NETO, Cláudio Pereira; SARMENTO, Daniel (Coord.). *A constitucionalização do direito*. Rio de Janeiro: Editora Lumen Juris, 2007.

_____. Notas sobre a cláusula penal compensatória. In: _____. *Temas de direito civil*. Rio de Janeiro: Renovar, 2006. t. 2.

_____. Notas sobre a função social dos contratos. In: _____. *Temas de direito civil*. Rio de Janeiro: Renovar, 2009. t. 3.

_____. Novos princípios contratuais e a teoria da confiança: a exegese da cláusula to the best knowledge of the sellers. In: _____. *Temas de direito civil*. Rio de Janeiro: Renovar, 2006. t. 2.

_____. Prefácio. In: BANDEIRA, Paula Greco. *Contratos aleatórios no direito brasileiro*. Rio de Janeiro: Renovar, 2010. 3f.

_____. Prefácio: atividade sem negócio jurídico fundante e seus desdobramentos na teoria contratual. In: PEDREIRA DA SILVA, Juliana. *Contratos sem negócio jurídico:* crítica das relações contratuais de fato. São Paulo: Atlas, 2011.

_____. Questões controvertidas sobre o contrato de corretagem. In: _____. *Temas de direito civil*. 4. ed. Rio de Janeiro: Renovar, 2008. t. 1.

TEPEDINO, Gustavo; SCHREIBER, Anderson. A boa-fé objetiva no código de defesa do consumidor e no novo código civil (arts. 113, 187 e 422). In: TEPEDINO, Gustavo (Coord.). *Obrigações:* estudos na perspectiva civil-constitucional. Rio de Janeiro: Renovar, 2005.

TEPEDINO Gustavo et al. Código civil interpretado conforme a constituição da república. 2. ed. Rio de Janeiro: Renovar, 2007. v. 1.

TEPEDINO, Gustavo et al. Código civil interpretado conforme a constituição da república. 2. ed. Rio de Janeiro: Renovar, 2012. v. 2.

THEODORO JÚNIOR, Humberto. Dos defeitos do negócio jurídico ao final do livro III (Arts. 138 a 184). In: TEIXEIRA, Sálvio de Figueiredo (Coord.). *Comentários ao novo código civil.* Rio de Janeiro: Forense, 2008. v. 3. t. 1. livro 3.

TRABUCCHI, Alberto. *Istituzione di diritto civile.* Padova: CEDAM, 1993.

TZIRULNIK, Ernesto; CAVALCANTI, Flávio de Queiroz Bezerra; PIMENTEL, Ayrton. *O contrato de seguro de acordo com o novo código civil brasileiro.* São Paulo: Revista dos Tribunais, 2003.

VILLAÇA AZEVEDO, Álvaro. Das várias espécies de contratos: da compra e venda (arts. 481 a 532). In: TEIXEIRA, Sálvio de Figueiredo (Coord.). *Comentários ao novo código civil.* Rio de Janeiro: Forense, 2008. v. 7.

WALD, Arnoldo. *A cláusula de escala móvel.* Rio de Janeiro: Editora Nacional de Direito, 1959.

WIEACKER, Franz. *El principio general de la buena fé.* Tradução espanhola de Jose Luis de los Mozos. Madrid: Civitas, 1976.

WITTMAN, Donald. *Economic foundations of law and organization.* Cambridge: Cambridge University Press, 2006.

ZWEIG, Stefan. *O mundo que eu vi.* Rio de Janeiro: Record, 1999.

Formato	17 x 24 cm
Tipografia	Iowan OldSt BT 11/15
Papel	Offset Chambril Book 75 g/m^2 (miolo)
	Supremo 250 g/m^2 (capa)
Número de páginas	280
Impressão	Gráfica Imprensa da Fé